Weh/Enaux
Konfliktmanagement

D1674015

Bibliographische Information Der Deutschen Bibliothek

Die Deutsche Bibliothek verzeichnet diese Publikation in der Deutschen Natio-
nalbibliographie; detaillierte bibliographische Daten sind im Internet über
http://dnb.ddb.de abrufbar.

ISBN 978-3-448-08578-5   Bestell-Nr. E04024

4. Auflage 2008

© 2008, Rudolf Haufe Verlag GmbH & Co. KG
Niederlassung München
Redaktionsanschrift: Postfach, 82142 Planegg
Hausanschrift: Fraunhoferstraße 5, 82152 Planegg
Telefon: (089) 895 17-0,
Telefax: (089) 895 17-290
www.haufe.de
online@haufe.de
Lektorat: Ulrich Leinz

Redaktion: Cordula Natusch, 22089 Hamburg
Desktop-Publishing: Cordula Natusch, 22089 Hamburg
Umschlag: Grafikhaus, 80469 München
Druck: freiburger graphische betriebe,79108 Freiburg

Zur Herstellung dieses Buches wurde alterungsbeständiges Papier verwendet.

Konfliktmanagement

Konflikte
kompetent erkennen und lösen

Saskia-Maria Weh
Claudius Enaux

Haufe Mediengruppe
Freiburg · Berlin · München

Inhaltsverzeichnis

Schnelleinstieg: Was Ihnen dieses Buch bietet

Dieses Buch bietet Ihnen einerseits unabdingbare Informationen, um in Konflikten die Lage richtig einschätzen und schnell reagieren zu können. Andererseits hält es für Sie auch viele äußerst hilfreiche Arbeitsmittel bereit wie Checklisten, Gesprächsleitfäden, Übersichten und Musterformulierungen. Für einen schnellen Überblick zu den jeweiligen Kapiteln, bieten wir Ihnen hier die Inhalte und Arbeitmittel in Kurzform, so dass Sie sich rasch einen Überblick verschaffen können.

Die vier wichtigsten Kompetenzen beim Konfliktmanagement

Wer Konflikte lösen will – egal, ob als Beteiligter oder als Schlichter –, muss über eine Reihe von Kompetenzen verfügen. Dazu gehören Lern- und Veränderungsbereitschaft, Kooperations- und Einfühlungsvermögen, Überzeugungskraft sowie nicht zuletzt Kommunikationsfähigkeit. In diesem Kapitel erläutern wir Ihnen nicht nur die Grundlagen der jeweiligen Kompetenzen, sondern zeigen Ihnen auch, an welchen Merkmalen Sie Menschen, denen diese Kompetenzen eigen sind, erkennen:

- Lern- und Veränderungsbereitschaft (Seite 14),
- Kooperations- und Einfühlungsvermögen (Seite 15),
- Überzeugungskraft (Seite 17) sowie
- Kommunikationsfähigkeit (Seite 18)

Konflikte – Segen oder Fluch?

Was sind Konflikte eigentlich und wie entstehen sie? Diese Fragen stehen in diesem Kapitel im Mittelpunkt. Lesen Sie, warum es wichtig ist, die Bezugsrahmen der Beteiligten kennenzulernen, wie sich die Einstellungen der Menschen auf Konflikte auswirken und welchen Einfluss die Beziehungs- und die Sachorientierung auf die Konfliktfähigkeit haben. Erfahren Sie, warum Konflikte durchaus positive Aspekte in sich bergen. Außerdem stellen wir Ihnen die Hintergründe von inneren Konflikten vor. Zahlreiche Beispiele und Expertentipps helfen bei der Übertragung in die tägliche Praxis. Als Hilfsmittel haben wir für Sie vorbereitet:

- Kienbaum Kompetenztest: Was ist ein Konflikt? (Seite 22)
- Kienbaum Kompetenztest: Wie gehen Sie mit Konflikten um? (Seite 37)

Woran Sie Konflikte erkennen

Konflikte fallen nicht vom Himmel. Vielmehr kann das geschulte Auge sie schon im Vorfeld an zahlreichen Signalen erkennen. In diesem Kapitel lernen Sie die verschiedenen Konfliktsignale und -auslöser kennen und erfahren, wie Sie latenten Konflikten wirkungsvoll entgegentreten können. Weiter zeigen wir Ihnen, in welchen Eskalationsstufen eine Auseinandersetzung verläuft und wann es notwendig ist, dass eine dritte Person vermittelnd eingreift. Beispiele, Expertentipps und Grafiken verdeutlichen den Inhalt. In diesem Abschnitt finden Sie darüber hinaus Folgendes:

- Checkliste: Beobachtungen in Gesprächssituationen (Seite 47)
- Analyse des tatsächlichen Konfliktverlaufs (Seite 57)
- Kienbaum Kompetenztest: Konflikt-Erfahrungen reflektieren (Seite 58)
- Beziehungsmatrix (Seite 71)

Welcher Konflikttyp bin ich – und warum?

Wie ein Mensch auf eine Konfliktsituation reagiert, ist höchst individuell und von verschiedenen Faktoren abhängig. Die Antreiber gehören ebenso dazu wie die Persönlichkeitsstruktur, die Sie beide in diesem Teil des Buchs finden. Zudem geben wir Ihnen Tipps, wie Sie zu mächtige Antreiber in den Griff bekommen und wie Sie in Konfliktsituationen mit den einzelnen Persönlichkeitstypen umgehen. Neben Beispielen und Expertentipps enthält dieses Kapitel:

* Der Kienbaum Test: Was sind Ihre Antreiber? (Seite 81),
* Der Kienbaum Test: Welcher Konflikttyp sind Sie? (Seite 98)
* Übersicht: Antreiber und ihre Gegenmittel (Seite 87)

Tool 1: So bereiten Sie sich vor

Verhandlungen stellen eine Art Sonderfall von Konflikten dar und ohne grundlegende Verhandlungstechniken wird es schwierig, Auseinandersetzungen zu schlichten. In diesem Kapitel erfahren Sie, mit welchen Fragen Sie sich am besten auf Verhandlungen sowie den Verhandlungspartner einstellen können und mit welchen Problemen Sie rechnen müssen. Expertentipps und Beispiele zeigen Ihnen, wie Sie das Gelesene im Alltag umsetzen können.

Tool 2: Analysieren Sie den Verhandlungsspielraum

Verhandlungen, bei denen es nur um ein Kriterium geht, sind sehr unflexibel und oft schnell vorbei. Deshalb ist es sinnvoll, den Verhandlungsraum zu analysieren und nach Möglichkeit zu erweitern. In diesem Abschnitt lernen Sie die Unterschiede zwischen Ziel, Bedürfnis und Interesse, die Bedeutung von Abbruchgrenze und Eröffnungsangebot kennen. Nutzen Sie die

* 10 Goldenen Regeln für Verhandlungen (Seite 113)
* Checkliste: Festlegung des Verhandlungsraums (Seite 113)
* Checkliste: Vorbereitung einer Verhandlung (Seite 115).

Tool 3: Techniken der Gesprächsführung

Um Streitigkeiten zwischen Konfliktparteien zu lösen, ist der Einsatz verschiedener Gesprächstechniken entscheidend. Die Autoren zeigen Ihnen, wie Sie aktiv zuhören, wie Sie Feedback geben, Ich-Botschaften formulieren und die Technik des Pacings einsetzen. Zudem werden Sie nach der Lektüre wissen, warum Metakommunikation wichtig für die Konfliktlösung ist und welche Faktoren für den Erfolg eines Konfliktlösegesprächs entscheidend sind. Übertragen Sie das Gelesene in die Praxis mit:

- Kienbaum Kompetenztest: Formulieren Sie Ich-Botschaften (Seite 121) und
- Musterformulierung für den Gesprächsverlauf (Seite 128).

Tool 4: Überzeugende Argumente

Kernpunkt eines Konfliktgesprächs oder einer Verhandlung ist die Argumentation. Mit der Fünf-Satz-Technik, die Sie in diesem Kapitel finden, kommen Sie problemlos zu einer überzeugenden Argumentationskette. Weiter haben wir für Sie vorbereitet:

- 16 Regeln für eine überzeugende Argumentation (Seite 131),
- Übersicht über unfaire Strategien (Seite 133)

Tool 5: Strategien zur Konfliktlösung

Steht die Argumentation, geht es darum, die Verhandlungsstrategie festzulegen. Von welchen Faktoren ist abhängig, welche Strategie zum Erfolg führt und welche nicht? Welche Strategien stehen überhaupt zur Auswahl und was unterscheidet sie voneinander? Und spielt die Persönlichkeit eine Rolle bei der Strategiewahl? In diesem Kapitel finden Sie die Antworten sowie Beispiele und Expertentipps zum Thema.

Tool 6: Konfliktgespräche konstruktive führen

Viele Menschen scheuen sich davor, Konfliktgespräche zu führen. Dabei können ungelöste Auseinandersetzungen schwerwiegende Folgen für die Leistungsfähigkeit haben. Deshalb erfahren Sie in diesem Kapitel, in welchen Schritten Sie sich auf ein solches Gespräch vorbereiten können und wie Sie das Gespräch im Vorfeld am besten organisieren. Wir geben Ihnen Hinweise, wie Sie Konflikte mit Mitarbeitern und Kollegen am besten angehen. Nutzen Sie die Hilfsmittel, die wir Ihnen bereitstellen:

- Checkliste: Inhaltliche Vorbereitung auf das Konfliktgespräch (Seite 154),
- Checkliste: Organisatorische Vorbereitung (Seite 155) und
- Checkliste: Vorbereitung auf den Gesprächspartner (Seite 156).

Tool 7: Strategien in Konflikten mit den vier Typen

Die Frage, welchem Grundtyp der Gesprächspartner angehört, ist für die Konfliktlösung entscheidend. Denn jeder Typ will anders angesprochen werden, um die Lösung tatsächlich mittragen zu können. Wie also am besten vorgehen, wenn Sie es mit einem durchsetzungsorientierten, einem harmonieorientierten, einem impulsiven oder sachlich-rationalen Gegenüber zu tun haben? In diesem Kapitel geben wir Ihnen Tipps dazu. Hilfreich können vor allem die Leitfäden für Gespräche sein:

- Gesprächsleitfaden: Durchsetzungsorientierter Typ (Seite 166),
- Gesprächsleitfaden: Harmonieorientierter Typ (Seite 169),
- Gesprächsleitfaden: Impulsiver Typ (Seite 171) und
- Gesprächsleitfaden: Sachlich-rationaler Typ (Seite 173).

Tool 8: Konfliktlösungen vereinbaren und nachhalten

Ziel eines Konfliktgesprächs ist natürlich, die Auseinandersetzung beizulegen. Dabei ist natürlich wichtig, dass die Konfliktlösung zukunftsfähig ist. Ein guter Weg, zu solchen Lösungen zu kommen, ist die Harvard-Methode, die Sie in diesem Abschnitt kennen lernen. Lesen Sie

- wie Sie sachbezogen diskutieren (Seite 177),
- wie Sie das Interesse Ihres Gegenübers in Erfahrung bringen (Seite 179),
- wie Sie Alternativen entwickeln und mit welchen Hindernissen Sie rechnen müssen (Seite 181),
- welche Kriterien bei der Bewertung einer möglichen Lösung eine Rolle spielen (Seite 182) und
- ob die Fairness während des Prozesses gewahrt blieb (Seite 183).

Tool 9: Richtig delegieren

Wer richtig delegiert, kann schon von vornherein Konflikte mit seinen Mitarbeitern vermeiden. Außerdem können Sie als Führungskraft durch die Arbeitsentlastung von der Delegation sehr profitieren. Aber warum fällt es dann so vielen Vorgesetzten schwer, Aufgaben abzugeben, und weshalb geschehen dabei so oft Fehler? Lesen Sie dieses Kapitel, um künftig sicher und zielgerichtet Arbeit an Ihre Mitarbeiter zu delegieren. Als Hilfsmittel stehen Ihnen neben zahlreichen Beispielen und Expertentipps zur Verfügung:

- Kienbaum Kompetenztest: Wie gut können Sie delegieren? (Seite 190),
- Checkliste: Welche Aufgabe an welchen Mitarbeiter? (Seite 195),
- Checkliste: Vorbereitung auf den Delegationsprozess (Seite 200),
- Checkliste: Mitarbeiterführung durch Delegation (Seite 203) und
- Kienbaum Kompetenztest: Delegationskriterien überprüfen (Seite 202).

Konfliktlösung durch Mediation

In sehr verfahrenen Auseinandersetzungen kann die Einberufung eines Mediators, also eines Vermittlers, ein sehr sinnvoller Weg zur Konfliktlösung sein. In diesem Kapitel erfahren Sie, was eine Mediation ist und leisten kann sowie welche Ziele sich dadurch erreichen lassen. Zudem stellen wir Ihnen die Aufgaben und Eigenschaften eines Mediators näher vor und zeigen Ihnen, wie Sie als Führungskraft eine Mediatorenrolle einnehmen können. Im Anschluss lernen Sie Regeln, Grundsätze und Phasen des Mediationsprozesses kennen. Folgende Checklisten, Hilfsmittel und Vertragsentwürfe stehen Ihnen für Ihre Aufgaben als Vermittler zur Verfügung:

- Checkliste: Kennzeichen eines guten Mediators (Seite 209)
- Checkliste: Mediationsphasen (Seite 215),
- Mediationsvertrag (Seite 216),
- Problemmatrix (Seite 217),
- Ideenmatrix (Seite 222),
- Einigungsvereinbarung (Seite 222) und
- Checkliste: Mediationsprozess (Seite 223)

20 Arbeitsmittel als Kopiervorlagen

Für Ihre tägliche Arbeit haben wir Ihnen alle wichtigen Arbeitsmittel als Kopiervorlagen vorbereitet. Eine komplette Übersicht finden Sie auf Seite 226 – und alle Kopiervorlagen direkt im Anschluss dieser Übersicht. Wichtig: Die Vorlagen sind verkleinert. Vergrößern Sie die Vorlagen von DIN A 5 auf DIN A4 beim Kopieren!

Die vier wichtigsten Kompetenzen beim Konfliktmanagement

Konfliktfähig-
keit als
Schlüsselkom-
petenz
Konflikte sind im menschlichen Leben und Handeln allgegenwärtig. Auch im beruflichen Umfeld gibt es zahlreiche Ursachen für Konflikte, z. B. veränderte Organisationsstrukturen oder der Wandel und die Gegensätzlichkeit von Anforderungen. Konfliktfähigkeit ist daher längst zu einer der sogenannten Schlüsselkompetenzen avanciert. Damit ist Fähigkeit gemeint, eine Auseinandersetzung aufzunehmen, konstruktiv zu bewältigen und sie nach Möglichkeit bereits im Vorfeld zu vermeiden. Es geht nicht nur darum, angemessene Lösungen für Konflikte zu suchen, vielmehr soll eine Basis für eine verbesserte Beziehung geschaffen werden.

Allgemein beschreiben Kompetenzen das Vermögen, gespeichertes Wissen so anzuwenden, dass es zu bestimmten Anforderungen passt. Kompetenzen lassen sich trainieren und sind abhängig von der subjektiven Einschätzung der eigenen Erkenntnis- und Handlungsmöglichkeiten. Menschen, die Konfliktlösungen erleben und thematisieren und mit Konflikten bewusst umgehen, können in betreffenden Situationen ein qualifizierteres Verhalten zeigen. Die folgenden vier Kompetenzen stellen die Grundvoraussetzung für ein konfliktfähiges Verhalten und die Basis erfolgreichen Konfliktmanagements dar.

Lern- und Veränderungsbereitschaft

Eigene Einstel-
lungen kritisch
überprüfen
Lern- und Veränderungsbereitschaft ist die Fähigkeit einer Person, ihr eigenes Tun, ihre Einstellungen und Werte selbstkritisch zu reflektieren und sich konstruktiv mit dieser Einschätzung auseinanderzusetzen. Dazu gehört auch, offen für Kritik an der eigenen Person zu sein und Feedback aktiv einzuholen. Daran schließt sich die

Bereitschaft an, sich an Veränderungen und neue Entwicklungen anzupassen und diese auch voranzutreiben.

Konfliktlösung setzt Lernbereitschaft voraus

Im Konfliktmanagement spielen Lern- und Veränderungsbereitschaft eine wichtige Rolle. Einerseits lassen sich dadurch Verhaltensschemata, die Konflikte verursachen, erkennen und in einem Lernprozess verändern. Andererseits ist es für jede konstruktive Konfliktlösung notwendig, sich mit dem eigenen Bezugsrahmen sowie dem des Gegenübers auseinanderzusetzen und nach neuen, für beide Parteien günstigen Lösungen zu suchen.

Voraussetzung für die Veränderung von Verhaltensfacetten ist eine fundierte Selbstreflexion. Denn nur, wenn ein Bewusstsein für eigene Defizite existiert, kann eine Person gezielt an ihnen arbeiten. Findet keine Selbstreflexion statt, wird sich auch am eigenen Verhalten nichts ändern. *Bewusstsein persönlicher Defizite*

So erkennen Sie lern- und veränderungsbereite Menschen:

- Lern- und veränderungsbereite Menschen verfügen über ein differenziertes Selbstbild, d. h., sie sind sich ihrer Stärken und Entwicklungsfelder bewusst.
- Sie sind bereit, konstruktives Feedback in Bezug auf ihr eigenes Verhalten zu akzeptieren.
- Kritik und Handlungsempfehlungen stehen sie offen gegenüber.
- Sie nutzen Feedback als Lern- und Entwicklungschance.
- Sie können Lernerfahrungen und Feedback schnell in verändertes Verhalten umsetzen.

Kooperations- und Einfühlungsvermögen

Einfühlungsvermögen ist die Fähigkeit, andere Menschen richtig einzuschätzen und zu verstehen. Wer sich in eine andere Person einfühlen kann, ist in der Lage, die Perspektive zu wechseln und den Sachverhalt aus deren Augen zu betrachten. Dabei ist wichtig, sich die eigenen Vorstellungen und Einstellungen zu vergegenwärtigen und sich klarzumachen, dass andere Menschen ganz andere Maß- *Fähigkeit, die Perspektive zu wechseln* stäbe als Bewertungsgrundlage benutzen können. Es gilt also, die eigenen persönlichen Wertungen, die das Gegenüber betreffen, beiseitezulassen und stattdessen die andere Person aus sich selbst heraus in ihrer spezifischen Gefühls- und Bedürfnislage zu begreifen. Nur wer sich in sein Gegenüber hineinversetzen kann, kann dessen Bedürfnisse und Interessen erkennen und verstehen. Diese Fähigkeit ist eine Grundvoraussetzung für jede Konfliktlösung, vor allem dann, wenn es um die praktische Anwendung im beruflichen Alltag geht.

Konflikt früh-zeitig erkennen

Darüber hinaus bedeutet Einfühlungsvermögen auch, sensibel für die eigene Wirkung und für subtile Kommunikationssignale – sowohl verbaler als auch nonverbaler Natur – des Gegenübers zu sein. Dies ermöglicht es, einen drohenden oder latenten Konflikt schon frühzeitig zu erkennen und entgegenzusteuern.

Allerdings reicht die Fähigkeit, die Bedürfnisse des Gegenübers zu erkennen und zu verstehen, allein nicht aus. Grundlage für eine konstruktive Schlichtung ist zudem noch die Bereitschaft, dieses Wissen auch umzusetzen. Hierfür ist Kooperationsbereitschaft gefordert. Hinter diesem Begriff verbirgt sich u. a. die Kompetenz, gemeinsam mit anderen nach Lösungen zu suchen, die allen Beteiligten gerecht werden. Ist diese Fähigkeit nicht vorhanden, besteht die Gefahr, dass sich der Konflikt zunehmend verschärft, da die Konfliktparteien versuchen, ihre eigenen Interessen durchzusetzen und dabei das Gegenüber aus den Augen verlieren. Schwache Signale bzw. aufgezeigte Grenzen des Gegenübers nehmen die Streitenden dann nicht wahr.

Auch schwache Signale wahr-nehmen

Diese Kennzeichen hat Kooperations- und Einfühlungsvermögen:

- Wer über Kooperations- und Einfühlungsvermögen verfügt, zeigt Wertschätzung für den Gesprächspartner.
- Er versucht, die Gedankengänge und Absichten des Gesprächpartners zu erkennen.
- Er greift die Gedanken und Argumente des Gesprächspartners konstruktiv auf und beharrt nicht auf der eigenen Meinung.
- Er versteht es, sich auf seinen Gesprächspartner einzustellen.

Überzeugungskraft

Überzeugungskraft ist die Fähigkeit, durch gezielte Argumente Einfluss auf das Denken und Handeln Dritter zu nehmen, ohne auf Druckmittel zurückgreifen zu müssen. Mithilfe einer gekonnten Argumentation vermitteln Menschen mit einer hohen Überzeugungskraft anderen Beteiligten das Gefühl und die Einsicht, dass ein bestimmter Standpunkt bzw. Ansatz richtig ist. Dabei können sie den eigenen Standpunkt mit verschiedensten Begründungen aus unterschiedlichen Blickwinkeln formulieren und die eigene Argumentation verständlich und einsichtig darlegen. Zur Überzeugungskraft tragen neben argumentativer Flexibilität und einem gewissen rhetorischen Geschick eine positive Ausstrahlung und ein souveränes Auftreten bei.

Gekonnte Argumentation, um andere zu überzeugen

Besonders in Konflikt- und Verhandlungssituationen hilft eine hohe Überzeugungskraft, den eigenen Standpunkt glaubhaft zu vermitteln. Der Fokus richtet sich vor allem darauf, das Gegenüber davon zu überzeugen, dass eine gemeinsame Lösung angestrebt werden sollte. Hat dieses Vorhaben Erfolg, geht es im nächsten Schritt darum, eine Vielzahl der eigenen Punkte in die Lösung zu integrieren. Mithilfe einer hoch ausgeprägten Überzeugungskraft gelingt es schneller, Vertrauen zum Konfliktpartner aufzubauen, sodass sich dieser eher auf die veränderte Situation einlässt. Weil konstruktive Lösungsvorschläge auf dem Tisch liegen, geht es nicht länger darum, die Schuldfrage zu klären. Vielmehr wird der Blick gemeinsam in die Zukunft gerichtet.

Aufbau von Vertrauen

Diese Merkmale haben Menschen mit großer Überzeugungskraft:

- Überzeugungskräftige Menschen vermitteln durch ihre Darstellungen ein hohes Maß an Akzeptanz – sie können ihre Ideen angemessen verkaufen.
- Sie verfügen über ein breites Spektrum von Argumenten und Ideen zur Einwandbehandlung.
- Einwänden des Gesprächspartners begegnen sie mit konstruktiven Lösungsvorschlägen.

- Sie strahlen Optimismus aus und verbreiten beim Gesprächspartner eine positive Stimmung.
- Sie wirken authentisch.

Kommunikationsfähigkeit

Empfängerorientiert und situationsbezogen kommunizieren

Kommunikationsfähigkeit meint die Fähigkeit, empfängerorientiert und situationsbezogen mit anderen Personen zu kommunizieren. Dabei ist es zum einen wichtig, klar, verständlich und prägnant zu sprechen. Zum anderen gilt es auch, sich rasch auf die Sprache und das Niveau des jeweiligen Kommunikationspartners einzustellen. Auch eine angemessene Körpersprache, die das Gesagte unterstreicht, gehört zu dieser Kompetenz. Kommunikationsfähigkeit bedeutet zudem, Botschaften anderer richtig zu interpretieren. Ein Bestandteil davon ist das aktive Zuhören. Weiter gilt es, nonverbale Signale des Gegenübers, die dieser über seine Körperhaltung, Gestik und Mimik sendet, richtig zu entschlüsseln und entsprechend darauf zu reagieren. Für die Konfliktlösung sind all diese Fähigkeiten unerlässlich.

Genaues Zuhören verhindert Missverständnisse

Durch gute kommunikative Fähigkeiten ist es möglich, viele Konflikte schon im Vorfeld zu vermeiden. Denn viele Missverständnisse, die zu Konflikten eskalieren können, lassen sich durch eine präzise Kommunikation und genaues Zuhören verhindern. Hinzu kommt, dass nur derjenige, der aktiv zuhört und nachfragt, die Bedürfnisse der Gegenseite herausfinden und so zu einer für beide Seiten zufriedenstellenden Konfliktlösung kommen kann.

Bei einer nur gering ausgeprägten Kommunikationsfähigkeit fällt es schwer, die eigene Sichtweise in einer Konfliktsituation konstruktiv und nachvollziehbar zu vermitteln. Außerdem wird der Konfliktpartner sein Gegenüber nicht wirklich verstehen, weil dieser nicht mit offenen Fragen und aktivem Zuhören arbeitet.

Kommunikationsfähige Menschen erkennen Sie an folgenden Kennzeichen:

- Eine Person mit hoher Kommunikationsfähigkeit stellt Sachverhalte genau und strukturiert dar.
- Sie lässt andere im Gespräch ausreden und hört aktiv zu.
- Sie arbeitet durch gezieltes Nachfragen die Problemursachen heraus.
- Sie kann zu unterschiedlichen Gesprächspartnern gute Beziehungen aufbauen.

1 Konflikte – Segen oder Fluch?

Konflikte
entstehen u. a.,
wenn Menschen
zusammenar-
beiten

Konflikte sind allgegenwärtig. Wann immer Menschen miteinander zu tun haben, zusammenarbeiten und kooperieren sollen, besteht die Gefahr, dass sich übliche Reibereien zu handfesten Auseinandersetzungen entwickeln. Aber was sind Konflikte überhaupt? Die Frage klingt trivial – die Antwort darauf ist alles andere als banal. Denn die Definitionen, was ein Konflikt überhaupt ist, weichen teilweise stark voneinander ab. In diesem Kapitel erfahren Sie,

- was Menschen unter einem Konflikt verstehen,
- warum die Beziehungsebene für die Definition eines Konflikts wichtig ist,
- wie innere Konflikte entstehen,
- warum Sie Konflikte nicht verteufeln sollten,
- welche grundsätzlichen Einstellungen Menschen zu Konflikten haben können,
- wie sich die Einstellungen auf die Konfliktlösungen auswirken können,
- welchen Einfluss Beziehungsorientierung und Ergebnisorientierung auf die Konfliktfähigkeit haben.

1.1 Was ist ein Konflikt?

Unterschiedli-
che Konfliktar-
ten und -
ursachen

Wer sich mit dem Thema „Konfliktmanagement" auseinandersetzen will, sollte sich zunächst mit der – auf den ersten Blick trivialen – Frage „Was ist eigentlich ein Konflikt?" beschäftigen. Die Antwort fällt, je nachdem, wen man fragt, unterschiedlich aus. Zunächst geht es also darum, unterschiedliche Konfliktarten und –ursachen kennenzulernen.

Bezugsrahmen ist für Einschätzung entscheidend

Werden verschiedene Personen danach befragt, was sie unter einem Konflikt verstehen, so erhält man erstaunlicherweise sehr unterschiedliche Antworten. Die Vorstellungen weichen stark voneinander ab – was sich durch die unterschiedlichen Bezugsrahmen, die Menschen jeweils haben, erklären lässt. Der Begriff „Bezugsrahmen" fasst die verschiedenen Wahrnehmungsfilter zusammen, die unsere Auffassung von der Welt beeinflussen. So kann es vorkommen, dass zwei Menschen in eine Auseinandersetzung verwickelt sind. Während der eine dies als simple Diskussion oder Meinungsverschiedenheit auffasst, beschreibt der andere die gleiche Situation als „heftigen Konflikt".

Menschen haben unterschiedliche Bezugrahmen

Was verstehen Menschen unter einem Konflikt?

Wer Menschen um eine Erläuterung des Begriffs „Konflikt" bittet, erhält verschiedene Antworten. Die häufigsten gehen in die folgende Richtung:

- Ein Konflikt ist eine Meinungsverschiedenheit.
- Es handelt sich um unterschiedliche Ziele, die die beiden (Konflikt-)Parteien verfolgen.
- Es geht irgendwie um die Verteilung von Ressourcen.
- Es besteht die Notwendigkeit, eine Lösung zu erzielen.
- In irgendeiner Weise ist die Beziehung zwischen den Parteien betroffen.

Diese Liste ließe sich beliebig fortsetzen – letztlich zeigt sie jedoch sehr deutlich, wie unterschiedlich die Definitionen eines Konflikts sind.

Wie wird ein Konflikt definiert?

Rein sachlich betrachtet, zeigt ein Blick in das Lexikon, dass der Begriff aus dem lateinischen „conflictus" von „confligere" abstammt. Und „confligere" bedeutet zusammenprallen. Daraus lässt sich letztlich eine erste grundsätzliche Definition oder Beschreibung eines Konflikts ableiten: Konflikte sind Tendenzen, die gleichzeitig in gegensätzliche Richtungen weisen, deren Verwirklichung aber voneinander abhängt. Da sie nicht zum selben Zeitpunkt realisiert

Tendenzen, die in unterschiedliche Richtungen weisen

werden können, erzeugen Konflikte innere Spannung und Handlungsdruck.

Diese gegensätzlichen Tendenzen können innere Regungen oder aber Verhaltensweisen von anderen Personen sein.

> **Kienbaum Kompetenztest: Was ist ein Konflikt?**
> Überlegen Sie: Woran denken Sie, wenn Sie beschreiben sollen, was ein Konflikt ist bzw. was einen Konflikt ausmacht?
>
> _____
>
> _____
>
> _____
>
> _____
>
> _____

Ab wann besteht ein Konflikt?

Aber die Definition allein löst das eigentliche Grundproblem nicht. Denn letztlich bleiben zwei Kernfragen:

* Befinde ich mich überhaupt in einem Konflikt?
* Wenn ja, wie soll ich reagieren bzw. mich verhalten?

Unterschied zwischen Meinungsverschiedenheit und Konflikt

Beziehungsebene ist beteiligt

Grundsätzlich sind folgende Facetten geeignet, um eine tendenzielle Unterscheidung zwischen Meinungsverschiedenheit und Konflikt festzumachen:

* Ist die Beziehungsebene zwischen den Beteiligten beeinträchtigt?
* Spielen emotionale Facetten im Konfliktgespräch eine Rolle?
* Fühlen sich die Beteiligten persönlich (d. h. in ihrer Person und nicht nur in der Sache) angegriffen?
* Sind sachlich-rationale Argumente, Daten und Fakten nicht geeignet, die Parteien einer möglichen Lösung näherzubringen?

Je mehr dieser Fragen mit „Ja" beantwortet werden, desto mehr befinden sich die beteiligten Personen in einem konfliktären Spannungsfeld. Wenn dagegen bei einem Großteil der Fragen die Antwort „Nein" lautet, dürfte es sich eher um eine Meinungsverschiedenheit handeln, die möglicherweise eher und vor allen ausschließlich durch sachliche Argumente, Diskussionen etc. lösbar ist.

Welche Themen lösen Konflikte aus?

Ob sich ein konfliktäres Spannungsfeld ergibt oder nicht, ist häufig abhängig vom Thema. So fühlen sich viele Menschen persönlich, in diesen Fällen in ihrem Wertekonzept und ihren Grundeinstellungen, angegriffen, wenn sich die Diskussion um sogenannte Tabuthemen dreht. Tabuthemen sind z. B. Religion, Politik, manchmal auch Sport oder Themen der persönlichen Lebensgestaltung. So kann sich die Frage „Wer wird Fussballeuropameister?" unter entsprechenden Rahmenbedingungen durchaus von einer Meinungsverschiedenheit im Sinne einer fachlichen Diskussion unter Fussballexperten zu einem Konflikt entwickeln – insbesondere dann, wenn Fragen der Nationalität ins Spiel kommen, die zudem noch selbstwertrelevant sein können. Dadurch kann eine solche Diskussion durchaus in einen persönlichen oder auch emotionalen Bereich abdriften. Ob jedoch daraus auch ein echter, „heißer" Konflikt wird, liegt an den Diskussionspartnern (s. Seite 24).

Tabuthemen sind konfliktträchtig

Beispiel: Meinungsverschiedenheit oder Konflikt?

Zwei Kollegen fahren gemeinsam mit einem Mietwagen zu einem Kundentermin. Herr Schulz fährt und Herr Täuble ist Beifahrer. Da leider kein Auto mit Navigationssystem zur Verfügung stand, sind die beiden nun auf die Karte angewiesen, die Herr Täuble liest. Plötzlich biegt Herr Schulz unterwartet ab. Er ist der Meinung, einen besseren Weg zu kennen. Herr Täuble schaut erneut auf die Karte und ist seinerseits davon überzeugt, bereits den kürzesten und schnellsten Weg ausgewählt zu haben. Schon haben die beiden Kollegen eine Meinungsverschiedenheit.

Herr Schulz besteht darauf, dass seine Meinung korrekt ist, obwohl er nicht in die Karte geschaut hat. Herr Täuble hat dadurch das Gefühl, nicht ernst genommen zu werden. Er fühlt sich persönlich angegriffen. Unerwartet bremst Herr Schulz sehr stark, woraufhin Herr Täuble seinen Kaffee verschüttet. Er reagiert ungehalten. Die Situation eskaliert und es kommt zu einem Konflikt.

Emotionale Ebene spricht für einen Konflikt

Konflikte lassen sich nicht rein sachlich lösen

Je stärker sich die beteiligten Personen einer beziehungsorientierten und damit letztlich auch emotionalen Ebene nähern, desto eher bewegen sie sich auf einen Konflikt zu. Ein häufiges Missverständnis besteht darin, Konflikte möglichst „sachlich" lösen zu wollen. Dies ist kaum möglich, da Konflikte sich zum größten Teil auf emotionalen Befindlichkeiten aufbauen.

Kienbaum Expertentipp: Sachlich bleiben – aber nicht nur

Durch reine Sachlichkeit, also durch den bewussten Verzicht emotionaler Anteile im eigenen Verhalten, ist es eventuell möglich, die Entstehung eines Konflikts zu verhindern.

Ein bestehender Konflikt kann aber durch reine Sachlichkeit in der Regel nicht gelöst werden.

Wann führt ein Thema zu einem Konflikt?

Je emotionaler die Reaktion, desto eher kommt es zum Konflikt

Ob nun ein Thema geeignet ist, Menschen zu einem echten Konflikt zu führen, ist von verschiedenen, auch situativen Faktoren abhängig. Grundsätzlich lässt sich festhalten: Je näher ein Thema am grundlegenden Wertesystem eines Menschen rüttelt, desto emotionaler reagiert er und desto schneller gerät er auf dieser Ebene mit anderen in einen „echten" Konflikt.

Beispiel: Unterschiedliche Konfliktauslöser

Bei einigen Menschen ist es durchaus möglich, über Themen wie Politik oder Sport in einen echten Konflikt zu geraten. Anderen Menschen dagegen erscheinen diese Themen eher banal.

Ein Konfliktauslöser lässt sich als psychologische Territorialverletzung vorstellen. Das bedeutet, dass die andere Konfliktpartei eine psychologische und vor allem unsichtbare Grenze überschritten hat. Bei dieser Grenze kann es sich – wie bereits gesagt – um grundlegende Werte handeln, die fester Bestandteil der Persönlichkeit sind, oder aber auch das subjektiv wahrgenommene Gefühl mangelnder Wertschätzung.

Kienbaum Expertentipp: Die Rolle der Emotionen

Wenn die Emotion kommt, geht der Verstand. Die ansteigende Emotion zerstört Stück für Stück die Analysefähigkeit und die rationale Suche nach der richtigen Lösung oder nach einem tragbaren Kompromiss. Am Ende steht Emotion gegen Emotion! Glaubwürdigkeit, Vertrauen, Akzeptanz, Sympathie, Zusammenarbeit, Effizienz, Konsequenz und Kontinuität heißen die Opfer.

Wie intervenieren?

Die größte Gefahr von Konflikten liegt darin, dass sie zu echten persönlichen Verletzungen führen können. Daher ist es wichtig, rechtzeitig mit geeigneten Interventionen einzugreifen. „Schlecht ausgetragene" Konflikte gefährden die Beziehungsebene ernsthaft: Sie „schaffen keine Opfer, sondern nur Jäger!". Daher ist es wichtig, Konflikte rechtzeitig zu erkennen (s. Seite 40) und angemessen darauf zu reagieren (s. Seite 48). Die Betonung liegt dabei sowohl auf der „rechtzeitigen" als auch auf der „geeigneten" Intervention – also dem „Wann" und dem „Wie".

Echte persönliche Verletzungen drohen

Grundsätzlich gilt beim „Wann": So früh wie möglich und so spät wie nötig. Je eher ein Konflikt angegangen wird, desto leichter ist er zu lösen bzw. zu vermeiden. Bei einer sehr frühzeitigen Intervention ist die Art der Intervention – also das Wie" gar nicht mehr so entscheidend. Je länger gewartet und je später eingegriffen wird, desto höher werden die Ansprüche an das „Wie" der Intervention. (Und leider tendiert die menschliche Natur eher zum Abwarten und Aussitzen von Konflikten.)

Kienbaum Expertentipp: Konflikte sind unvermeidbar

Denken Sie daran: Viele Konflikte lassen sich nicht verhindern. Sie sind unvermeidlich, wenn Menschen mit unterschiedlichen Interessen, Zielen, Gewohnheiten und Meinungen regelmäßig miteinander zu tun haben. Die Unterschiede kollidieren von Zeit zu Zeit und erzeugen Konflikte. Sinn und Zweck eines „guten" Konfliktmanagements ist daher nicht, Konflikte zu vermeiden, sondern mit geeigneten Maßnahmen oder Interventionen mit ihnen umzugehen.

Was es mit inneren Konflikten auf sich hat

Zwei innere Stimmen wollen sich Gehör verschaffen

Ein Sonderfall der Konflikte sind sogenannte „innere Konflikte". Das Besondere dabei ist, dass wir den Konflikt „mit uns selbst" ausmachen und damit sozusagen beide Konfliktparteien gleichzeitig darstellen. Letztlich wollen sich zwei innere Stimmen zur selben Zeit Gehör verschaffen. Diese Stimmen werden jedoch als unvereinbar beurteilt. Die Verwirklichung der einen Stimme widerspricht oder beeinträchtigt die Verwirklichung der anderen. Im Ergebnis drehen sich die Gedanken im Kreis, verwirren sich und enden letztlich in einer Denkblockade. Eine konstruktive Lösung des inneren Konflikts rückt damit in weite Ferne.

Umso bedeutender ist es, sich die unterschiedlichen mentalen Prozesse bewusst zu machen und einen Impuls zu finden, um die eigenen Gedanken in eine neue Richtung zu lenken. Je stärker der innere Konflikt an unserem Selbstwertgefühl oder den eigenen normativen Ansprüchen nagt, desto wichtiger ist für uns die Klärung. Ein erster Zugang, der es ermöglicht, innere Konflikte zu reflektieren, ist die Unterscheidung in drei Typen:

Drei Typen innerer Konflikte

- *Annäherungs-Annäherungskonflikt*: Hierbei handelt es sich um eine Entscheidung zwischen zwei Zielen, die gleichermaßen erstrebenswert erscheinen, sich aber nicht gleichzeitig realisieren lassen.

Beispiel: Annäherungs-Annäherungskonflikt
Einladung zu einem Abendessen, obwohl man Karten für das Theater hat.

- *Annäherungs-Vermeidungskonflikt*: Er fordert eine Entscheidung zwischen zwei Zielen, die sowohl Angenehmes als auch Unangenehmes mit sich bringen. Die Person befürchtet, sich Nachteile einzuhandeln bzw. Chancen zu vergeben.

Beispiel: Annäherungs-Vermeidungskonflikt
Entscheidung zwischen einem neuen Job oder Karriere im alten Unternehmen.

- *Vermeidungs-Vermeidungskonflikt*: Dies ist die Entscheidung zwischen zwei Zielen, die gleichermaßen unattraktiv erscheinen: Es geht um die Wahl des kleineren Übels.

Beispiel: Vermeidungs–Vermeidungskonflikt

Sich den Zahn ziehen oder drei Wurzelbehandlungen über sich ergehen lassen.

Ursachen innerer Konflikte

Als mögliche Ursachen innerer Konflikte kommen verschiedene Prozesse infrage:

Prozesse, die innere Konflikte auslösen können

1. Prozesse der Wahrnehmung: Unsere Wahrnehmung ist geprägt von körperlichen Bedürfnissen, Stimmungen und Einstellungen sowie von unseren Vor- oder Lernerfahrungen. Daher sind unsere Wahrnehmungen immer subjektiv und führen zu inneren Konflikten, wenn sie sich widersprechen.

Beispiel: Prozesse der Wahrnehmung

Aufgrund von Lernerfahrungen haben wir Vorurteile gegenüber einer bestimmten ethnischen oder sonstigen Minderheit gebildet. Nun lernen wir jemanden persönlich kennen, der in unserer Wahrnehmung diesen Vorurteilen überhaupt nicht entspricht. Somit widersprechen sich aktuelle Wahrnehmung und vergangene Lernerfahrungen.

2. Kognitive Prozesse wie Wissen und Denken: Unsere Kognitionen (also die Vernunft) und Gefühle bestimmen, wie wir handeln. Zu inneren Konflikten kommt es, wenn entgegengesetzte Kognitionen hinsichtlich einer Entscheidung gegeneinanderstehen.

Beispiel: Kognitive Prozesse

Angenommen, sowohl die passive Sicherheit als auch der Kaufpreis wären für uns die wesentlichen Kriterien für den Kauf eines neuen Autos. Bei den infrage kommenden Modellen stellen sich beide Kriterien genau gegenläufig dar – d. h., das sicherere Auto ist gleichzeitig das teuerste.

3. Einstellungen: Unsere grundsätzlichen Einstellungen, die wir im Rahmen unserer Entwicklung und Sozialisation erworben haben,

determinieren unser Verhalten am stärksten. Sie geben den Rahmen vor für dauerhafte Handlungstendenzen, die als Teil unserer Persönlichkeitsstruktur recht widerstandsfähig gegen Veränderungen sind. Innere Konflikte können insbesondere dann entstehen, wenn situative Anforderungen, z. B. die unserer aktuellen Aufgabe, diesen Einstellungen zuwiderlaufen. Der häufigste Fall ist der sogenannte „Gewissenskonflikt".

Beispiel: Einstellungen

Im sogenannten „Milgram-Experiment" wurden die Testpersonen bewusst in die Situation eines inneren Konflikts gebracht. Eine autoritäre Instanz forderte von Ihnen, Anweisungen auch dann zu befolgen, wenn sie in direktem Widerspruch zu ihrem Gewissen standen. Konkret sollte die Versuchsperson ein Lernexperiment beaufsichtigen. Es galt, einem Schüler, der verschiedene kognitive Aufgaben zu lösen hatte, für jede falsche Antwort einen Elektroschock zu verabreichen. Der Elektroschock nahm in seiner Intensität zu. Dabei wurde die Testperson von einem „Versuchsleiter" beaufsichtigt, der die autoritäre Instanz darstellte. Der Schüler war nicht zu sehen, lediglich zu hören.

Tatsächlich waren sowohl der Schüler als auch der Versuchsleiter eingeweiht. Der Schüler erhielt keinerlei Schocks, erweckte jedoch durch laute Schmerzensschreie bei der Versuchsperson einen deutlich anderen Eindruck. Diese musste davon ausgehen, dass sie dem Schüler durch Knopfdruck echte Schmerzen zufügt. Nur wenige Versuchspersonen brachen den Versuch ab – die meisten beugten sich der autoritären Instanz des „Versuchsleiters".

Grundlage:
Gleichge-
wichtsprinzip

Allen drei vorgestellten Prozessen liegt ein Gleichgewichtsprinzip zugrunde. Zwei Optionen sind gleichermaßen unliebsam oder attraktiv. Die Lösung dieses Dilemmas liegt darin, die eigene Kognition zu reflektieren, also in der Ursachensuche nach dem Grundproblem. Sinnvoll ist es in solchen Fällen, eine Liste zu erstellen. Welche Argumente sprechen jeweils für und gegen eine Option? Wie wird das Nichteintreten einer Option bewertet? Es gilt, einen neuen Impuls in die Überlegungen einzubeziehen, um das Gleichgewicht zu kippen und letztlich eine Entscheidungstendenz zu erlangen. Ein innerer Konflikt lässt sich durch eine geringfügige Veränderung der Umgebungsbedingungen auflösen.

1.2　Welchen Sinn und Zweck haben Konflikte?

Konflikte entstehen demnach immer dort, wo unterschiedliche Interessen, Meinungen oder Ähnliches aufeinandertreffen und nicht gleichzeitig realisiert werden können. Damit lassen sich Konflikte zu einem Großteil nicht verhindern – sie sind vielmehr überall da, wo Menschen zusammenkommen, auf Dauer unvermeidbar.

Positive Folgen von Konflikten

Dabei sind Konflikte nicht etwas grundsätzlich Negatives. Sie dienen letztlich der „Psychohygiene", d. h., sie sorgen in der sozialen Interaktion zwischen Menschen dafür, z. B. unterschwellige, versteckte Probleme sichtbar zu machen.

Unterschwellige Probleme werden sichtbar

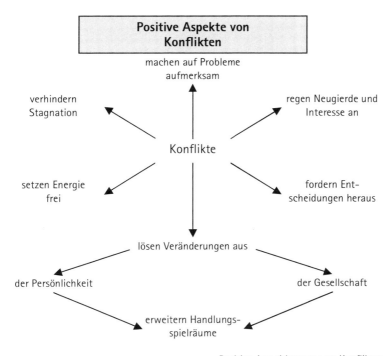

Positive Auswirkungen von Konflikten

Probleme nicht totschweigen

Durch Konflikte kommen Probleme an die Oberfläche – sie werden offensichtlich und damit greifbar. Nur bei einem greifbaren Konflikt ist es möglich, Methoden und Instrumente des Konfliktmanagements anzuwenden und zu einer Lösung zu kommen. Ohne Konflikte würden unterschwellige Probleme lediglich totgeschwiegen – so wie es in vielen Organisationen ohne echte Konfliktkultur zu beobachten ist.

Kultur des Misstrauens kann sich entwickeln

In einer solchen Organisation, die Konflikte als etwas ansieht, das es zu vermeiden gilt, werden Probleme ignoriert und dadurch nicht bearbeitet. Schwierigkeiten und Meinungsverschiedenheiten werden nicht offensiv angegangen und gelöst, sondern negiert – bestenfalls wird noch versucht, auf einer sachlichen Ebene rein argumentativ zu einer Lösung zu kommen. Durch diese Nichtbeachtung schwelen die Konflikte weiter und entziehen sich jeglicher Bearbeitung und Lösung. Die Folge ist häufig eine Kultur des Misstrauens und – im schlimmsten Falle – der fehlenden Ehrlichkeit im Umgang miteinander.

Den Gesprächspartner besser kennenlernen

Eine wesentliche Frage und auch Herausforderung des Konfliktmanagements ist, wie man mit Konflikten umgeht – und nicht, wie man sie verhindert. Ein verbessertes gegenseitiges Verständnis ist hierfür unerlässlich.

Empathie und aktives Zuhören sind nötig

Wer einen Konflikt lösen will, sollte in einem ersten Schritt versuchen, den Gesprächspartner in seinen Emotionen anzusprechen und „abzuholen". Dies bedeutet in der Konsequenz, sich auf die Sichtweise und auf den Bezugsrahmen seines Gegenübers einzulassen und sich zu bemühen, diese zu verstehen. Nur dann kann ein Konflikt letztlich bearbeitet und gelöst werden. Dies macht bereits deutlich, dass zur Lösung eines Konflikts der Fähigkeit der Empathie sowie des aktiven Zuhörens eine erhebliche Bedeutung zukommt.

Bereiten Sie sich auf Konfliktgespräche vor

Des Weiteren ist die Vorbereitung auf ein Konflikt(lösungs)gespräch ein wesentlicher Faktor. Es geht darum, den Konfliktpartner einzuschätzen. Mögliche Fragen könnten sein (s. Seite 100):

- Welche Bedeutung hat das Thema („die Sache an sich") für den Konfliktpartner?　　Fragen zur Vorbereitung
- Hat er einen „Auftraggeber", vor dem er sich für das Ergebnis „rechtfertigen" muss?
- Wie ist die Persönlichkeit des anderen einzuschätzen? Ist er eher emotional und eventuell aufbrausend? Oder eher sachlich und rational (s. Seite 165)?
- Ist das Thema für ihn eventuell zentral? Spricht es sein Selbstbild und damit seinen Selbstwert an?

Insbesondere die letzte Frage ist deutlich konkreter, als es die abstrakte Formulierung vermuten lässt. Wesentlicher Teil eines Selbstbilds kann z. B. die Selbstwahrnehmung als „gute Führungskraft" sein.

Beispiel: Bedeutung abschätzen

Ein Mitarbeiter gerät in einen Konflikt mit seinem direkten Vorgesetzten, weil er sich ungerecht behandelt fühlt. Er hat den Eindruck, dass sein Vorgesetzter die anderen Mitarbeiter bevorzugt, z. B. hinsichtlich einer Gehaltserhöhung, der Teilnahme an Fortbildungen etc. Was soll der Mitarbeiter nun tun, wie soll er das Thema angehen? Hier stellt sich die Frage „Wie wichtig ist dem Vorgesetzten das Thema? Ist es möglicherweise selbstwertrelevant?" Angenommen, es handelt sich um eine junge, ehrgeizige Führungskraft, die erst vor kurzer Zeit diese Führungsverantwortung übertragen bekommen hat, die darauf erkennbar stolz und der Meinung ist, als Führungskraft „alles richtig zu machen". In diesem Fall könnte jede direkte oder auch indirekte Kritik an der Führungsfähigkeit sehr heikel sein, weil sie selbstwertrelevant ist. Absolut bedenklich wäre in diesem Fall ein Vorgehen, etwas den nächsthöheren Vorgesetzten einzuschalten, weil in diesem Fall das (wahrscheinlich vorhandene) Selbstbild als „gute Führungskraft" beschädigt werden würde.

Offene Punkte im Gespräch klären

Direkte Fragen
stellen

Selbstverständlich kann eine solche Einschätzung des Gegenübers auch im Gespräch selbst stattfinden. Manchmal sind in solchen Fällen die einfachsten und direkten Fragen die besten. Dabei muss der Gesprächspartner nicht unbedingt ganz unmittelbar gefragt werden: „Wie wichtig ist Ihnen eigentlich das Thema?", auch wenn sich aus dieser Antwort durchaus Schlüsse ziehen lassen. In der Einstiegsphase ist es oft günstiger, das Thema vorsichtig anzuschneiden. Gezielte, offene Fragen und aktives konzentriertes Zuhören sind hier sicherlich die besten Vorgehensweisen, z. B.:

* „Wie sehen Sie das Thema?"
* „Können Sie meinen Standpunkt nachvollziehen?"

Wichtig ist es, insbesondere Ich-Botschaften zu senden und den Eindruck zu erwecken, dass das Problem erstmal nur die eigenen Wahrnehmungen sind und es zunächst nur darum geht, diese Wahrnehmungen abzugleichen. Das gilt auch dann, wenn eine klare Meinung schon besteht. Wer zu offensiv vorgeht, erntet mit größerer Wahrscheinlichkeit Widerstand als jemand, der stark fragenorientiert ist.

Kienbaum Expertentipp: Den Gesprächspartner ernstnehmen

Einen „heißen", emotionalen Konflikt werden Sie kaum rational lösen. Versuchen Sie einmal, einen aufgebrachten Gesprächspartner mit den Worten „Jetzt bleiben Sie doch bitte sachlich" zu beruhigen. Das Ergebnis dürfte eher ernüchternd sein. In der Regel wird die Situation noch weiter eskalieren – weil Ihr Gesprächspartner sich mit seinem (emotionalen) Standpunkt von Ihnen überhaupt nicht abgeholt oder auch nur verstanden fühlt.

Eindeutige Standpunkte sind gefordert

Menschen
meiden gern
Entscheidungen

Konflikte führen in der Regel dazu, dass die Beteiligten klare Standpunkte einnehmen. Allerdings meiden Menschen Entscheidungen gern und weichen daher Konflikten häufig aus. Denn zum einen sind sie als „soziale Wesen" darauf ausgerichtet, Wertschätzung und Anerkennung in einer sozialen Gruppe zu erfahren – hierfür erscheinen Konflikte auf den ersten Blick wenig zielführend. Zum anderen sind die meisten Menschen sowohl durch ihre Sozialisation als auch durch verbreitete Management- und Führungstheorien sehr stark darauf fokussiert, eine harmonische Zusammenarbeit als zentralen Faktor ihrer Aktivitäten unreflektiert anzunehmen. Das weitverbreitete Missverständnis, ein kooperativer Führungsstil sei der einzige „richtige" Führungsstil, ist nur ein Beispiel dafür.

Ideen einbringen und diskutieren

Allerdings führt Teamarbeit bei einer unreflektierten Fokussierung auf ein „harmonisches, konfliktfreies Miteinander" häufig dazu, dass die Gruppe unterschiedliche Ideen und Ansätze nicht ausdiskutiert, sondern den kleinsten gemeinsamen Nenner als Kompromissergebnis realisiert. Dadurch gehen besondere Einzelleistungen, insbesondere kreative und innovative Ideen, im Team unter. Solche guten Ideen und Einzelleistungen können oft nur durch einen klaren Standpunkt und eine klare Aussage positioniert werden – dazu ist es aber notwendig, sich „unbeliebt" zu machen und zur Durchsetzung der eigenen Standpunkte auch einmal einen Konflikt einzugehen.

Kompromisse führen oft zu nicht optimalen Lösungen

Arbeitsergebnisse verbessern sich

Letztlich führt eine konstruktive Konflikt- und „Streitkultur" zu optimierten Arbeitsergebnissen. Denn erst wenn unterschiedliche Sichtweisen miteinander abgeglichen werden, besteht die Möglichkeit – und steigt die Wahrscheinlichkeit –, dass die Wahl auf die beste Alternative fällt. Zudem fallen durch die verschiedenen Standpunkte Probleme auf. Harmonie- und konsensorientierte „Ja-Sagerei" dagegen vertagt sie oder löst sie vordergründig durch „faule" Kompromisse.

Die Wahl der besten Alternative

Stagnation lässt sich vermeiden

Klare Standpunkte bringen Menschen auch dazu, sich festzulegen oder sich im Konfliktfall einer Meinung anzuschließen. So können sie sich nur noch schwer in ein inkonsequentes „Sowohl-als-auch"-Vorgehen flüchten. Deshalb erzwingen Konflikte häufig eine Entscheidung oder helfen zumindest, sie herbeizuführen. Dies setzt Energien frei und verhindert Stagnation, z. B. wenn es um notwendige, aber unangenehme Entscheidungen geht.

Kienbaum Expertentipp: Konflikte nutzen

Denken Sie daran, dass durch einen offensiv angegangenen, ausgetragenen und letztlich gelösten Konflikt Veränderungen initiiert werden – sei es auf der Ebene der Personen (im Beispiel der jungen Führungskraft muss diese eventuell ihr eigenes Führungsbild etwas zurechtrücken und stärker auf eine gerechte Behandlung ihrer Mitarbeiter achten) oder auf der Ebene der Gesellschaft bzw. ihrer Rahmenbedingungen (z. B. durch veränderte Prozesse der Gehaltsfestlegung im genannten Unternehmen).

1.3 Welche Einstellung haben Sie zu Konflikten?

Wunsch nach Gruppenzugehörigkeit

Menschen meiden häufig mögliche Konflikte, weil sie ihrem Bedürfnis folgen, sich in eine soziale Gruppe einzubinden und „gemocht" zu werden. Dieses Grundbedürfnis steht natürlich einem offenen und konstruktiven Umgang mit Konflikten im Wege. Daher ist es durchaus sinnvoll, die eigene Einstellung zu Konflikten zu hinterfragen und zu reflektieren. Dabei ist zwischen der Grundeinstellung zu Konflikten und der bevorzugten Verhaltenstendenz im Konfliktfall zu unterscheiden. Bei ersteren handelt es sich um Einstellungen, bei letzteren um Verhaltensweisen. Selbstverständlich werden unsere Verhaltensweisen durch unsere Einstellungen determiniert.

Welche Einstellungen gibt es?

Die persönliche Grundeinstellung zu Konflikten beeinflusst das Verhalten des Menschen im Falle einer Auseinandersetzung. Das kann auch dazu führen, dass der Konflikt erst gar nicht angegangen wird. Häufig findet sich Folgendes:

Einstellung 1: Konflikte sind eher etwas Unangenehmes

Konflikte vermeiden

Hierbei ist die Gefahr recht groß, dass die betreffende Person Konfliktsymptome entweder bewusst ignoriert oder für sich selbst die Bedeutung herunterstuft, nach dem Motto: „Das ist es doch nicht wert, sich aufzuregen…". Das führt dann häufig auch dazu, dass

Konflikte vermieden werden (s. u.). Wer zu dieser Einstellung neigt, sollte sich angewöhnen, Situationen kritischer zu hinterfragen: Ist es die Sache tatsächlich nicht wert oder wird nur der Konflikt gescheut?

Einstellung 2: Ich versuche, Konflikte möglichst zu vermeiden

Wer hier zustimmt, ist schon einen Schritt weiter. Er hat für sich akzeptiert, dass er eher konfliktscheu – oder positiv formuliert harmonieorientiert – ist. In diesem Fall gilt es, zu hinterfragen, warum Konflikte vermieden werden – und zwar nicht auf der generellen Ebene, sondern jedes Mal neu im konkreten Einzelfall. Dabei kann eine Liste mit Vor- und Nachteilen hilfreich sein: Was könnte positiv daran sein, wenn der Konflikt ausbricht, was negativ? Was könnte schlimmstenfalls passieren?

Konfliktscheu und harmonieorientiert

Einstellung 3: Konflikte führen eher dazu, dass die Beziehung zum Konfliktpartner leidet

Personen mit dieser Einstellung scheinen sich in Konflikten sehr stark auf die Beziehung zu fokussieren. Oft sind sie harmonieorientierte (s. Seite 92) oder impulsive Typen (s. Seite 94). Sinnvoll ist dann, über folgende Idee nachzudenken: Entweder ist die Beziehung zum Konfliktpartner stabil und tragfähig, dann wird sie einen normalen Konflikt auch aushalten. Oder sie ist es nicht, dann ist der Verlust dieser Beziehung möglicherweise gar kein so großer Verlust, wie intuitiv angenommen.

Sehr beziehungsorientiert

Einstellung 4: Ich versuche, eine angenehme Beziehung zu meinem Konfliktpartner herzustellen

Diese Ansicht lässt sich oft bei eher beziehungsorientierten Menschen finden. Sie sind davon abhängig, auf zumindest leichte Sympathien zu treffen. Der Umgang mit unsympathischen Menschen auf einer rein rationalen Ebene fällt ihnen möglicherweise eher schwer. Dann könnte es helfen, sich bewusst mit Menschen auseinanderzusetzen, für die in erster Linie sachliche und rationale Argumente zählen. Eine gute Vorbereitung auf die Gespräche ist dabei Pflicht.

Sympathie steht im Vordergrund

Einstellung 5: Ich versuche, eine angenehme Beziehung zu meinem Konfliktpartner herzustellen

Wichtig sind sachlich-rationale Facetten

Diese Einstellung spricht eher für das Gegenteil: Hier liegt der Fokus stärker auf sachlich-rationalen Facetten, Sympathien und Antipathien bleiben außen vor. Das Problem liegt darin, dass viele Menschen eher beziehungsorientiert sind und nicht nur „über die Sache" reden wollen. Wer hier an seiner Einstellung arbeiten möchte, sollte bewusst das Gespräch mit solchen Personen suchen und sich deutlich mehr Zeit für Smalltalk und Beziehungsaufbau nehmen.

Einstellung 6: Ich sehe eher die Gefahr, es mir mit dem anderen „zu verderben"

Überwertung der Beziehungsebene

Auch hier droht eine Überbewertung der Beziehungsebene. Sinnvoll kann dann sein, das Worst-case-Szenario einmal gedanklich durchzuspielen. Was kann schlimmstenfalls passieren? Ist die Beziehung so wenig tragfähig? Ist sie überhaupt wichtig – oder kann es im Extremfall auch sein, dass man diesem Menschen nie wieder begegnen wird?

Einstellung 7: Konflikte gehe ich nur dann an, wenn andere Personen mich dazu drängen

Wenig konfliktfreudig

Bei dieser Einstellung wächst die Wahrscheinlichkeit, zu „verlieren". Wer so denkt, ist möglicherweise wenig konfliktfreudig, sieht die Sache eventuell als unbedeutend an und wird gleichzeitig dazu „gedrängt", das Thema anzugehen. In einem solchen Fall ist es wichtig, sich darüber klar zu werden, dass Konflikte möglicherweise nicht zu den eigenen Stärken gehören. Dies sollte auch offen mit dem Auftraggeber, also der drängenden Person besprochen werden. Vielleicht ist allen Beteiligten eher geholfen, wenn ein anderer den Konflikt angeht.

Einstellung 8: Die meisten Konflikte erledigen sich von allein

Konflikte dauern an

Mit dieser Einstellung haben Menschen bei einzelnen Gelegenheiten durchaus recht. Ein Blick in die aktuelle Konfliktforschung zeigt aber, dass diese Aussage in der Regel nicht zu stimmen scheint. Vielmehr haben Konflikte die unangenehme Eigenschaft, beliebig lange latent zu bleiben und zu den ungünstigsten Zeitpunkten wieder an die Oberfläche zu treten. Viele Menschen vertreten diese

Ansicht dennoch, was aber eher einer unbewussten Harmonieorientierung geschuldet sein dürfte.

Kienbaum Kompetenztest: Wie gehen Sie mit Konflikten um?

Bitte überlegen Sie einmal, wie Sie selbst „normalerweise" gegenüber Konflikten eingestellt sind:

Grundeinstellung zu Konflikten.	Ja	Nein
Konflikte sind eher etwas Unangenehmes.		
Ich versuche, Konflikte möglichst zu vermeiden.		
Konflikte führen eher dazu, dass die Beziehung zum Konfliktpartner leidet.		
Ich versuche, eine angenehme Beziehung zu meinem Konfliktpartner herzustellen.		
Im Konflikt achte ich eher auf Unterschiede in den Standpunkten.		
Ich sehe in Konflikten weniger die Chance, meine Interessen durchzusetzen, sondern eher die Gefahr, es mir mit dem Anderen „zu verderben".		
Konflikte gehe ich nur dann an, wenn andere Personen (z. B. mein Vorgesetzter) mich dazu drängen.		
Die meisten Konflikte erledigen sich von allein.		

Je häufiger Sie „Ja" angekreuzt haben, desto schwerer tun Sie sich mit Konflikten – sowohl damit, diese anzugehen als auch damit, diese im Sinne Ihrer Interessen auszutragen.

Konflikte austragen

Um seine eigene Einstellung zu Konflikten besser einschätzen zu können, ist es sinnvoll, für sich einige kurze Fragen zu beantworten:

Einstellung zu Konflikten hinterfragen

* Sehe ich Konflikte als destruktiv oder konstruktiv?
* Sehe ich mein Gegenüber als „Freund" oder „Feind"?
* Fokussiere ich meine Wahrnehmung auf „Trennendes" oder „Verbindendes"?
* Was ist mir wichtiger: Beziehungspflege oder Durchsetzung meiner Interessen?

Beziehungspflege oder Durchsetzung?

Insbesondere die letzte Frage ist entscheidend dafür, welches Verhalten eine Person wahrscheinlich im Konfliktfall zeigen wird. Denn letztlich ist es möglich, die Grundeinstellung zu Konflikten und damit auch das präferierte, wahrscheinlichste Verhalten eines Menschen auf zwei Dimensionen und damit auf zwei Kernfragen zurückführen, nämlich ob er eher beziehungs- oder eher verhaltensorientiert ist:

- Wer stark beziehungsorientiert ist, wird möglicherweise im Zweifelsfall die Beziehung zu seinem Konfliktpartner höher gewichten als seine eigenen Interessen. Daher wird er voraussichtlich eher nachgeben und in seinen Zielen zurückstecken.
- Umgekehrt hat ein hoch ergebnisorientierter Mensch eher die Durchsetzung seiner Interessen im Blick und nimmt weniger Rücksicht darauf, dass unter Umständen die Beziehung zum Gesprächspartner leidet.

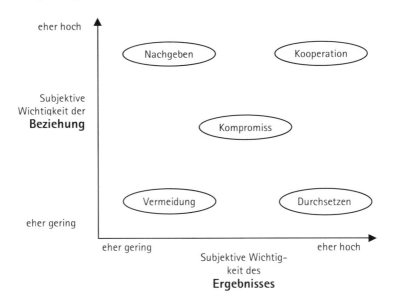

Beziehungsorientierung vs. Ergebnisorientierung

Mangelnde Durchsetzungsfähigkeit

Wenn Menschen eine Selbsteinschätzung zu ihrer Konfliktfähigkeit abgeben sollen, lautet die Antwort oft: „Ich kann mich nicht durchsetzen." Wer allerdings nach konkreten Erfahrungen fragt, bekommt dann schnell den Eindruck, dass diese Personen systematisch dazu neigen, die Beziehungsebene zu überschätzen. Wenn aber ein Konfliktpartner in einer Auseinandersetzung die klare Zielsetzung verfolgt, die (vermeintlich wichtige) Beziehungsebene zu schützen, so wird er sich zwangsläufig weniger durchsetzen und vorsichtiger agieren.

Beide Dimensionen richtig einschätzen

Die wesentliche Herausforderung ist es daher, beide Dimensionen, also die Wichtigkeit der Beziehung und die Wichtigkeit der „Sache", realistisch einzuschätzen.

2 Woran Sie Konflikte erkennen

Anders als viele Menschen vermuten, fallen Konflikte nicht vom Himmel – sie kündigen sich durch eine ganze Reihe von Signalen an. Diese Signale sollten Sie kennen, wenn Sie Konflikte möglichst frühzeitig – und das bedeutet, bevor sie sich manifestieren – lösen wollen. Aber auch, wenn die Auseinandersetzung nicht schon bei ihrer Entstehung dauerhaft aus der Welt geschaffen werden kann, droht nicht gleich der ganz große Krach. Konflikte eskalieren schrittweise und auf jeder dieser Stufen ist ein Eingreifen möglich. Nach der Lektüre dieses Kapitels werden Sie wissen,

- an welchen Signalen Sie entstehende Konflikte erkennen können,
- welche Bedeutung der Konfliktauslöser hat,
- warum der Einsatz von Metakommunikation wichtig ist, um einen entstehenden Konflikt zu erkennen und zu lösen,
- wie Sie entstehenden Konflikten wirksam entgegentreten,
- warum die subjektive Wichtigkeit entscheidend ist,
- welchem Grundmuster bestehende Konflikte folgen,
- bis zu welchem Stadium die Konfliktparteien sich noch selbst aus der Auseinandersetzung befreien können und
- wann ein Eingreifen einer dritten Person notwendig wird.

Weiter erfahren Sie, welche Besonderheiten Konflikte in einer Gruppe kennzeichnen und wie Sie als Führungskraft schon im Vorfeld mögliche Brennpunkte herausfinden können.

2.1 Diese Signale entstehender Konflikte sollten Sie kennen

Menschen neigen grundsätzlich eher zur Harmonie. Deshalb negieren sie Konflikte und übersehen – bewusst oder unbewusst – entsprechende Warnsignale. Diese selektive Wahrnehmung kann dann in der Tat dazu führen, dass ein Konflikt subjektiv „überraschend" auftritt – obwohl deutliche Symptome ersichtlich gewesen wären.

Erkennen Sie die Vorgeschichte des Konflikts

Jeder Konflikt hat eine Vorgeschichte. Er „fällt nicht einfach so vom Himmel". Wahrscheinlicher ist es, dass Symptome, die auf einen latenten Konflikt hinwiesen, nicht gesehen wurden oder dass man sie nicht hat sehen wollen.

Symptome werden gern übersehen

Die Furcht vor „plötzlichen Konflikten"

In der Praxis haben aber viele Menschen den Eindruck, dass sich Konflikte plötzlich aus einer eher brisanten Situation entwickeln.

Beispiel: Furcht vor Konflikten

In einem Unternehmen sollen Mitarbeitergespräche bzw. ein Mitarbeiterbeurteilungssystem eingeführt werden. Kernpunkt ist ein ausführliches Mitarbeitergespräch, in welchem der Vorgesetzte den Mitarbeiter beurteilen und ihm diese Beurteilung auch mitteilen bzw. begründen soll. Dieses Verfahren ist für das Unternehmen neu, d. h., weder Mitarbeiter noch Führungskräfte verfügen über Erfahrungswerte.

Eine derartige Maßnahme bedeutet damit für die Beteiligten mehr als nur die Einführung eines „Instruments"; vielmehr greift sie direkt in das interpersonelle Verhältnis zwischen Führungskraft und Mitarbeiter ein. Dementsprechend sind Bedenken und Vorbehalte nicht nur zu erwarten, sondern fast schon zwangsläufig. Der häufigste Einwand von Seiten der Führungskräfte – neben dem Zeitaufwand – ist die Besorgnis, durch die transparente Beurteilung und das Feedback in einem solchen Gespräch in einen Konflikt mit dem Mitarbeiter zu geraten.

Die Grundannahme hinter diesen Bedenken lautet, dass die Beurteilung, der der Mitarbeiter nicht folgt, eine Meinungsverschiedenheit erzeugt, , die direkt – d. h. während des Gesprächs – zu einem Konflikt eskaliert. Daher gipfelt die Befürchtung der Führungskräfte häufig in der Frage „Wie reagiere ich, wenn ich mit dem Mitarbeiter wegen der Beurteilung im Gespräch in einen Konflikt gerate?"

Die Führungskräfte gehen offensichtlich davon aus, dass ein Konflikt innerhalb eines Gesprächs von einer Stunde Dauer sozusagen „von Grund auf" entsteht und dann direkt eskaliert. Entspricht eine solche Grundannahme der Realität? Um diese Frage zu beantworten, muss zunächst geklärt werden, woher Konflikte eigentlich kommen. Dabei gilt es, sich mit zwei wesentlichen Begriffen auseinanderzusetzen.

Der latente Konflikt

Konflikt ist noch nicht in Erscheinung getreten

Der Begriff „latenter Konflikt" bezeichnet einen Konflikt, der noch nicht als solcher in Erscheinung getreten ist. Er zeigt sich lediglich in sogenannten Konfliktsymptomen oder -anzeichen. Möglicherweise ist er selbst den Beteiligten (noch) nicht bewusst. Häufig kommt es vor, dass lediglich eine Partei den eigentlichen Konflikt wahrnimmt, die andere jedoch nicht.

Der heiße Konflikt

Konflikt ist klar erkennbar

Der manifeste oder „heiße" Konflikt ist hingegen klar erkennbar. Beide Konfliktparteien verhalten sich so, wie es der umgangssprachlichen Vorstellung eines Konflikts entspricht: Sie streiten in der Regel. In dieser Phase ist den Beteiligten – und auch den Beobachtern – klar, dass eine Konfliktsituation vorliegt.

Vom latenten zum manifesten Konflikt

Ein Konflikt lässt sich nur bearbeiten, wenn er beiden Konfliktparteien bewusst ist. D. h., dass nur ein manifester Konflikt bearbeitet werden kann. Der Übergang eines Konflikts von der latenten zur manifesten Phase folgt meist idealtypischen Verläufen.

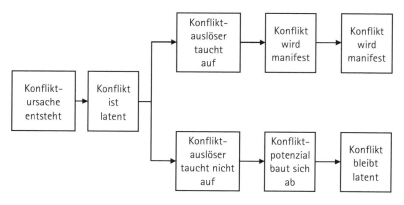

Verläufe von Konflikten (latent – manifest)

Verfolgen Sie den Konfliktverlauf

Damit ein Konflikt von der latenten zur manifesten Phase übergeht, ist ein Konfliktauslöser nötig. Dieser kann durch die Eigendynamik des Prozesses zustandekommen. Dabei werden im Prozess gewisse psychologische Grenzen überschritten, was dann zu einer automatischen Reaktion einer der Konfliktparteien führt.

Übergang von latenten zu manifesten Konflikt

Eine weitere Möglichkeit liegt darin, dass eine der betroffenen Personen den latenten Konflikt aktiv anspricht. Dafür ist aber Voraussetzung, dass er zumindest ihr bewusst ist und sie den Willen hat, ihn zu benennen.

Wie sich die Stimmung entwickeln kann

Angenommen, es wäre möglich, zu jeder Zeit die Stimmung zwischen zwei Menschen zu messen – und zwar auf einer Skala von +1 (extreme Zuneigung) bis -1 (extreme Abneigung). Der Nullwert auf unserer Skala entspricht einer neutralen Einstellung. Wie könnte sich die Stimmung zwischen zwei Arbeitskollegen über den Zeitverlauf hinweg entwickeln?

- Die Grundeinstellung (Punkt A in der Abbildung auf der nächsten Seite) zwischen den zwei Akteuren ist positiv. Es herrscht also eine leichte Sympathie. Möglicherweise kennen beide Kollegen sich seit einem längeren Zeitraum, teilen sich ein Büro etc. Kollege A beginnt nun seinen Arbeitstag – und zwar in einer leicht gereizten Stimmung. Möglicherweise ist sein Wagen nicht angesprungen, zum Frühstück in der heimischen Küche war kein Kaffee mehr vorhanden o. Ä.

- A fährt im strömenden Regen auf den firmeneigenen Parkplatz. Dort stellt er fest, dass sein Kollege B ihm den letzten freien Parkplatz „wegschnappt". Dadurch muss er auf einem weiter entfernten Platz parken – wie gesagt: Es regnet in Strömen. Die Stimmung des Kollege A gegenüber B sinkt (Punkt B).

- Nach seiner Ankunft stellt A fest, dass B ihm offensichtlich den letzten Kaffee „weggetrunken" hat. Die Stimmung bzw. Einstellung B gegenüber sinkt weiter (Punkt C).

- Zudem stellt A auch noch fest, dass B wohl am gestrigen Abend im gemeinsamen Büro noch einige Unterlagen gesucht haben muss. Das Resultat ist ein Durcheinander auf dem Arbeitsplatz von A. Das muss erst einmal behoben werden, bevor A mit der Arbeit beginnen kann. Seine Stimmung sinkt weiter (Punkt D).

• Als A dementsprechend „eingestimmt" ist, stellt er durch Zufall fest, dass B seine Kaffeetasse benutzt. Daraufhin „explodiert" A. Er weist B mit deutlichen Worten und erheblicher Lautstärke zurecht (Punkt E). B reagiert völlig überrascht.

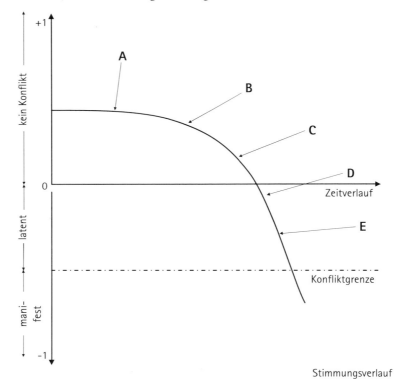

Stimmungsverlauf

Wie sieht der typische Konfliktverlauf aus?

Dieses zugegebenerweise konstruierte, aber sicherlich nicht völlig unrealistische Beispiel zeigt einige wesentliche Punkte in der Entwicklung von Konflikten – und lässt Schlussfolgerungen zu, wie die Reaktion in diesem Konfliktverlauf idealerweise aussieht.

1. Konflikte bauen sich auf. Ein plötzlich eintretender Konflikt ist eher die Ausnahme. Typisch ist, dass sich ein Konflikt über verschiedene Stationen entwickelt.

2. Der Schritt vom latenten zum manifesten Konflikt geschieht dann, wenn die individuelle Konfliktgrenze, die Nulllinie, überschritten wird. Dann wandelt sich Sympathie in Antipathie – aber es ergibt sich nicht notwendigerweise ein Konflikt. *Konflikte bauen sich langsam auf*

3. Der Konfliktauslöser (im Beispiel die Kaffeetasse) ist nur ein Symptom, nicht die Ursache des Konflikts. Daher löst es den Konflikt nicht grundlegend, an dieser Ursache zu arbeiten. Angenommen B entschuldigt sich dafür, dass er die Tasse benutzt hat. Dann würde die Stimmung lediglich wieder knapp über die Konfliktgrenze des A gehoben werden – aber bei der nächstbesten Gelegenheit diese wahrscheinlich wieder durchbrechen, wodurch ein scheinbar „neuer" manifester Konflikt entstehen würde.

Symptome im latenten Konflikt

Die Konfliktsymptome lassen sich in unterschiedliche Kategorien unterteilen – je nachdem, worauf sie hindeuten: *Worauf weisen Konfliktsymptome hin?*

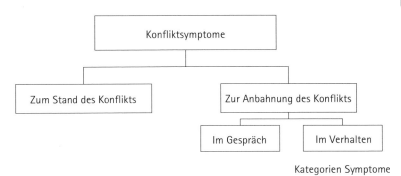

Kategorien Symptome

Hinweise im Gespräch

Im Gespräch lässt sich ein latenter Konflikt an folgenden Symptomen erkennen:

- *Ständiges Widersprechen, Ablehnung und Trotz:* Die betreffende Person zeigt auf jede Aussage, jedes Argument und auch auf jeden Kompromissvorschlag nur ablehnende Reaktionen – auch dann, wenn es nicht um kritische Themen geht. So entsteht der Verdacht, dass sie „aus Prinzip" widerspricht.

- *Dominieren, „auf den Tisch hauen", sticheln, jemand „auflaufen lassen":* Statt Widerspruch agiert der Gegenüber eher offensiv, versucht das Gespräch zu dominieren und unterbricht häufig.

- *Hartnäckigkeit und Uneinsichtigkeit, Rechthaberei:* Es findet keinerlei inhaltliche Auseinandersetzung mit den vorgebrachten Argumenten statt. Vielmehr herrscht der Eindruck vor, den anderen nicht verstehen zu wollen.

> **Beispiel: Hartnäckigkeit**
>
> Dieses Symptom ist z. B. häufig in Fernsehdiskussionen zu beobachten, wo die Teilnehmer nicht wirklich diskutieren, sondern jeder lediglich seinen Standpunkt darstellt und verteidigt.

- *Sich Anforderungen und Kritik nicht stellen, nach Ausreden suchen:* Für jedes Argument und für jeden Punkt bringt das Gegenüber Rechtfertigungen vor. Dieses Verhalten mündet im klassischen „Ja-aber-Spiel": „Ja, Sie haben recht, aber das lag an …"

- *Unsicherheit und Selbstzweifel:* Der Gesprächspartner begibt sich bewusst in die Opferrolle – entweder aus purer Hilflosigkeit oder um das Gegenüber in die Rolle des „Retters" zu drängen. Er bietet letztlich keine echte „Angriffsfläche", aber auch keinen inhaltlichen Input.

- *Desinteresse und Niedergeschlagenheit:* Der Gesprächspartner zeigt wenig Interesse, und zwar nicht nur für das Thema des Gesprächs, sondern am Gespräch insgesamt. Deutliche Merkmale sind z. B. häufige Terminverschiebungen, verspätetes Erscheinen oder auch Wegbleiben bei Terminen, geistige Abwesenheit oder die Beschäftigung mit anderen Dingen.

- *Überanpassung und Mitläufertum, keine eigenen Ideen und Vorschläge*: Der klassische „Ja-Sager" zeigt letztlich keinerlei Interesse an der Sache oder am Gespräch. Er stimmt allen Vorschlägen kommentarlos zu, bringt aber keine eigenen Vorschläge ein. Dieses Verhalten kann besonders bedenklich sein, da es im Extremfall darauf hindeuten kann, dass der latente Konflikt schon recht lange „gärt" und der Gesprächspartner es bereits aufgegeben hat, sich damit zu beschäftigen.

* *Übertriebene Freundlichkeit und einschmeicheln:* Dieses Symptom ist ähnlich zu sehen und bewerten, da auch hier das „Ja-Sagertum" vorherrscht und eigene, möglicherweise konstruktiv-kritische Vorschläge fehlen.

Kienbaum Expertentipp: Andere Erklärung möglich

Bedenken Sie, dass alle diese möglichen Konfliktsymptome in einem Gespräch auf einen Konflikt hindeuten können, aber nicht müssen. Viele der dargestellten Symptome erlauben auch alternative Erklärungen, die wenig mit einem latenten Konflikt zu tun haben. So gibt es Menschen, die ein solches Verhalten in Gespräch grundsätzlich zeigen, für die es also typisch ist.

Aber: Je mehr dieser Symptome im Gespräch auftauchen bzw. beobachtet werden können, desto wahrscheinlicher ist ein Konflikt.

Erkennen Sie rechtzeitig aufziehende Konflikte

Die folgende Checkliste kann in einem Gespräch helfen, die eigenen Beobachtungen auf einen latenten Konflikt hin zu sensibilisieren:

Gesprächs-partner beobachten

Checkliste: Beobachtungen in Gesprächssituationen	✓
… widerspricht durchgängig, unabhängig von meinen Inhalten.	
… geht inhaltlich nicht auf meine Aussagen ein.	
… wirkt desinteressiert und abgelenkt.	
… wiederholt „gebetsmühlenartig" die gleichen Argumente.	
… beschäftigt sich während des Gesprächs mit anderen Dingen (telefoniert, liest E-Mails etc.).	
… sagt konsequent „Ja" zu allen meinen Vorschlägen.	
… sagt konsequent „Nein" zu allen meinen Vorschlägen.	
… bringt keinerlei eigenen Input, z. B. Lösungsvorschläge o. Ä.	
… fühlt sich im Gespräch sichtlich unwohl, scheint dieses Gespräch lieber nicht führen zu wollen.	
… reagiert auf Fragen nach Einwänden von seiner Seite mit Beschwichtigungsfloskeln („nicht so wichtig", „schon in Ordnung").	

Symptome im täglichen Umgang miteinander

Häufiger als im Gespräch sind Konfliktsymptome jedoch im täglichen Umgang miteinander zu beobachten. Allerdings werden sie hier auch meist übersehen oder ignoriert. Im üblichen Umgang miteinander lassen sich latente Konflikte möglicherweise daran erkennen, dass sich das Verhalten der beteiligten Personen verändert, dass z. B. ein gut integrierter, beliebter Kollege sich plötzlich zurückzieht, nicht mehr am gemeinsamen Mittagessen teilnimmt o. Ä. Alles, was vom sonst „üblichen" Verhalten einer Person abweicht, kann – muss aber nicht – auf einen latenten Konflikt hindeuten. Daher ist es auch kaum möglich, einen festen „Katalog" von Kriterien zusammenzustellen.

Verhalten verändert sich plötzlich

2.2   Regeln in der Entwicklungsphase von Konflikten

Es ist nicht notwendig, erst auf das Ausbrechen eines Konflikts zu warten, bevor man sich an die Lösung macht. Besser ist es, bereits mit latent vorhandenen Konflikten konstruktiv umzugehen.

Stauen Sie keinen Ärger auf

Auch Kleinigkeiten ansprechen

Wichtig ist, auch „kleine" Dinge anzusprechen – und zwar auch dann, wenn diese Geschehnisse für sich allein als gar nicht bedeutsam genug erscheinen, um darüber zu sprechen.

Kienbaum Expertentipp: „Rabatzmarken" umgehen

Aus vielen kleinen Vorkommnissen kann sich großer Ärger ergeben. Wenn Sie für jeden Vorfall eine „Rabatzmarke" in Ihr „Rabatzmarkenheft" kleben, so ist dieses irgendwann voll – dann haben Sie genug beisammen, um richtig Rabatz zu schlagen.

Konfliktgrenze wird nicht überschritten

Wird das jeweilige Thema direkt angesprochen, lässt sich die „Missstimmung" nach jedem kleinen Vorfall wieder auf den „normalen" Level zurückführen. So entsteht ein sinusförmiger Verlauf: Nach jedem „Negativ-Ausschlag" führen A und B die Stimmung durch ein offenes und vor allem zeitnahes Gespräch wieder auf den „Normal-wert" zurück. Die Konfliktgrenze von A wird im Idealfall zu keinem Zeitpunkt überschritten. Der latente Konflikt wird bearbeitet, bevor er manifest wird.

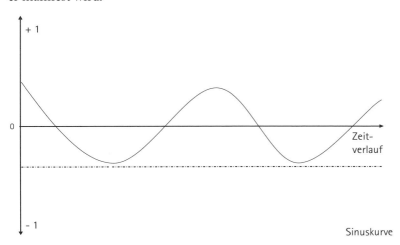

Sinuskurve

Sprechen Sie Konflikte offen an

Ist die Konfliktgrenze überschritten, ist es sinnvoller, in den Konflikt zu gehen, statt „geduldig" zu sein. Dies würde dazu führen, dass sich die eigene Konfliktgrenze weiter nach „unten" verschiebt. Wenn dann ein Konflikt manifest wird, also die Konfliktgrenze überschritten wird, fällt die Rückkehr zum normalen Umgang zwischen den Konfliktparteien umso schwerer, weil die Stimmung deutlich stärker gestört ist.

Was ist, wenn die Konflikt-grenze über-schritten ist?

Frühes Eingreifen ist wichtig

Offensichtlich fällt es umso leichter, einen Konflikt zu bewältigen, je früher im Prozess eingegriffen wird. Um dies zu nutzen, müssen drei wesentliche Voraussetzungen erfüllt sein:
1. der Wille zur Intervention
2. die Fähigkeit zur Intervention
3. die Erkenntnis, dass eine Intervention notwendig ist

Welche Qualität zeigt die Kommunikation?

Qualität der
Kommunikation
nimmt ab

Woran lässt sich erkennen, ob sich ein Konflikt anbahnt? Ein grundlegendes Konfliktsymptom ist die abnehmende „Qualität" der Kommunikation. Solange die Gesprächspartner noch konstruktiv miteinander reden, ist es wahrscheinlich, dass sie in der Lage sind, den Konflikt zu lösen (s. Seite 123).

Konflikten frühzeitig begegnen

Wenn frühe Kommunikation so wichtig ist, bedeutet das, sofort und aktiv mit dem anderen zu sprechen, sobald ein Konflikt wahrgenommen wird. Es gilt, auf ihn zuzugehen, Kommunikation zu ermöglichen und aufrechtzuhalten.

Offene Fragen
formulieren

Durch die Formulierung offener Fragen gelingt es, die Wünsche, Absichten und Sichtweisen der Betroffenen kennenzulernen. Dabei sollten Wertungen und Interpretationen vermieden werden. Besser ist es, eine Beschreibung dessen, was vorgefallen ist oder was jemand im Moment erlebt, vorzunehmen. Dadurch verringert sich die Gefahr von Vorwürfen und Geringschätzung und eine lösungsorientierte Atmosphäre kann entstehen.

Kienbaum Expertentipp: Der Umgang mit Konflikten

Wenn Sie es mit Konflikten zu tun haben, sollten Sie sich immer vor Augen halten:

- Jedes Symptom, das auf einen latenten Konflikt hindeutet, kann auch andere Ursachen haben.
- Ein Konfliktsymptom ist nur dann als Anzeichen eines Konflikts zu interpretieren, wenn es vom „normalen" Verhalten des Betroffenen abweicht.
- Derjenige, dem die Symptome zur Anbahnung eines Konflikts aufgefallen sind, muss nicht zwangsläufig ein Betroffener oder Beteiligter sein – er kann auch ein neutraler Dritter sein, der mit der eigentlichen Auseinandersetzung nichts zu tun hat.
- Konfliktsymptome müssen nicht zwangsläufig der Peron selbst bewusst sein – häufig werden diese Verhaltensweisen auch automatisch oder unbewusst gezeigt.

2.3 Wodurch manifestieren sich Konflikte?

Wie gesehen handelt es sich bei einem Konflikt meist um die unbewusste Überschreitung einer „psychologischen Grenze". Sowohl der Inhalt, also das Konfliktthema, die „Sache an sich", als auch die „Lage" dieser Konfliktgrenze sind individuell und subjektiv. Daher ist es äußerst schwierig, allgemeingültige Konfliktursachen zu identifizieren. Als wesentliche gemeinsame Facette lässt sich jedoch festhalten, dass sich eine Diskussion oder Meinungsverschiedenheit dann zu einem „heißen" Konflikt entwickelt, wenn einer der Beteiligten in irgendeiner Weise mangelnde Wertschätzung wahrnimmt.

Subjektive Wichtigkeit entscheidet

Was genau für einen Menschen eine solche Bedeutung hat, dass daran Wertschätzung erlebt wird, hängt davon ab, wie wichtig und wie persönlichkeitsrelevant dieses Thema ist (s. Seite 23). Daher gilt, dass grundsätzlich alles, sei es auch noch so banal, geeignet sein kann, einen Konflikt auszulösen. Es ist ausreichend, wenn dieses Thema einem der Beteiligten wichtig genug erscheint.

Wie persönlichkeitsrelevant ist das Thema?

Beispiel: Tabuthemen

Je mehr sich eine Person z. B. über ihre Glaubensgemeinschaft definiert und darüber ihr Selbstwertgefühl bezieht, desto „empfindlicher" reagiert sie auf Angriffe auf eben diese Religion. Dies lässt sich (leider) regelmäßig in den Nachrichten beobachten. Für viele Menschen nur unverständlich, entzünden sich gewalttätige Konflikte an der subjektiv wahrgenommenen Geringschätzung der eigenen Religionszugehörigkeit. Für „nicht-religiöse Menschen" sind diese Reaktionen schwer nachvollziehbar.

Potenzielle Konfliktherde am Arbeitsplatz

Neben diesen persönlichen „Empfindlichkeiten" ergeben sich gerade bei der täglichen Zusammenarbeit viele potenzielle „Konfliktherde":

• Jedes Unternehmen und jeder Arbeitsplatz unterliegen einem ständigen Wandel. Das schafft Unsicherheit.

- Es prallen an unterschiedlichsten Stellen sehr widersprüchliche Anforderungen, Meinungen und Einstellungen aufeinander, die sich nicht immer ohne Weiteres miteinander vereinbaren lassen.
- Die Menschen, die miteinander arbeiten müssen, sind unterschiedlich erfolgreich. Einige erreichen im Beruf vieles, andere sind bei ihren Zielen weniger erfolgreich.
- In jedem Unternehmen gibt es Personen mit Macht und solche, die der Macht ausgeliefert sind.
- Der „Human factor" führt regelmäßig zu Konflikten.

Konflikte sind Teil des menschlichen Umgangs miteinander

Menschen sind unterschiedlich

Konflikte sind in einer „normalen" Organisation also grundsätzlich unausweichlich. Sie gehören in einem Unternehmen als völlig normaler Teil des menschlichen Umgangs miteinander dazu. Und nicht nur dort, sondern überall, wo Menschen aufeinandertreffen. Schließlich

- verfolgen Menschen unterschiedliche Ziele,
- verfolgen Menschen unterschiedliche Interessen,
- bringen sich Menschen unterschiedlich stark ein,
- verfolgen Menschen ihre jeweiligen Ziele und Interessen mit anderen Mitteln,
- gehen Menschen unterschiedlich wertschätzend miteinander um,
- verfügen Menschen über divergierende Werte.

Diese Liste ließe sich noch beliebig fortsetzen.

Welche Ursache zu welcher Konfliktart führt

Entscheidend ist, dass sich unterschiedliche Konfliktarten ergeben, je nachdem welche konkrete Ursache ihnen zugrunde liegt. Eine Übersicht über die Konfliktarten zeigt daher auch gleich die verschiedenen Konfliktursachen.

Konfliktart	Ursache
Beziehungskonflikt	Beziehung zwischen den Kontrahenten
Verteilungskonflikt	Knappe Ressourcen
Zielkonflikt	Unvereinbare Ziele
Beurteilungskonflikt	Weg der Zielerreichung
Wertekonflikt	Anschauungen, Werte, Normen
Strukturkonflikt	Organisatorische Festlegungen
Rollenkonflikt	Dissonantes Rollenverhalten

Der Beziehungskonflikt

Bei einem Beziehungskonflikt „können sich zwei Menschen einfach nicht riechen". Die tieferen Ursachen für solche Antipathien liegen möglicherweise in der Persönlichkeitsstruktur der Betroffenen oder in der Unterschiedlichkeit ihrer Wertesysteme, Wahrnehmungs-, Deutungs- und Verhaltensmuster. Auslöser kann auch ein früherer Sachkonflikt sein, bei dem einer der beiden der Verlierer war.

Manche Menschen mögen sich einfach nicht

Beispiel: Beziehungskonflikt

Manager Hermann mag Manager Menkers nicht, weil dieser ihm zu laut und zu forsch auftritt. An dieser Stelle ist die Bewertung eines „lauten Auftretens" als negative Eigenschaft durch Manager Hermann die wesentliche Ursache. Dabei handelt es sich also um eine hoch subjektive Einschätzung bzw. Bewertung.

Der Verteilungskonflikt

Bei Verteilungskonflikten ist der innere und entscheidende Auslöser in der Regel mangelnde psychologische Zuwendung. Bei dieser Auseinandersetzung geht es also meist nur nach außen um die Sache. Wahrer Auslöser sind mangelnde Ressourcen und die ungerechte Verteilung.

Mangelnde Ressourcen und ungerechte Verteilung

Im Arbeitsleben ist vor allem die Anerkennung durch „das Unternehmen", meist personalisiert durch den Vorgesetzten, wichtig. Mitarbeiter reagieren auf Ungleichbehandlung als Zeichen der Wertschätzung sehr sensibel – dabei ist entscheidend, wie sie diese wahrnehmen, eine objektive Feststellung findet in der Regel nicht statt und ist für den Konflikt auch nicht entscheidend. Oft gilt die Höhe des Gehalts als Gradmesser der beruflichen Wertschätzung.

Das ist der Grund, weshalb darüber häufig nicht gesprochen wird. Die Entlohnung ist deshalb ein beliebtes Kriterium, weil sie im Unterschied zum Lob quantifizierbar ist.

Beispiel: Verteilungskonflikt

Herr Walter wird auf eine attraktive Auslandsreise geschickt, die Frau Schmidt aufgrund ihrer Funktion, Kompetenz und Arbeitsleistung für sich beansprucht.

Abteilung A fühlt sich schlechter mit Mitteln versorgt als Abteilung B.

Der Zielkonflikt

Absprache, Koordination und Kommunikation stimmen nicht

Divergierende Ziele existieren in jeder Organisation, dafür gibt es unzählige Beispiele. Treten hier Konflikte auf, liegt das häufig an mangelnder Absprache und an fehlender Koordination und Kommunikation. Entscheidend ist, zunächst zu klären, ob die Ziele überhaupt divergierend sind.

Oft stecken hinter Zielkonflikten Entscheidungen, die über den Kopf der Betroffenen hinweg beschlossen wurden. Oder anders ausgedrückt: Es werden (divergierende) Ziele verfolgt, ohne darüber zu sprechen. Wenn zwei Abteilungen transparent miteinander über ihre Ziele sprechen, ist es denkbar, dass sie eine Lösung finden. Unterbleibt diese gegenseitige Zielklärung, kann ein Konflikt viel schneller entstehen.

Beispiel: Zielkonflikt

Abteilung A möchte höhere Produktivität. Abteilung B möchte höhere Arbeitszufriedenheit.

Ein Vater möchte, dass sein Sohn einen bürgerlichen Beruf ergreift. Der Sohn möchte Künstler werden.

Der Beurteilungskonflikt

Unterschiedliche Beurteilung einer Situation

Diese Konfliktart entsteht, weil die Beteiligten die Situation unterschiedlich beurteilen. Die häufigsten Ursachen sind mangelnde Information, ein unterschiedlicher Kenntnisstand, unterschiedliche Einstellungen beziehungsweise eine mangelnde Fähigkeit, sich in andere hineinversetzen zu können.

Ein erster Ansatz zur prophylaktischen Konfliktlösung liegt auch hier darin, die unterschiedlichen Vorstellungen zur Vorgehensweise zu klären, kombiniert mit der Bereitschaft, die Argumente des jeweils anderen ernst zu nehmen und zu reflektieren.

Beispiel: Beurteilungskonflikt

Die Werbeabteilung und die PR-Abteilung eines Unternehmens haben das gemeinsame Ziel, die Akzeptanz eines Produkts bei den Bürgern zu erhöhen. Sie streiten sich aber über Konzeptionen, wie sie dieses Ziel erreichen wollen.

Der Wertekonflikt

Meistens entstehen Wertekonflikte dann, wenn Menschen mit unterschiedlichen Wertesystemen oder Grundeinstellungen aufeinandertreffen und – z. B. in ihren Arbeitsergebnissen – voneinander abhängig sind. So kann es vorkommen, dass die Einstellungen zur Arbeit voneinander abweichen: Ein Kollege geht ganz im Beruf auf, für den nächsten haben Privatleben und Familie Vorrang. Wesentlicher Faktor ist, dass nicht die mangelnde Arbeitsleistung des letztgenannten Kollegen die Konfliktursache darstellt.

Einstellungen weichen voneinander ab

Gefährlich sind Wertekonflikte, weil Menschen dazu neigen, ihr persönliches Wertesystem als richtig und alle anderen Werte und Einstellungen als falsch zu definieren. Konfliktlösungsgespräche fallen bei Wertekonflikten sehr schwer, da in der Regel keiner der Beteiligten sein Wertesystem hinterfragen oder überprüfen möchte.

Beispiele: Wertekonflikt

Wenn Herr Albrecht und Herr Maier bei Projekten miteinander arbeiten sollen, kommt es immer wieder zu erregten Diskussionen. Herr Albrecht beschwert sich über die „laxe Arbeitseinstellung" von Herrn Maier. Dieser mache abends immer sehr früh Feierabend und sei nicht mehr erreichbar. Herr Maier kontert damit, dass er schließlich auch „ein Privatleben" habe und nicht 24 Stunden am Tag arbeiten würde.

Der Strukturkonflikt

Die Besonderheit des Strukturkonflikts ist, dass nicht das Verhältnis der Beteiligten zueinander die Ursache ist, sondern organisatorische Strukturen, die die Betroffenen meist nicht beeinflussen können. Die

Organisatorische Mängel

Folge ist, dass sie auch die eigentliche Ursache und damit den Konflikt nicht lösen können. Ein Lösungsansatz besteht darin, sich gemeinsam auf einen möglichen Umgang mit der Situation zu einigen.

Beispiel: Strukturkonflikt

Der Vertriebsmitarbeiter Meier reklamiert die Schulz AG als Kunden für sich, da er für diese Branche zuständig ist. Sein Kollege Schmidt sieht die Schulz AG ebenfalls als seinen Kunden an, da er für die Region zuständig ist, in der sie ihren Hauptsitz hat.

Der Rollenkonflikt

Gegenläufiges Verhalten von Personen

Rollenkonflikte treten recht häufig auf und zwar immer dann, wenn unterschiedliche Rollen ein gegenläufiges Verhalten von Personen notwendig machen. Da diese nicht beide Verhaltensweisen gleichzeitig zeigen können, lösen derartige Situationen (innere) Konflikte aus. Diese Konflikte kann man nicht wirklich lösen. Denkbare Strategien zum Umgang sind entweder

- eine klare Trennung der Rollen: Während der Arbeit übernimmt die Person die Rolle des „Chefs" und redet nicht über Privates, am Wochenende oder nach Feierabend agiert sie umgekehrt und spricht nicht über die Arbeit oder
- ein Vermeiden des Konflikts schon im Vorfeld, indem sie sich z. B. gar nicht erst in den Betriebsrat wählen lässt oder nach der erfolgreichen Kandidatur seine Führungsaufgabe aufgibt.

Beispiele: Rollenkonflikt

Ein Mitarbeiter, der mit seinen Kollegen auch privat befreundet ist, wird zu deren Vorgesetzten befördert.

Ursachenforschung betreiben

Wer mit einem Konflikt konfrontiert ist, sollte sich systematisch einen Überblick über die Situation verschaffen. So fällt es leichter, die Konfliktursache herauszufinden.

Analyse des tatsächlichen Konfliktverlaufs
Was ist der Konfliktgegenstand?
Wodurch wurde der Konflikt ausgelöst ?
Woran haben Sie erkannt, dass es sich um einen Konflikt handelt (Konfliktsymptome)?
Wie ist der Konflikt verlaufen (Beschreiben Sie kurz das Verhalten beider Seiten)?
Was war das Konfliktergebnis?

Kienbaum Kompetenztest: Konflikt-Erfahrungen reflektieren

Denken Sie einmal zurück an die Konflikte, die Sie bisher schon ausgetragen haben. Können Sie sagen, welche Ursachen diese jeweils hatten? Beantworten Sie die folgenden Fragen:

Welche Persönlichkeitseigenschaften bewerten Sie bei anderen Menschen als eher negativ? Welcher „Typ" wirkt auf Sie eher unangenehm oder unsympathisch?

Haben Sie in der Vergangenheit schon einmal einen Verteilungskonflikt erlebt? Haben Sie sich auch einmal „ungerecht" behandelt oder gegenüber Kollegen zurückgesetzt gefühlt?

Haben Sie einmal einen Zielkonflikt erlebt? Wurden schon einmal Entscheidungen über Ihren Kopf hinweg getroffen? Oder haben Sie schon einmal Entscheidungen ohne Einbindung der Beteiligten getroffen?

Welche Erfahrungen haben Sie mit Beurteilungskonflikten? Kommen Sie in der Beurteilung von Situationen und Vorgehensweisen auch manchmal zu anderen Ergebnissen als andere? Wie gehen Sie damit um?

Haben Sie einmal für sich reflektiert, was Ihre grundlegenden Werte sind? Über welche Themen diskutieren Sie nicht, weil Sie sie für absolut „fix" ansehen? Mit welchen Einstellungen anderer können Sie nicht gut umgehen?

Gibt es in Ihrem Unternehmen derartige Strukturen? Wenn ja, wie gehen Sie damit um?

Kennen Sie Rollenkonflikte? Welche Erfahrungswerte haben Sie hier? Wie sind Sie mit diesen Konflikten umgegangen?

2.4   Das Grundmuster bestehender Konflikte

Schrittweise
Intensivierung

Konflikte bahnen sich nicht nur allmählich an, sie intensivieren sich auch schrittweise, wenn sich gelöst werden, und entwickeln dabei eine eigene Dynamik. Je länger der Konflikt unausgesprochen im Raum steht, desto schwieriger wird es, ihn noch konstruktiv zu lösen – bis hin zu dem Punkt, an dem die beteiligten Personen nicht mehr allein in der Lage sind, eine konstruktive Konfliktlösung herbeizuführen.

Die Dynamik eines Konflikts

Wer Konflikte verhindern bzw. lösen möchte, sollte ein grundlegendes Verständnis darüber entwickeln, in welchen Phasen Konflikte verlaufen, wo sich die aktuelle Auseinandersetzung befindet und welche Lösungsschritte am besten geeignet sind. Hierzu ist es wichtig, sich im gewissen Maße für Konfliktsymptome zu sensibilisieren. Nur wenn diese Erkenntnis vorliegt, ist es möglich, situationsgerecht zu intervenieren. Ebenso ist es von Bedeutung, zu erkennen, wann ein Konflikt schon so weit fortgeschritten ist, dass z. B. eine Hilfe zur Selbsthilfe nicht mehr erfolgversprechend ist. In diesem Falle sollte eine Intervention durch Dritte angedacht werden.

Wahrnehmung verengt sich

Typisch für Konflikte ist, dass die Aufmerksamkeit der Beteiligten immer selektiver wird und sich die Wahrnehmung verengt. Dadurch verfestigt sich der eigene Standpunkt. Alles, was ihn infrage stellen könnte, wird abgewertet. So werden z. B. positive Eigenschaften des Konfliktpartners nicht mehr beachtet, während seine negativen Eigenschaften in den Vordergrund geraten.

Aufmerksam wird selektiv

> #### Beispiel: Verengte Wahrnehmung
>
> Herr Brandes erledigt seine Arbeit qualitativ hochwertig, kommt aber morgens häufig zu spät zur Arbeit. Der Fokus der Führungskraft richtet sich im Verlauf eines Konflikts zunehmend auf die Verspätungen.

Gesprächsgrundlage entfällt

Die Kommunikation zwischen den Konfliktpartnern verschlechtert sich. Sie reden nicht mehr offen miteinander und geben Informationen nicht oder nur unzureichend weiter. Die Aussagen des jeweils anderen werden zunehmend interpretiert, dem Konfliktpartner wird zudem eine böse Absicht unterstellt.

Kommunikation verschlechtert sich

Negative Sicht auf den Konfliktgegner

Mit zunehmender Konfliktdauer nimmt die negative Einstellung gegenüber dem Konfliktpartner zu. Die Beteiligten neigen zu Verallgemeinerungen und Pauschalisierungen. In der Regel reichen banale Anlässe aus, um massive Reaktionen des Gegenübers hervorzurufen.

Darüber hinaus nimmt die Bereitschaft zu, den anderen bloßzustellen, während die eigene Hilfsbereitschaft sinkt.

Kienbaum Expertentipp: Private Konflikte

Dieses Konfliktsymptom lässt sich häufig in Partnerschaften beobachten. In einem fortgeschrittenen Konfliktstadium reichen Kleinigkeiten aus, um eine Krise hervorzurufen. Aus banalen Fragen wie „Bringst du bitte einmal den Müll hinaus?" entwickeln sich Grundsatzdiskussionen, in denen Verallgemeinerungen zum Einsatz kommen: „Du kümmerst dich nie um die täglichen Dinge."

Seien Sie daher vorsichtig mit der Verwendung von absoluten Begriffen wie „nie" oder „immer" und vermeiden Sie „Du-Botschaften".

Symptome im beruflichen Umfeld

Kooperation unterbleibt

In der täglichen Arbeit sind Konflikte deutlich erkennbar. In einem konfliktfreien Arbeitsumfeld herrscht eine Atmosphäre der gegenseitigen Kooperation vor. Je stärker Konflikte diese trüben, desto mehr fokussiert sich jeder Einzelne auf die Erledigung seiner Aufgaben. Darüber hinaus ziehen die Kontrahenten klare Grenzen und nehmen die Arbeitsaufgaben nicht mehr als gemeinsame Anforderung, die sich am besten gemeinsam regeln lässt, wahr.

Warum Konflikte sich immer weiter entwickeln

Je weiter der Konflikt fortschreitet, desto ausgeprägter sind die genannten Symptome. Gelingt es nicht, den Streit zu schlichten, dreht sich die Konfliktspirale immer weiter und die Auseinandersetzung schreitet fort. Doch wie entsteht diese Dynamik?

Woraus Konflikte neue Energien ziehen

Während des ganzen Konfliktverlaufs – von den ersten Spannungen bis hin zum „offenen Krieg" – gibt es einige Mechanismen, die dem Konfliktgeschehen immer wieder neue Energien zuführen.

Ausweitung auf neue Themen

- Der Konflikt wird auf immer weitere neue Streitfragen ausgeweitet. Die Konfliktparteien bringen ständig neue Themen, Probleme und Einzelheiten in den Konflikt ein, bis sich aus dem ursprünglichen Thema viele weitere Streitthemen ergeben. Gleichzeitig stellen sie die Situation aber stark vereinfachend dar, um den Überblick nicht zu verlieren.

Beispiel: Ausweitung des Konflikts

Frau Fröhlich ist genervt, weil sie immer so lange auf Unterlagen von Frau Neumann warten muss. Sie fühlt sich dadurch in ihrem eigenen Arbeitsstil beeinträchtigt. In dieser Woche hat Frau Neumann Küchendienst im Büro und am Mittwochmorgen ist die Spülmaschine mal wieder nicht ausgeräumt. Frau Fröhlich weist sie darauf hin und erwähnt, dass sie außerdem ihrer Meinung nach zu viel privat telefoniere und insgesamt etwas sorgfältiger mit ihren Aufgaben umgehen solle.

• Der Konflikt weitet sich zunehmend auf weitere Personen aus: Die Konfliktparteien versuchen, zur eigenen Unterstützung einen immer größeren Personenkreis in den Konflikt zu involvieren. *Personenkreis weitet sich aus*

Beispiel: Involvierung anderer Personen

Frau Fröhlich fragt ihre Kolleginnen, was sie von Frau Neumanns Verhalten halten. Sie beklagt sich darüber, dass es keine sauberen Tassen mehr gibt, weil Frau Fröhlich ihren Küchendienst vernachlässige.

• Die Konfliktparteien übertragen alles Negative auf die Gegenseite und erwarten nur das Schlimmste. Dieses kann sich schnell zu einer selbsterfüllenden Prophezeiung entwickeln. *Negativ-erwartungen steigern sich*

Beispiel: Negatives übertragen

Frau Fröhlich ist der Meinung, dass Frau Neumann bei jeder Aufgabe etliche Fehler passieren. Sie kontrolliert jedes Dokument, das sie von Frau Neumann erhält, bis ins kleinste Detail und findet tatsächlich hin und wieder einige Fehler. Im Normalfall wären ihr diese vermutlich weder aufgefallen, noch hätte sie sie als schwerwiegend bezeichnet. Unter den gegebenen Umständen jedoch erhält alles eine andere Gewichtung. Dass sie vor der Konflikteskalation selbst viel weniger kleinlich in Bezug auf Ergebnisse und Vorschriften war, nimmt sie längst nicht mehr wahr.

• Die Konfliktparteien verstärken jeweils gegenseitig die Drohungen, um die Gegenseite zum Einlenken zu bewegen. Dies wie- *Drohungen folgen* derum provoziert den Gegner und fordert diesen zur Verstärkung des negativen Handelns heraus.

Dieses Antreiben der Konfliktspirale geschieht überwiegend unbewusst. Dadurch entwickelt sich bei den Konfliktparteien schnell das Gefühl, sich zunehmend – ohne es selbst zu wollen – immer tiefer in den Konflikt zu verstricken und aus diesem nur schwerlich entkommen zu können.

2.5 Die neun Eskalationsstufen im Konflikt

Erkennen, auf welcher Stufe sich der Konflikt befindet

Wer sich mit Konfliktsymptomen und den einzelnen Eskalationsstufen auskennt, ist sensibilisiert für die Signale und Merkmale der jeweiligen Eskalationsstufen und kann besser einschätzen, in welchem Stadium sich ein Konflikt aktuell befindet. Damit kann sich ein Betroffener möglicherweise leichter aus den beschriebenen Mechanismen lösen oder auch erkennen, wann der Konflikt an einem Punkt angelangt ist, an dem Hilfe von außen nötig ist. Ein Außenstehender – z. B. eine Führungskraft, die in einem Streit zwischen zwei Mitarbeitern vermittelt bzw. interveniert – kann dieses Wissen nutzen, um den Verlauf des Konflikts mit den entscheidenden Wegmarken nachzuvollziehen und zu erkennen, welche Interventionsmethode an der jetzigen Stelle die angemessenste ist.

Drei Hauptphasen: win-win, win-lose, lose-lose

Konfliktforscher erkennen verschiedene Stadien im Verlauf von Konflikten. Der Konfliktforscher Friedrich Glasl beschreibt in seinem Modell neun Intensitätsstufen der Konflikteskalation. Auf jeder dieser Stufen erscheinen andere Methoden und Vorgehensweisen der Konfliktbearbeitung am geeignetsten. Mit zunehmender Intensität wird es immer schwieriger, den Konflikt konstruktiv aufzulösen. Die neun Eskalationsstufen lassen sich in drei Hauptphasen gliedern. In der ersten Phase, die die Stufe 1 bis 3 umfasst, können noch beide Parteien gewinnen (win-win), während in der zweiten Phase von Stufe 4 bis 6 eine Partei auf Kosten der anderen Partei gewinnt (win-lose). In der dritten Phase, von Stufe 7 bis 9, gehen beide Parteien als Verlierer aus dem Konflikt hervor (lose-lose).

Kienbaum Expertentipp: Merkmale mehrfach beobachten

Es ist wichtig, zu wissen, dass ein einzelnes Merkmal noch nicht zur Bestimmung einer Eskalationsstufe ausreicht. Erst das wiederholte Zusammenspiel mehrerer Merkmale über einen gewissen Zeitraum hinweg macht eine Eskalationsstufe aus. Darüber hinaus verschärfen sich die beschriebenen Konfliktsymptome von Stufe zu Stufe zunehmend.

Stufe 1: Verhärtung (win–win)

Die Konfliktparteien nehmen ihre Differenzen erstmals bewusst wahr. Gerade dieses Bewusstsein der bestehenden Spannungen führt zu Verkrampfungen, die den Umgang mit der anderen Partei wiederum erschweren. Die Standpunkte verhärten sich und prallen in Diskussionen aufeinander. Trotzdem sind beide Konfliktparteien überzeugt, dass sie die Spannungen noch durch Gespräche lösen können. Auf dieser Stufe finden viele tägliche Streitigkeiten statt, die gar nicht in die nächste Stufe übergehen. Ein eindeutiges Indiz für diese erste Stufe ist, dass die Bereitschaft zur Kooperation noch stärker ausgeprägt ist als das Konkurrenzdenken.

Differenzen werden bewusst

Stufe 2: Debatte (win–win)

Im Denken, Fühlen und Wollen findet eine Polarisation statt und es gibt erste Anzeichen für ein Schwarz-Weiß-Denken. Typische Aussagen können sein: „Das lasse ich mir von dem nicht gefallen." oder „Den anderen muss man doch mal die Augen öffnen, wie unmöglich das Verhalten von dem Kollegen Grünberg ist." Noch sprechen die Konfliktparteien Unstimmigkeiten häufig direkt offen an. Sie gehen aber gegenseitig kaum auf die vorgebrachten Argumente des anderen ein. Der Fokus richtet sich zunehmend darauf, recht zu behalten und sich selbst in ein gutes Licht zu rücken. Der letzte Punkt ist bereits ebenso wichtig wie die inhaltliche Auseinandersetzung. An dieser Stelle ist es bereits schwer, einen Konflikt zu bereinigen. Häufig gibt es bereits eine Person, die als scheinbarer Sieger aus dem Gespräch hervorgeht, da sie insgesamt ruhiger agiert oder vielleicht über die scheinbar besseren Argumente verfügt. Die Haltung der Kooperation und Konkurrenz wechseln ständig, was die Verwirrung nur verstärkt.

Schwarz-Weiß-Denken tritt auf

Stufe 3: Taten statt Worte (win–win)

Beide Konfliktparteien glauben nicht mehr daran, dass Gespräche eine Lösung bringen können. Es hat bereits eine Reihe von Gesprächen stattgefunden, die nicht zu einer konstruktiven Lösung beigetragen haben. Dies führt dazu, dass nun Taten folgen müssen. Jede Partei demonstriert nun durch ein entsprechendes Verhalten ihre Überzeugung und stellt die Gegenseite damit vor vollendete Tatsachen: „Wenn du nicht auf mich hörst, dann höre ich auch nicht auf dich!" oder „Du wirst schon sehen, was du davon hast." Mit diesem Verhalten sollen der Gegenseite Stärke und Selbstsicherheit demonstriert werden. Das Einfühlungsvermögen für die andere Partei geht dabei verloren und die Gefahr von Fehlinterpretationen wächst. Am Ende dieser Stufe bricht die Kommunikation zwischen den Konfliktparteien häufig ab.

Beispiel: Taten statt Worte
Ein Mitarbeiter macht „Dienst nach Vorschrift", da er sich in einem Konflikt mit seinem Vorgesetzten befindet.

Stufe 4: Soziale Ausweitung (win–lose)

Das Konfliktgeschehen weitet sich aus, da beide Konfliktparteien versuchen, um Anhänger zu werben. Dies geschieht häufig unbewusst und beginnt in der Regel damit, dass die einzelnen Konfliktparteien ihrem Ärger bei Freunden, Bekannten oder Arbeitskollegen „Luft machen" und dadurch vielfach bei anderen Sympathien für die eigene Position erzeugen. Häufig werden die eigenen Standpunkte verstärkt aus der individuellen Perspektive wiedergegeben. Beide Parteien versuchen, sich gegenseitig in stereotype Rollenmuster zu drängen. Ziel ist es, die Glaubwürdigkeit der gegnerischen Partei in den Augen von Zuschauern zu minimieren und die eigene Partei zu stärken.

Die Wahrnehmungsfähigkeit ist in dieser Eskalationsstufe so sehr beeinträchtigt, dass die bestehenden „Feindbilder" durch sich selbst erfüllende Prophezeiungen immer wieder neu bestätigt werden. Gleichzeitig erhöht sich das Misstrauen gegenüber dem anderen und die Einstellung wird zunehmend negativer.

Jetzt ist es nur noch sehr schwer möglich, den Konflikt zu lösen, ohne „dass eine der beiden Parteien ihr Gesicht verliert". In der Regel endet allmählich die Kommunikation mit dem „Gegner".

Stufe 5: Gesichtsverlust (win-lose)

Eine der Konfliktparteien provoziert einen öffentlichen Gesichtsver-lust der anderen Partei. Sie versucht, den Konfliktpartner bloßzu-stellen oder zu demaskieren. Hierzu wird das Problem durchdacht und eine Strategie für das weitere Vorgehen entwickelt. Zum Bei-spiel beginnt der „gefrustete" Mitarbeiter, sich einen neuen Job zu suchen, um dem Vorgesetzen zu verdeutlichen, dass er seine Vorge-hensweise nicht weiter akzeptiert – nach dem Motto „Du wirst schon sehen, was du davon hast."

Bloßstellen des Konfliktpartners

Eine solche Handlung wirkt als „point of no return", sie zieht eine weitere Beschleunigung der Konfliktereignisse nach sich. Während der Gegner verteufelt wird, stellt sich der Betroffene selbst als Licht-gestalt dar. Der anderen Seite werden negative Moral- und Werte-orientierungen unterstellt, die den eigenen natürlich weit unterlegen sind.

Stufe 6: Drohstrategien (win-lose)

Die Konfliktpartner präsentieren Forderungen an die Gegenseite und wollen sich gegenseitig zum Nachgeben zwingen. Es ist ihnen wichtig, das eigene Anliegen für das Gegenüber deutlich zu machen. Um der eigenen Forderung mehr Gewicht zu verleihen, drohen die Beteiligten Sanktionen an und demonstrieren, dass sie auch in der Lage sind, diese angedrohten Sanktionen in die Praxis umzusetzen: „Es ist mehr als fair, dass ich Sie im Vorfeld davon in Kenntnis setze, dass ich mir einen neuen Job suchen werde." Die ausgestoßenen Drohungen werden in der Regel mit Gegendrohungen beantwortet: „Ihnen ist wohl nicht bewusst, dass Ihre Leistung stark zu wünschen übrig lässt und Sie bei mir ohnehin ganz oben auf der Liste stehen." Hinzu kommt der aufsteigende Ärger, dass die gegnerische Partei in keiner Weise auf die eigenen Forderungen eingeht.

Präsentation von Forderun-gen

Da jede Partei sich dadurch, dass sie ihre Drohung samt Ultimatum und Sanktionen ausspricht, öffentlich festlegt, ist sie auch gezwun-gen, die Drohung im Anschluss wahr zu machen, um die eigene Glaubwürdigkeit nicht zu verlieren. Die Konfliktparteien setzen sich selbst unter Handlungszwang und verringern damit den eigenen Handlungs- und Entscheidungsspielraum, was die Eskalationsdynamik weiter beschleunigt.

Stufe 7: Begrenzte Vernichtungsschläge (lose–lose)

Umsetzen von Drohungen in Taten

Die Schwelle zur siebten Eskalationsstufe überschreiten die Konfliktpartner, wenn sie die Drohungen in Taten umsetzen. Sie steigern sich zunehmend in ihre negativen Emotionen hinein. Durch gezielte Angriffe versuchen sie, das Sicherheitsgefühl der gegnerischen Partei zu erschüttern. Ab dieser Stufe ist den beiden Parteien bewusst, dass es nichts mehr zu gewinnen gibt. Entscheidend ist nur noch, ob der Verlust auf der gegnerischen Seite größer als der eigene Schaden ist. Die Gegner trauen sich jetzt beidseitig alles zu. Auf jeden Angriff der gegnerischen Seite reagieren sie sofort mit einem Gegenangriff. Dies erhöht den Zeitdruck für die Konfliktparteien enorm, wodurch es wiederum zu einer weiteren Beschleunigung der Eskalation kommt. An dieser Stelle ist der eigentliche Konflikt nicht mehr das alleinige Thema. Die Thematik hat sich ausgeweitet, und es geht nur noch darum, „recht" zu haben und dem anderen Schaden zuzufügen.

Stufe 8: Zersplitterung (lose–lose)

Schlag und Gegenschlag

Ab jetzt erhöhen die Beteiligten mit jedem Schlag und Gegenschlag die Dosis, der Schaden wächst. Es findet eine eklatante Steigerung der gegenseitigen Angriffe statt und der Fokus richtet sich darauf aus, den Gegner zu treffen. Die Angriffe sollen zunehmend persönlich verletzen. Es folgen allgemeine Beleidigungen, die es erschweren, eine Versöhnung jemals wieder hervorzurufen. Ziel ist, alle strategisch wichtigen Punkte des Konfliktpartners zu zerstören.

Stufe 9: Gemeinsam in den Abgrund (lose–lose)

Bis zum Äußersten gehen

Wenn die Schwelle zu dieser letzten Stufe überschritten ist, ist mindestens eine Partei bereit, hemmungslos bis zum Äußersten zu gehen. Sie scheut kein Mittel mehr, um den Gegner endgültig zu vernichten. Sogar vor der Selbstvernichtung schreckt der Konfliktpartner nicht zurück und sieht dies gar als Triumph an, solange der Gegner mit in den Abgrund gerissen wird. Solche Extreme stellen glücklicherweise die Ausnahme dar, aber sie kommen in Einzelfällen immer wieder vor. Ein Beispiel sind die Ehemänner, die es vorziehen, ihre Familien tot zu sehen, als dem Partner einen harmonischen Neuanfang zu gönnen.

Fragen zur Deeskalation

Einige Fragen können helfen, in der Eskalationsdynamik innezuhalten und sich zu fragen, ob man die Schwelle zu einer weiteren Eskalationsstufe wirklich überschreiten will. — *Innehalten in der Eskalationsdynamik*

- Welche Gefühle beeinflussen mein aktuelles Vorgehen?
- Habe ich die Situation noch unter Kontrolle? Inwieweit gelingt es meinem Gegner, mich zu provozieren?
- Wie können wir zu einer Lösung gelangen, die für beide Seiten tragbar ist?
- Warum verhält sich die Gegenseite, wie sie sich verhält? Wie gestaltet sich ihr Bezugsrahmen?

Wann ist Konfliktlösung von außen notwendig?

Manchmal ist die Konfliktdynamik bereits so weit fortgeschritten, dass die Auseinandersetzung nicht mehr zu lösen ist, ohne dass ein Dritter hinzugezogen wird. Aber woran erkennen die Parteien, dass sie Unterstützung von außen brauchen? — *Unterstützung von außen*

Wann Selbsthilfe noch möglich ist

Innerhalb der ersten drei Eskalationsstufen sind die Konfliktparteien grundsätzlich noch in der Lage, ihren Konflikt selbst zu lösen. Um die Situation aufzulockern, sollte zunächst eine Konzentration auf die Kernthemen der Auseinandersetzung stattfinden. Dazu können die Beteiligten z. B. die Streitpunkte sammeln und am besten schriftlich festhalten. Dabei ist es hilfreich, sich auf konkrete Themen zu einigen und sich nicht in Einzelheiten zu verlieren. Sehr komplexe Themenbereiche lassen sich in Unterthemen aufteilen.

Die Bearbeitung der einzelnen Streitpunkte kann erfolgen, indem sich jede Konfliktpartei eines Themas der Gegenseite annimmt. Es kann helfen, das Problem aus der Sicht der gegnerischen Seite darzustellen. Damit vermeiden die Konfliktpartner, dass sich der Streit weiter verhärtet. Die Situation kann sich so vom bestehenden Dominanzstreben in Richtung einer partnerschaftlichen Auseinandersetzung entwickeln.

| **Kienbaum Expertentipp: Moderator einbinden**

Häufig ist es sinnvoll, eine dritte Person als neutralen Moderator einzubinden. Ihre Aufgabe ist es in dieser Phase, für einen strukturierten Ablauf des Konfliktgesprächs zu sorgen.

Intervention durch Dritte

Grenze zur Intervention von Drittparteien

Der Übergang von der dritten zur vierten Eskalationsstufe markiert auch die Grenze zur Selbsthilfe. Ab jetzt sind die Konfliktparteien auf Interventionen von Drittparteien angewiesen. Je nach Eskalationsstufe kann dies unterschiedliche Formen annehmen.

Bei einer Konfliktmediation hilft ein neutraler, unparteiischer Vermittler, der Mediator (s. Seite 204), den Konfliktparteien dabei, selbstständig eigenverantwortliche Lösungen für ihre Probleme zu finden. Im Arbeitsalltag agiert häufig die Führungskraft als Mediator zwischen zwei Mitarbeitern. Der Machteingriff als eine Interventionsmethode durch Dritte stellt das letzte Lösungsmittel für Konflikte dar. Er ist dann angezeigt, wenn alle anderen Konfliktlösungsversuche bereits fehlgeschlagen sind. Häufig wird dies als letzte Möglichkeit angesehen, um noch größere Schäden abzuwenden. Dieser Eingriff sollte von einer Instanz erfolgen, die einerseits über mehr Sanktionspotenzial verfügt als die involvierten Konfliktparteien und andererseits auch nach dem Eingriff die volle Kontrolle über die Konfliktsituation aufrechterhalten kann.

Beispiel: Intervention durch Dritte

Zwei Teams in der Vertriebsabteilung haben sich so zerstritten, dass sie kaum noch miteinander sprechen. Team A unternimmt weiterhin Versuche, die Zusammenarbeit wieder aufzunehmen, denn mit dem Konflikt sind Kosten verbunden, Gewinne und Provisionen bleiben aus. In der Mittagspause äußert ein Mitglied von Team B: „... es bringt doch gar nichts, mit denen zu reden, die verstehen doch sowieso nicht, worum es geht. Hauptsache, sie erreichen ihre Zahlen, die Qualität ist denen doch total egal." Ein Mediator bringt die Parteien an einen Tisch, um gemeinsam Ursachen und Interessen zu hinterfragen. Im beiderseitigen Einverständnis entwickeln die Teams gemeinsame Lösungen.

2.6 Besonderheiten bei Konflikten in Gruppen

In einer Gruppe können z. B. divergierende Werte, Visionen, Ziele, Einstellungen, Motive, Wahrnehmungen oder Verhaltensweisen zum Konflikt führen. Konflikte zwischen Individuen in der Gruppe entstehen dann, wenn die betroffenen Parteien voneinander abhängig sind oder wenn beide Parteien zum gleichen Zeitpunkt Ziele verfolgen, die nicht miteinander vereinbar sind.

Warum eine gesunde Konfliktkultur wichtig ist

Sobald bzw. solange ein Konflikt existiert, hält er die Gruppe davon ab, Ziele geschlossen zu verfolgen, Aufgaben koordiniert abzuwickeln und Beziehungen vertrauensvoll zu gestalten. Bestehende Konflikte innerhalb der Gruppe können Instabilität hervorrufen. Meist weisen sie auf Probleme hin, die sich durch konstruktive Kommunikation und gezielten Kontakt lösen lassen. Allerdings verfügen Teams häufig über keine Konfliktkultur und die Gruppe ist sich gar nicht bewusst, wie sie Konflikte lösen soll.

Gruppe wird instabil

Gleichzeitig sind Konflikte jedoch ein wichtiger Bestandteil der Gruppendynamik: Nach ihrer erfolgreichen Bewältigung kann produktive Arbeit entstehen. Die Gruppe wird fester, Kreativität erhält Raum und Veränderungen werden ausgelöst.

Vertrauen untereinander erleichtert die Lösung

Je größer das Zusammengehörigkeitsgefühl der Gruppe ist und je attraktiver dem Einzelnen die Mitgliedschaft in eben dieser Gruppe erscheint, desto wahrscheinlicher ist es, dass Konflikte konstruktiv angesprochen und gelöst werden. Zwischen den Gruppenmitgliedern besteht ein hohes Vertrauen, außerdem entstehen in einer von Vertrauen und Sympathie geprägten Gruppenatmosphäre weniger schnell schwerwiegende Konflikte.

Konstruktives Ansprechen von Konflikten

Vorbeugende Maßnahmen gegen Gruppenkonflikte

Verschiedene vorbeugende Maßnahmen können das Konfliktpotenzial in Gruppen unabhängig von ihrer Zusammensetzung reduzieren. Dazu gehören:

- Klare Zielvereinbarungen
- Eindeutige Formulierung, Abgrenzung und Kommunikation der Verantwortungsbereiche
- Beteiligung aller Mitwirkenden an Entscheidungen
- Transparenter Informationsfluss
- Kontakt und Kooperation zwischen verschiedenen Gruppenmitgliedern, um Vorurteile und Feindseligkeiten abzubauen, z. B. durch Vorgabe gemeinsamer Ziele, gemeinsame Arbeitsaufgaben
- Entwicklung einer Konfliktkultur

So ermitteln Sie die Teamstruktur

Wie ist die Beziehungsstruktur im Team?

Zunächst gilt es aber, sich einen Überblick über die Beziehungsstruktur im Team zu verschaffen. Sinnvoll ist dafür, ein Soziogramm zu erstellen, in dem die einzelnen Beziehungen zwischen den Gruppenmitgliedern grafisch dargestellt sind. Je nach Zielsetzung kann die Führungskraft auf diese Art und Weise gezielte Informationen zur Kommunikations-, Kontakt- oder auch zur Sympathiestruktur der Gruppe erhalten.

Kienbaum Expertentipp: Beobachten Sie Ihr Team

Als Führungskraft sollten Sie sich intensiv mit der Beziehungskonstellation in ihrem Team auseinanderzusetzen. Dieses Vorgehen ist auch dann sinnvoll, wenn noch kein akuter Konflikt vorliegt. Der gegenseitige „Sympathiegrad" lässt Rückschlüsse auf den aktuellen Kommunikationsaustausch zwischen den Teammitgliedern zu und zeigt, wie wahrscheinlich es ist, dass Konflikte im Team entstehen können.

Wenn in Ihrem Team bereits ein Konflikt vorliegt, ist es Ihre Aufgabe als Führungskraft, einzugreifen und ihn zu beenden. An dieser Stelle kann die intensive Auseinandersetzung mit der Teamstruktur die Beziehungsgeflechte innerhalb der Gruppe übersichtlich machen und Ihnen Hilfestellungen geben, an welcher Stelle Sie intervenieren müssen.

Erfragen Sie die Informationen

Um die Teamstruktur grafisch darstellen zu können, muss sich der Vorgesetzte die entsprechenden Informationen beschaffen. Dazu kann er den Gruppenmitgliedern in einem Teammeeting gezielt eine oder mehrere Fragen stellen und sie bitten, diese schriftlich zu beantworten. Ziel ist es, persönliche Beziehungsstrukturen sichtbar zu machen. Mögliche Fragestellungen sind:

* Mit wem habe ich den häufigsten Kontakt (Aussage zur Kontakt- und Kommunikationsstruktur)?
* Wer ist mir am sympathischsten? (Aussage zur Sympathiestruktur)?
* Mit wem arbeite ich am häufigsten zusammen (Aussage zur Arbeitsstruktur)?

Übertrag in eine Matrix

Die erhaltenen Informationen werden im Anschluss systematisch in eine entsprechende Matrix überführt. Zur Erstellung erhält jeder Mitarbeiter einen Buchstaben zugeordnet. In den Zeilen werden die einzelnen Mitarbeiter, welche eine Wahl abgegeben haben, angeordnet. In den Spalten werden ebenfalls alle Mitarbeiter in Form von Buchstaben dargestellt. So ist es möglich, die gewählten Mitarbeiter entsprechend anzukreuzen.

Wer arbeitet mit wem wie zusammen?

Beispiel: Beziehungsmatrix

		Gewählte Mitarbeiter					
		A	B	C	D	E	F
Wählende Mitarbeiter	A		x	x		x	
	B	x					
	C	x					
	D		x	x			
	E	x					
	F	x					

Mitarbeiter A hat den häufigsten Kontakt zu Mitarbeiter B, C und E.

Grafik macht Gruppenbeziehungen sichtbar

Auf der Grundlage dieser Matrix werden im Anschluss die jeweiligen Informationen systematisch in eine Grafik überführt. Kreise zeigen jeweils einen Mitarbeiter an, Pfeile symbolisieren die entsprechenden Wahlen bzw. Strukturen. Keine oder wenige Verbindungen zu einem Teammitglied können auf mögliche Konfliktstrukturen hindeuten.

Beispiel: Beziehungsstruktur

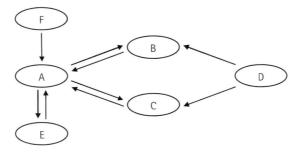

Die Beziehungsstruktur macht folgende Aspekte deutlich:

A hat innerhalb der Gruppe eine zentrale Rolle inne. Je nach gewählter Fragestellung wird deutlich:

* Mit A haben die meisten Mitarbeiter häufig Kontakt (Kontakt- und Kommunikationsstruktur).
* A ist den meisten am sympathischsten (Sympathiestruktur).
* Mit A arbeiten die meisten Mitarbeiter am liebsten zusammen (Arbeitsstruktur).

D und F nehmen anscheinend etwas die Außenseiterrolle ein. D hat Kontakt zu B und C. Diese haben dies umgekehrt aber nicht bestätigt. F hat einseitig Kontakt zu A.

A und B sowie A und C scheinen sich in jeder Hinsicht gut zu verstehen. Dies beruht auch auf Gegenseitigkeit. Hingegen haben B und C keinen Kontakt zueinander.

A und E scheinen sich ebenfalls gut zu verstehen.

Beobachtungen im Alltag

Teammitglieder gezielt beobachten

Die zweite Möglichkeit, die Teamstruktur herauszufinden, ist die gezielte Beobachtung der Teamstrukturen und der vorliegenden Fakten im Arbeitsalltag. Dies beschränkt sich zwar auf die Sichtweise der Führungskraft, hat aber den Vorteil, dass keine Befragung der einzelnen Teammitglieder nötig ist. Die Erstellung erfolgt wie oben beschrieben. Stattdessen setzt sich der Vorgesetzte gezielt mit der Teamstruktur zu einzelnen Themenstellungen auseinander.

- Wie wird im Unternehmen kommuniziert? Bestehen formelle oder informelle Strukturen der Informationsweitergabe? Wie werden diese genutzt? Wer ist immer auf dem neusten Stand, wie gelangt er zu diesen Informationen? Gibt es Personen, die an informellen Informationswegen offensichtlich weniger teilhaben als andere? Wie stellt sich die interne Informationsverteilung dar? (Kontakt- und Kommunikationsstruktur)

  Was lässt sich beobachten?

- Welche Hinweise über bestehende Sympathiestrukturen gibt es, z. B. gemeinsame Pausen oder Aktivitäten außerhalb der eigentlichen Arbeitsbeziehung? Gibt es Kollegen, die sich offensichtlich meiden oder, im Gegenteil, selten ohne Begleitung gesehen werden? Wer unterstützt über eigene Verantwortungsbereiche hinaus wen? (Sympathiestrukturen)

- Welche Arbeitsstrukturen liegen vor? Wer arbeitet am liebsten mit wem zusammen? Welche Kollegen kooperieren in der Teamarbeit besonders gut? Arbeiten alle Mitarbeiter in unterschiedlichen Teamkonstellationen gleich gut zusammen oder gibt es Unterschiede? Können diese an der Zusammenstellung der Gruppe liegen? Welche Mitarbeiter sind in auffällig vielen Projekten beteiligt? Wer hält sich mehr im Hintergrund? (Arbeitsstrukturen)

Insgesamt werden durch beide Möglichkeiten die Fragen beantwortet: Sind die Beziehungen eher konfliktträchtig oder besteht ein starker Zusammenhalt? Ist die Struktur eher konfliktträchtig, dann besteht Handlungsbedarf, bevor die Konflikte sich zunehmend entwickeln.

3 Welcher Konflikttyp bin ich – und warum?

Was bestimmt den Konflikt-typ?

Jeder Mensch reagiert anders auf konfliktäre Situationen. Einige weichen möglichst jedem Streit aus, andere dagegen gehen selbstbewusst in eine Auseinandersetzung. Zum Teil liegt dies daran, welche bisherigen Erfahrungen wir in unserem Leben gesammelt haben, zu einem anderen Teil aber machen sich hier die unterschiedlichen Persönlichkeitstypen deutlich bemerkbar. In diesem Kapitel

- lernen Sie das Antreiber-Konzept und seine Bedeutung für das individuelle Verhalten im Konfliktfall kennen,
- erfahren Sie mehr über die vier verschiedenen Antreiber und in welchen Merkmalen sie sich zeigen,
- finden Sie Tipps, wie Sie den Antreibern Einhalt gebieten können, wenn diese zu mächtig werden,
- lesen Sie, welchen Einfluss die Persönlichkeitsstruktur auf das Konfliktverhalten hat,
- stellen wir Ihnen die Unterschiede zwischen Extroversion und Introversion sowie zwischen Sach- und Beziehungsorientierung vor,
- erfahren Sie mehr über die vier Grundtypen, die sich daraus ergeben
- und finden Sie Informationen, wie die Grundtypen zu erkennen sind und wie diese jeweils mit Konflikten umgehen.

Außerdem finden Sie zwei Kompetenztests, mit denen Sie herausfinden können, welche Ihre Antreiber sind und zu welchem Grundtyp Sie überwiegend gehören.

3.1 Die Bedeutung von Erfahrung und Lerngeschichte

Grundsätzlich sind Menschen als soziale Wesen nur wenig konflikt-freudig. Einer ihrer wichtigsten Motivatoren ist die Zugehörigkeit zu einer sozialen Gruppe, wie die Bedürfnispyramide des amerikanischen Psychologen Abraham Maslow zeigt.

Zugehörigkeit zu einer Gruppe ist zentral

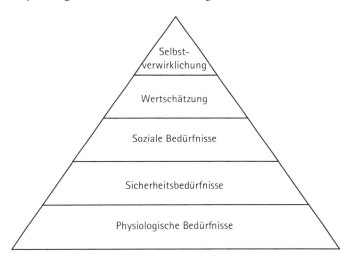

Maslowsche Bedürfnispyramide

Konflikte gelten implizit als Risiko, sich aus einer Gemeinschaft auszugrenzen. Das führt dazu, dass die grundsätzliche Tendenz eher in Richtung einer Konfliktvermeidung zugunsten der „Harmonie" innerhalb einer Gruppe geht.

Tendenz zur Konfliktvermeidung

Allerdings sind ja alle Menschen verschieden und so gibt es unterschiedliche Faktoren, die für den jeweiligen Umgang und das Auftreten in Konflikten maßgeblich sind. Zu diesen individuellen Persönlichkeitsmerkmalen gehört die Grundeinstellung zu Auseinandersetzungen (s. Seite 34), die von unserer Sozialisation, Erziehung und den Lernerfahrungen bestimmt wird.

3.2 Antreiber: Was Sie zum Handeln drängt

Ein Modell für den Einfluss von Erziehung und Sozialisation, u. a. auf das Verhalten in Konfliktsituationen, ist das sogenannte „Antreiber-Konzept". Antreiber sind eine Art „innere Stimmen", die uns zu bestimmten Handlungen drängen – unabhängig davon, ob diese in der konkreten Situation zweckmäßig und zielführend sind oder nicht.

Fünf Antreiber Es werden meist fünf Antreiber unterschieden. Alle fünf entstehen in der Regel im Rahmen der Erziehung und Sozialisation. Letztlich handelt es sich um Werte und Grundeinstellungen, die von den Eltern an die Kinder weitergegeben werden. Zu den Antreibern zählen:

- Sei stark!
- Sei gefällig!
- Beeil dich!
- Sei perfekt!
- Streng dich an!

Der „Sei stark"–Antreiber

Keine Schwäche zeigen Eltern bieten ihren Kindern – insbesondere Jungen – in der Kindheit häufig Rollenbilder an, die dieses Antreiben unterstützen. Typische Sätze sind: „Ein Junge weint nicht." oder „Ein Indianer kennt keinen Schmerz." Solche Aussagen vermitteln langfristig das klare Rollenmodell, dass es sich „nicht gehört", Schwächen zu zeigen.

So kann ein „Sei-stark"-Antreiber entstehen, der es den Betroffenen später als Erwachsenen z. B. schwer macht, Emotionen zuzulassen, Schwächen zu zeigen oder auch Hilfe in Anspruch zu nehmen.

Die Konsequenz kann sein, dass wenig Kompromissbereitschaft in der Lösungsfindung besteht. Kompromisse einzugehen – also von der ursprünglichen Position abzuweichen und nachzugeben – könnte ja als Zeichen von Schwäche interpretiert werden.

Kienbaum Expertentipp

Menschen mit einem ausgeprägten „Sei-stark"-Antreiber fällt es meist leicht, in einen Konflikt einzusteigen, jedoch gleichzeitig recht schwer, eine gemeinsam getragene Lösung zu erzielen.

Der „Sei gefällig"-Antreiber

Häufig wird Kindern vermittelt, ihre Wünsche und Bedürfnisse seien weniger wichtig als die Wünsche und Bedürfnisse der Erwachsenen. Typisch sind etwa Familienfeste oder andere Termine der Eltern, bei denen die Kinder ebenfalls anwesend sein müssen. Wenn derartige Situationen übermäßig häufig stattfinden, schließen die Kinder daraus, dass ihre eigenen Bedürfnisse und Wünsche zweitrangig sind und dass es stattdessen wesentlich ist, die Bedürfnisse anderer zu erfüllen. So lernen sie womöglich, dass Zuneigung davon abhängt, es anderen recht zu machen, und dass es besser ist, sich an deren Wünschen zu orientieren statt an den eigenen.

Orientierung an fremden Wünschen

> **Kienbaum Expertentipp**
>
> In Konflikt- oder Verhandlungssituationen sind die Auswirkungen dieses Antreibers offensichtlich. Die betroffene Person wird sich stärker daran orientieren, dass die jeweils andere Partei ihre Ziele erfüllt, und wird der Beziehungsebene eine unverhältnismäßig hohe Bedeutung zumessen. Das Ergebnis ist eine eher auf „Nachgiebigkeit" ausgerichtete Konflikt- und Verhandlungsstrategie.

Der „Beeil dich"-Antreiber

Oft lernen Menschen schon früh, dass Eile einen Wert an sich darstellt: durch das Rollenvorbild, das Eltern z. B. im Straßenverkehr vorgeben, oder durch ständiges Antreiben, um zu Terminen nicht zu spät zu erscheinen. Auch dieses Verhalten kann, wenn es in übertriebenen Maßen vorgelebt wird, zur Entstehung eines Antreibers führen. Dann sehen Menschen das „Sich beeilen" als Wert an sich – unabhängig davon, ob es überhaupt sinnvoll oder notwendig ist. Typisch ist dann das Verhalten von Menschen, die im Verkehr stets am Tempolimit fahren, um dann deutlich zu früh zu ihren verabredeten Terminen zu erscheinen.

Nur nicht zu spät kommen

> **Kienbaum Expertentipp**
>
> Verhandlungs- oder Konfliktlösungen lassen sich selten unter Zeitdruck erzielen. Es ist nicht möglich, solche Gespräche „mal eben zwischendurch" zu führen. Zudem führt ein ausgeprägter „Beeil-dich"-Antreiber häufig dazu, dass keine sinnvolle, intensive und damit zeitaufwendiger Vorbereitung vorgenommen wird.

Der „Sei perfekt"-Antreiber

Nur optimale
Leistungen
zählen

Viele Menschen leben mit dem Selbstbild, dass ihre Umwelt sie ausschließlich über ihre (Arbeits-)Ergebnisse positiv wahrnimmt und dass sie nur über möglichst perfekte Resultate Zuneigung oder Anerkennung erfahren. Auslöser kann z. B. eine übertriebene Fokussierung auf Schulnoten sein – so lernt ein Kind frühzeitig, dass es Anerkennung durch die Eltern nur über „optimale" Leistungen bekommen kann. Im späteren Berufsleben neigen solche Menschen stets zu perfekten Ergebnissen.

> ### Kienbaum Expertentipp
>
> Die Relevanz dieses Antreibers auf das Verhalten in Konfliktsituationen ist eher gering. In der Regel sind Menschen mit einem hohen Perfektionismus-Antreiber stark auf das Ergebnis der Konfliktlösung oder der Verhandlung konzentriert. Sie können eine möglichst deutliche Durchsetzung der eigenen Ziele und Interessen als perfektes Ergebnis interpretieren, was dazu führt, dass sie sinnvolle Kompromisse oder Ansätze für eine Win-win-Lösung (s. Seite 147) ignorieren oder übersehen.
>
> Aber auch der gegenteilige Effekt ist möglich, Win-win-Lösungen gelten also als ideale Ergebnisse. Ein hoher Perfektionismus-Antreiber kann dazu führen, dass der Betroffene mit aller Macht versucht, ein solches Win-win-Ergebnis zu produzieren, obwohl die Sachlage des Konflikts eine solche Lösung nicht zulässt.

Der „Streng dich an"-Antreiber

Anstrengung
führt zur Aner-
kennung

Hinter diesem Antreiber steht die Erfahrung von Menschen, dass die Anstrengung, und nicht das Ergebnis, zur Anerkennung führt. Erfolge, die ihnen zufallen – weil sie z. B. Talent besitzen und daher ohne große Anstrengung zum Erfolg gelangen – werden von der Umwelt weniger honoriert als Ergebnisse, für die man sich anstrengen musste.

Wenn dies häufiger geschieht, kehrt sich die Interpretation um. Das Ergebnis wird weniger wichtig, sondern die Anstrengung an sich zählt. Typisch sind z. B. Arbeitskollegen, die viele Überstunden produzieren, ohne dass die Ergebnisse deutlich besser wären als die eines anderen Kollegen, der mit deutlich weniger Zeitaufwand zum

Ziel gelangt. Oft erfährt der erste Kollege auch noch Anerkennung, indem er z. B. seine Überstunden ausbezahlt bekommt. Erzielen beide Mitarbeiter die gleichen Ergebnisse, wird so letztlich die Anstrengung und nicht das Resultat honoriert.

Kienbaum Expertentipp

Auch hier ist die Relevanz in einer konkreten Konfliktsituation eher gering. Interessanter ist, dass der „Streng-dich-an"–Antreiber möglicherweise konfliktauslösend wirken kann. Ein Mensch mit einem starken derartigen Antreiber wird wenig Verständnis für Kollegen haben, die mit erkennbar weniger Aufwand gleiche Arbeitsergebnisse erzielen, z. B. aufgrund von Routine, Erfahrung, höherem Pragmatismus oder einfach Talent. Er wird diese Kollegen eher als wenig leistungsmotiviert empfinden. Werden nun aber diese Kollegen in irgendeiner Weise – etwa vom Vorgesetzten – für ihre Arbeitsergebnisse belohnt, stellt sich schnell eine subjektiv empfundene Ungerechtigkeit ein, die als Konfliktauslöser dienen kann – was für andere Beteiligte meist nicht nachvollziehbar ist.

Antreiber beeinflussen unser Verhalten

Antreiber sind innere Stimmen, die unser Verhalten in allen Situationen (nicht nur in Konflikt- oder Verhandlungssituationen) beeinflussen. Sie sind meist unbewusst und vor allem unabhängig von den objektiven Erfordernissen der Situation aktiv und beeinflussen das Verhalten im Konfliktfall, ohne dass dies zum gewünschten Erfolg führt. Antreiber treten besonders dann deutlich zutage, wenn Menschen unter Stress leiden – und für die meisten stellt eine Konfliktsituation sicherlich eine stressauslösende Situation dar.

Antreiber treten vor allem unter Stress zutage

Beispiel: Verhalten und Antreiber

Peter M. ist Sachbearbeiter im Einkauf eines großen Automobilzulieferers. Zu seinen Aufgaben gehört es, mit Zulieferern günstige Einkaufspreise zu verhandeln. Herr M. hat dabei immer wieder das Gefühl, zu nachgiebig zu sein, um dadurch einen Konflikt zu vermeiden. Anschließend glaubt er stets, sich nicht ausreichend durchgesetzt zu haben. Nach Absprache mit seinem Vorgesetzten und der Personalentwicklung besucht Herr M. mehrere Verhandlungs- und Konfliktmanagementtrainings. Anschließend setzt er sich mit seinem Vorgesetzten zusammen. Dabei stellen beide fest, dass sich seine Durchsetzungs- und Konfliktfähigkeit nicht wesentlich gebessert hat.

Peter M. verfügt über einen ausgeprägten „Mach-es-allen-recht"-

Antreiber. Da es sich dabei um einen Teil seiner Persönlichkeitsstruktur handelt, werden ihm „klassische" Konfliktmanagementtrainings, die meist Methoden und Techniken vermitteln, nicht helfen. Denn er kennt nach einem solchen Training zwar die entsprechenden Techniken, aber das Training wird ihn nicht in die Lage versetzen, sie auch anzuwenden – hierzu ist eine Intervention auf der Ebene der Antreiber und nicht nur auf der Ebenen der Instrumente und Methoden notwendig.

Antreiber nicht belohnen

Unternehmen belohnen die Antreiber häufig

Gewisse Verhaltensweisen in den Unternehmen verstärken bestehende Antreiber noch. So führt die Honorierung von Überstunden als Maß der Anstrengung statt des Ergebnisses zu einer Bestätigung des „Streng-dich-an"-Antreibers. Die Erwartung, stets teamorientiert zu handeln, arbeitet dem „Sei-gefällig"-Antreiber zu und übertriebenes, teilweise unrealistisches Qualitätsdenken sowie mangelnde Fehlerkultur dient dem „Sei-perfekt"-Antreiber. Letztlich verursachen Antreiber

- Perfektionismus statt guter Arbeit,
- Hektik statt Eile,
- Selbstverleugnung statt Flexibilität,
- Verausgabung statt angemessenen Energieeinsatzes,
- Einzelkämpferei, Isolation und Burnout statt einer sinnvollen Suche nach Hilfe, wenn sie benötigt wird.

Der Kienbaum-Test: Was sind Ihre Antreiber?

Beantworten Sie bitte diese Aussagen mithilfe der Bewertungsskala (1–5), so wie Sie sich im Moment in Ihrer Berufswelt selbst sehen. Schreiben Sie den entsprechenden Zahlenwert in das dafür vorgesehene Kästchen.

Die Aussage trifft auf mich in meiner Berufswelt zu:

voll und ganz = 5, gut = 4, etwas = 3, kaum = 2, gar nicht = 1

Fragebogen zu den Antreibern

1.	Wann immer ich eine Arbeit mache, mache ich sie gründlich.	
2.	Ich fühle mich verantwortlich dafür, dass diejenigen, die mit mir zu tun haben, sich wohlfühlen.	
3.	Ich bin ständig auf Trab.	
4.	Anderen gegenüber zeige ich meine Schwächen nicht gern.	
5.	Wenn ich raste, roste ich.	
6.	Häufig gebrauche ich den Satz: „Es ist schwierig, etwas so genau zu sagen."	
7.	Ich sage oft mehr, als eigentlich nötig wäre.	
8.	Ich habe Mühe, Leute zu akzeptieren, die nicht genau sind.	
9.	Es fällt mir schwer, Gefühle zu zeigen.	
10.	„Nur nicht locker lassen" ist meine Devise.	
11.	Wenn ich eine Meinung äußere, begründe ich sie auch.	
12.	Wenn ich einen Wunsch habe, erfülle ich ihn mir schnell.	
13.	Ich liefere einen Bericht erst ab, wenn ich ihn mehrere Male überarbeitet habe.	
14.	Leute, die „herumtrödeln", regen mich auf.	
15.	Es ist für mich wichtig, von den anderen akzeptiert zu werden.	
16.	Ich habe eher eine harte Schale als einen weichen Kern.	
17.	Ich versuche oft, herauszufinden, was andere von mir erwarten, um mich danach zu richten.	
18.	Leute, die unbekümmert in den Tag hinein leben, kann ich nur schwer verstehen.	
19.	Bei Diskussionen unterbreche ich die anderen oft.	
20.	Ich löse meine Probleme selbst.	
21.	Aufgaben erledige ich möglichst rasch.	
22.	Im Umgang mit anderen bin ich auf Distanz bedacht.	
23.	Ich sollte viele Aufgaben noch besser erledigen.	
24.	Ich kümmere mich persönlich auch um nebensächliche Dinge.	

25.	Erfolge fallen nicht vom Himmel; ich muss sie hart erarbeiten.	
26.	Für dumme Fehler habe ich wenig Verständnis.	
27.	Ich schätze es, wenn andere auf meine Fragen rasch und bündig antworten.	
28.	Es ist mir wichtig, von anderen zu erfahren, ob ich meine Sache gut gemacht habe.	
29.	Wenn ich eine Aufgabe einmal begonnen habe, führe ich sie auch zu Ende.	
30.	Ich stelle meine Wünsche und Bedürfnisse zugunsten derjenigen anderer Personen zurück.	
31.	Ich bin anderen gegenüber oft hart, um von ihnen nicht verletzt zu werden.	
32.	Ich trommle oft ungeduldig mit den Fingern auf den Tisch.	
33.	Beim Erklären von Sachverhalten verwende ich gerne die klare Aufzählung: Erstens …, zweitens …, drittens …	
34.	Ich glaube, dass die meisten Dinge nicht so einfach sind, wie viele meinen.	
35.	Es ist mir unangenehm, andere Leute zu kritisieren.	
36.	Bei Diskussionen nicke ich häufig mit dem Kopf.	
37.	Ich strenge mich an, um meine Ziele zu erreichen.	
38.	Mein Gesichtsausdruck ist eher ernst.	
39.	Ich bin nervös.	
40.	So schnell kann mich nichts erschüttern.	
41.	Meine Probleme gehen die anderen nichts an.	
42.	Ich sage oft: „Macht mal vorwärts."	
43.	Ich sage oft: "Genau", "exakt", "klar", "logisch".	
44.	Ich sage oft: „Das verstehe ich."	
45.	Ich sage eher: „Könnten Sie es nicht einmal versuchen?" als „Versuchen Sie es einmal."	
46.	Ich bin diplomatisch.	
47.	Ich versuche, die an mich gestellten Erwartungen zu übertreffen.	
48.	Beim Telefonieren bearbeite ich nebenbei oft noch Akten.	
49.	„Auf die Zähne beißen" heißt meine Devise.	
50.	Trotz enormer Anstrengung will mir vieles einfach nicht gelingen.	

Zur Auswertung des Fragebogens übertragen Sie jetzt bitte Ihre Bewertungszahlen für jede entsprechende Fragenummer auf den folgenden Auswertungsschlüssel. Zählen Sie anschließend die Bewertungszahlen zusammen.

„Sei stark"

Frage	4	9	16	20	22	26	31	40	41	49
Punkte										
Total										

„Sei gefällig" bzw. „Mach es allen recht"

Frage	2	7	15	17	28	30	35	36	45	46
Punkte										
Total										

„Beeil dich"

Frage	3	12	14	19	21	27	32	39	42	48
Punkte										
Total										

„Sei perfekt"

Frage	1	8	11	13	23	24	33	38	43	47
Punkte										
Total										

„Streng dich an"

Frage	5	6	10	18	25	29	34	37	44	50
Punkte										
Total										

Bewertung/Punktezahl

> 40   Sehr stark ausgeprägter Antreiber. Sie sollten ernsthaft Ihren jeweiligen Antreiber reflektieren und hinterfragen. Es besteht die Möglichkeit, dass Ihr Verhalten in vielfältigen Situationen unbewusst von diesem sehr stark ausgeprägten Antreiber beeinflusst wird. Bei dieser Ausprägung kann u. U. eine Coaching-Maßnahme sinnvoll sein.

30 – 40   Stark ausgeprägter Antreiber. Beobachten Sie Ihr entsprechendes Verhalten einmal selbst und versuchen Sie, bewusst entgegengesetztes Verhalten zu zeigen.

20 – 30   Wenig stark ausgeprägter Antreiber. Falls entsprechende Verhaltensweisen Sie nicht belasten oder stören, besteht wenig Handlungsbedarf

< 20   Gering ausgeprägter Antreiber, kein Handlungsbedarf

3.3   Wie Sie Antreiber entschärfen

Wenn die Antreiber identifiziert sind, stellt sich natürlich die Frage, wie man nun mit ihnen umgehen bzw. ihnen entgegenwirken kann.

Entwöhnungsprogramm für den „Sei–stark"-Antreiber

Feedback einholen

Als Gegenmittel gegen den „Sei-stark"-Antreiber hilft es zunächst, Feedback von anderen zur Situation einzuholen. Wie haben andere sie wahrgenommen? Hätten andere mehr Hilfe oder Unterstützung zugelassen? Hierdurch kann sich der Betroffene aktiv mit einem anderen Bezugsrahmen auseinandersetzen – das häufige Problem dieses Antreibers besteht weniger darin, bewusst Hilfe abzulehnen, als darin, dass die Situation so interpretiert und wahrgenommen wird, dass man gar nicht auf die Idee kommt, Hilfe und Unterstützung könnte angebracht sein. Sinnvoll ist es weiterhin, die eigenen Gefühle bewusst wahrzunehmen und zu verbalisieren. Wie wirkt man auf andere? Zudem ist es hilfreich, die Selbstreflexion und Eigenwahrnehmung zu schärfen. Das gilt vor allem für die eigenen Körpersignale. Eventuell hilft es, Entspannungstechniken wie Progressive Muskelrelaxion oder Autogenes Training zu erlernen.

Wichtig ist auch, eine Generalüberholung des eigenen Selbstbildes vorzunehmen. Was ist mit „Ich hole Hilfe" assoziiert?

Entwöhnungsprogramm für den „Mach-es-allen-recht"-Antreiber

Heilsames Chaos produzieren

Dem „Mach-es-allen-recht"-Antreiber können Betroffenen gut mit der Methode der Übertreibung entgegentreten; indem sie versuchen, es ein Wochenende lang tatsächlich jedem recht zu machen. Der Effekt: Es entsteht ein heilsames Chaos, da ein solcher Ansatz nicht funktionieren kann – der erwartete und erhoffte Respekt dagegen bleibt aus.

Besser ist es, einmal die eigenen Wünsche und Interessen zu reflektieren und diese auch zu artikulieren. Betroffene sollten lernen, „Nein" zu sagen, und sich immer wieder fragen, warum die eigenen Wünsche weniger wichtig sein sollten als die Interessen anderer.

Entwöhnungsprogramm für den „Beeil-dich"-Antreiber

Tief durchatmen

Wer unter dem „Beeil-dich"-Antreiber leidet, sollte immer wieder im wahrsten Sinne des Wortes tief durchatmen, dabei auf bewusste

Bauchatmung achten und sich innerlich zurücklehnen. Anschlie
ßend gilt es, die Situation möglichst sachlich und neutral zu analysieren: Ist Eile wirklich angebracht? Gibt es einen objektiven Grund,
warum man sich so beeilt, oder ist es eher „Hektik aus Gewohnheit
oder aus Prinzip"? Hilfreich kann die Frage sein, wie viele Minuten
man tatsächlich früher am Ziel ist, wenn z. B. ein ständiger Wechsel
auf den Spuren der Autobahn stattfindet. Machen diese paar Minuten einen so großen Unterschied?

Entwöhnungsprogramm für den „Sei-perfekt"-Antreiber

Wer einen starken „Sei-perfekt"-Antreiber hat, sollte bewusst kleine
Fehler machen. Das wird zu Beginn sehr schwerfallen, deshalb ist es
sinnvoll, mit wirklich „minimalen" Fehlern anzufangen, also solchen, die – wenn überhaupt – nur geringe Konsequenzen nach sich
ziehen. Dadurch stellt sich bald die Erkenntnis ein, dass die Umwelt
viele kleine Fehler gar nicht oder zumindest nicht im befürchteten
Ausmaß wahrnimmt.

Kleine Fehler zulassen

Weiter sollten sich Betroffene vom „Schwarz-Weiß-Denken", das
für Perfektionisten typisch ist, lösen. Ergebnisse sind nicht entweder – dem eigenen Anspruchsniveau entsprechend – richtig oder
falsch. Vielmehr gilt es, sich klarzumachen, dass „perfekt" oder
„richtig" ein Kontinuum ist. Es muss nicht immer alles 120-
prozentig sein. Sinnvoll ist z. B., die Qualität der eigenen Arbeit auf
einer Prozentskala einzuschätzen und mit den Ergebnissen anderer
zu vergleichen. Dadurch ergibt sich mit der Zeit eine realistischere
Wahrnehmung der eigenen Arbeitsqualität.

Kienbaum Expertentipp: Was passiert schlimmstenfalls?

Wenn Sie zum Perfektionismus neigen, sollten Sie einmal gedanklich
den worst case durchspielen. Was kann im schlimmsten Fall passieren?
Droht Ihnen die Entlassung? Verliert Ihr Unternehmen womöglich einen
wichtigen Kunden oder Auftrag? Oder besteht die Gefahr vor allem darin, dass Sie die Aufgabe nochmal bearbeiten müssen? Mit solchen Gedankenspielen ergibt sich eine wirklichkeitsgetreue Einschätzung, wann
ein absoluter Perfektionismus notwendig ist und wann nicht. Zudem
sollten Sie sich die Frage stellen, wie wahrscheinlich dieser worst case
überhaupt ist.

Entwöhnungsprogramm für den „Streng-dich-an"-Antreiber

Übung in
Selbstreflexion

Wer seinen „Streng-dich-an"-Antreiber entschärfen will, sollte sich in Selbstreflexion üben. Er muss seinen Antreiber geduldig genug und mit gesundem Menschenverstand hinterfragen sowie ihm eine vernünftige Stimme gegenüberstellen, die z. B. immer wieder sagt „Das Ergebnis zählt, nicht die Anstrengung!" Sinnvoll ist es, sich selbst zu hinterfragen:

- Warum verhalte ich mich so?
- Was bedeutet es mir, ein hohes Maß an Anstrengung vorzuweisen?

Auf diese Weise lassen sich die eigenen Glaubenssätze hinterfragen. Vergleiche der eigenen Arbeits- bzw. Vorgehensweise mit derjenigen von anderen kann neue Perspektiven eröffnen – was machen die Kollegen anders? Ein gutes Mittel dafür ist auch, sich das Feedback von anderen zu verschaffen und darauf zu hören.

Kienbaum Expertentipp: „Streng-dich-an"-Antreiber

Wenn Sie an Ihrem „Streng-dich-an"-Antreiber arbeiten wollen, sollten Sie Ruhe und Entspannung lernen und sich eventuell Entspannungstechniken aneignen. Der Effekt stellt sich schnell ein: Nach einer Erholungspause arbeiten Sie viel effektiver.

Übersicht: Antreiber und die Gegenmittel

Symptome	Hilfen für Sie	Hilfe für den Umgang mit anderen
„Sei stark"		
Zeigt keine Gefühle. Kontrolliert Mimik und Gestik. Nimmt sich zusammen. Reagiert ärgerlich auf Emotionen. Lässt Emotionen nicht zu. Kämpft gegen Tränen an. Emotionen bei anderen sind ihm unangenehm. Stählt seinen Körper. Sucht die Grenzen seiner Leistungsfähigkeit. Beschwichtigt.	Entspannen Sie sich. Nehmen Sie Ihre Gefühle wahr. Sprechen Sie über Ihre Gefühle. Zeigen Sie Gefühle.	Hören Sie zu. Fühlen Sie hin. Nehmen Sie Gefühle bei anderen wahr. Lassen Sie Gefühle bei anderen zu. Entwickeln Sie Verständnis. Zeigen Sie Verständnis. Geben Sie Schutz. Geben Sie Zuwendung.
„Sei gefällig" bzw. „Mach es allen recht"		
Entschuldigt sich oft. Sagt nicht, was sie oder er will. Stimmt dem anderen zu, ohne zu überlegen. Steht nicht zu den eigenen Bedürfnissen.	Äußern Sie Ihre Bedürfnisse. Sagen Sie, was Sie wollen. Stehen Sie zu den Bedürfnissen. Nehmen Sie sich wichtig. Geben Sie sich selbst Zuwendung.	Fragen Sie nach den Bedürfnissen anderer. Fragen Sie nach den Prioritäten ihrer Bedürfnisse. Nehmen Sie den anderen wichtig.
„Beeil dich"		
Ist hektisch, spricht schnell. Isst sehr schnell. Plant nicht, sondern beginnt, sofort zu arbeiten. Ist ständig beunruhigt, es zeitlich nicht zu schaffen. Treibt andere an, sich zu beeilen. Wird schnell unruhig, wenn etwas nicht weitergeht. Gönnt sich keine Pause.	Lassen Sie sich Zeit. Atmen Sie tief durch. Machen Sie sich klar, was wirklich passiert, wenn Sie die Zeit nicht einhalten. Gönnen Sie sich Pausen. Schauen Sie, wie viel Zeit Sie wirklich haben. Überlegen Sie erst, was Sie wie bis wann tun wollen.	Lassen Sie dem anderen Zeit. Räumen Sie Pausen ein. Machen Sie klar, dass Ihnen das Ergebnis, nicht die Schnelligkeit wichtig ist.

„Sei perfekt"		
Ist sehr korrekt. Ist pedantisch. Unterstreicht mit dem Lineal. Macht alles 100-prozentig. Traut sich nicht, Aufgaben abzugeben; die anderen könnten nicht perfekt sein. Alles muss zusammenpassen. Hat Angst, etwas zu vergessen.	Prüfen Sie die Erwartungen der anderen an Sie. Schließen Sie Kontrakte über die Anforderungen. Bewerten Sie den Nutzen Ihrer Handlungen für sich.	Nennen Sie Ihre Erwartungen. Fragen Sie nach den Bedürfnissen und akzeptieren Sie sie. Schließen Sie Kontrakte mit den anderen über Ihre Anforderungen. Definieren Sie den Nutzen für den anderen. Zollen Sie Anerkennung, auch schon für Zwischenergebnisse.
„Streng dich an"		
Wertet Dinge ab, die leicht zu erhalten sind. Sucht anstrengende Tätigkeiten. Nimmt keine Hilfen an. Gönnt sich kein Vergnügen. Genießt nicht.	Tun Sie Dinge, die Sie tun wollen, gelassen. Schauen Sie auf das Ergebnis und genießen Sie den Nutzen für sich. Gönnen Sie sich Vergnügen.	Machen Sie dem anderen klar, dass das Ergebnis wichtig ist, nicht der Aufwand. Geben Sie Zuwendung.

3.4 Der Einfluss der Persönlichkeit auf das Konfliktverhalten

Neben den Antreibern hat die Konfliktforschung noch unzählige weitere Konzepte, Modelle und Erkenntnisse ergeben. Auch klassische Konstrukte wie Selbstbewusstsein, innere Unabhängigkeit spielen auf der Ebene der Persönlichkeitsstruktur für das individuelle Verhalten in Streitfällen eine wesentliche Rolle.

Das Typenmodell

Das folgende Modell unterschiedlicher Persönlichkeits- und damit auch Konflikttypen beruht auf der Annahme, dass sich Menschen hinsichtlich ihrer Persönlichkeit in sogenannte Persönlichkeits- oder Konflikttypen einsortieren lassen. Unterscheidungsmerkmale dieser Typen sind zwei wesentliche Dimensionen der Persönlichkeit mit jeweils zwei „Extrempunkten", und zwar der Extraversion bzw. Introversion sowie der Sach- oder Beziehungsorientierung.

Extra- und Introversion sowie Sach- und Beziehungsorientierung

Extroversion versus Introversion

Extrovertierte Menschen sind in ihren Verhaltensweisen nach außen gerichtet und sie treten eher laut, offensiv und fordernd auf. Sie lieben es, im Mittelpunkt oder auch vor anderen zu stehen.

Introvertierte Menschen hingegen agieren eher leise, ruhig und zurückhaltend und scheuen „den großen Auftritt". Sie vermeiden Profilierungsmöglichkeiten und stehen eher ungern im Mittelpunkt.

Sachorientierung versus Beziehungsorientierung

Eher sachorientierte Menschen orientieren sich in ihrem Vorgehen und Verhalten eher an Fakten, an Daten und Argumenten. Sie treffen Entscheidungen nach möglichst objektiven Kriterien und fokussieren sich in ihrer Arbeitsweise auf die „Sache".

Beziehungsorientierte Personen sind deutlich kontaktfreudiger, legen viel Wert auf Beziehungen und den sozialen Austausch mit anderen. Sie machen Entscheidungen eher von persönlichen Eindrücken abhängig, insbesondere von Sympathie und Antipathie.

Vier Grundtypen

Wenn man davon ausgeht, dass beiden Dimensionen grundsätzlich unabhängig voneinander sind, dann ergeben sich vier Grundtypen.

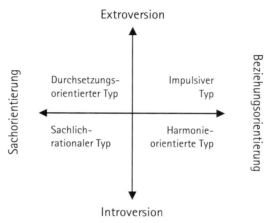

Grundtypen

Menschen tragen Teile mehrerer Typen in sich

Dabei handelt es sich um Grundtypen, d. h., die meisten Menschen tragen die Anteile mehrerer Typen in sich. Dennoch ist es sinnvoll, sich mit den vier Typen im Detail zu beschäftigen.

Typ 1: Der durchsetzungsorientierte Typ

Der durchsetzungsorientierte Typ ist geprägt durch seine Extrovertiertheit und die Sachorientierung.

Wie Sie den durchsetzungsorientierten Typ erkennen

Sachbezogen, ergebnisorientiert, initiativ und aggressiv

In seinen Beziehungen zu anderen gilt der durchsetzungsorientierte Typ als sachbezogen, ergebnisorientiert, initiativ und manchmal aggressiv. Er liebt Herausforderungen durch neue Ideen, reagiert rasch auf Veränderungen und zögert nicht, die Äußerungen und Handlungsweisen anderer zu korrigieren, zu verbessern, zu modifizieren oder ihnen zu widersprechen. Er wird als geradlinig angesehen, handelt rasch, ist voller Energie und weist opportunistische Züge auf. In Gesprächen wirkt er eher ungeduldig, da er schnell in „Aktion" treten möchte. Dabei weist er häufig eine erkennbare Führungsmotivation auf. Mögliche Antreiber dieser Menschen sind „sei stark" und „beeil dich".

Weitere Eigenschaften des durchsetzungsorientierten Typen:

* Dominierend, energisch, willensstark
* Nicht bereit, Gefühle oder Emotionen zu zeigen
* Liebt den Neubeginn, motiviert sich selbst und hat die Dinge im Griff
* Arbeitet effizient, hart und ergebnisorientiert
* Ist im Umgang mit anderen direkt und rein sachlich
* Liebt es, sich mit anderen zu messen, und ist gern besser

Kienbaum Expertentipp: Diese Arbeit macht ihm Spaß

Der durchsetzungsorientierte Typ erreicht seine Ziele am besten, wenn Sie ihm Verantwortung übertragen und es zulassen, dass er die Dinge steuert. Besonders gern entwirft er Pläne, mit deren Ausführungen in der Folge andere Personen beschäftigt sind. Bei der Realisierung seiner Pläne nimmt er Risiken in Kauf.

Das Verhalten in Konflikten

In Konflikten gelingt es dem durchsetzungsorientierten Typ häufig gut, seine Interessen zu behaupten. Er kann durch sein sicheres, offensives und gleichzeitig eher sachorientiertes Auftreten sich und seine Position meist gut darstellen und „verteidigen". Gleichzeitig zeigt er meist ein hohes Maß an Ungeduld, was in einer Konfliktbewältigung und in Verhandlungssituationen nicht immer günstig erscheint.

Kann gut seine Interessen durchsetzen

Der durchsetzungsorientierte Typ	
Typische Eigen-schaften	• Mutig
	• Effizient
	• Selbstsicher
	• Will sofortige Ergebnisse
	• Wettbewerbsorientiert
	• Trifft schnelle Entscheidungen
	• Unsensibel
	• Autoritär, hat die Fäden in der Hand
	• Schwierig in Teamprozessen

Er braucht	• Freiheit (von Kontrolle)
	• Autorität (um führen zu können)
	• Herausforderungen
	• Konkrete Antworten (wenig Diskussionen)
	• Abwechslungsreiche Tätigkeiten
	• Die Möglichkeiten zur Beförderung
Er mag nicht	• Langsamkeit
	• Monotonie
	• Konservatives
	• Unrecht haben
	• Grundlagen und Details erforschen
	• Entscheidungen gut überlegen und Vor- und Nachteile abwägen
Hilfreich kann sein	• Die Einsicht, dass auch Menschen für den Prozessablauf wichtig sind
	• Klare Abgrenzung des Kompetenzbereichs
	• Persönliche Vorstellungen hinterfragen

Typ 2: Der harmonieorientierte Typ

Der harmonieorientierte Typ ist introvertiert und beziehungsorientiert.

Wie Sie den harmonieorientierten Typ erkennen

Ruhig, beschei-
den und hilfs-
bereit

Ruhig, bescheiden und hilfsbereit – das sind die Eigenschaften, die
andere mit diesem Typ in Verbindung bringen. Er gilt als warmher-
ziger und freundlicher Zuhörer, mit dem man leicht auskommt, der
den persönlichen Kontakt und geteilte Verantwortung liebt.
Wenn er Beziehungen aufbaut, spielt Zeit keine Rolle, harmonieorientierte Menschen gelten als äußerst kooperative Arbeitskollegen
oder Verhandlungspartner. Ihr deutlichstes Kennzeichen ist eine
ausgeprägte Teamorientierung sowie eine hohe Kooperationsfähig-
keit. In Teams wirken sie eher ausgleichend und integrierend, zeigen
dabei wenig Profilierungsbedürfnis oder Führungsanspruch. Der
Antreiber des harmonieorientierten Typen ist möglicherweise
„mach es allen recht".

Weitere Eigenschaften des harmonieorientierten Typen:

- Hat den festen Willen, andere zu akzeptieren und mit ihnen auszukommen
- Neigt dazu, zwischenmenschliche Konflikte – wenn immer es geht – zu vermeiden
- Lässt zu, dass andere rasch seine Bekanntschaft machen

Kienbaum Expertentipp: Diese Arbeit macht ihm Spaß

Der harmonieorientierte Typ erreicht seine Ziele dann am besten, wenn er zunächst tragfähige, persönliche Beziehungen aufbauen konnte. Risiken oder schnellen Entscheidungen geht er eher aus dem Weg, es sei denn, er hat präzise Daten oder tatkräftige Helfer im Hintergrund.

Das Verhalten in Konflikten

Konflikte vermeidet der harmonieorientierte Typ tendenziell, er agiert eher ausgleichend und kompromissorientiert, auch wenn seine Interessen darunter leiden. Diese Menschen lassen sich oft an Aussagen wie „Ich kann mich nicht durchsetzen" identifizieren. Insbesondere im Umgang mit dominanten, offensiven und „lauten" Menschen positionieren sie sich meist zurückhaltend und vorsichtig.

Agiert ausgleichend und kompromissorientiert

Der harmonieorientierte Typ	
Typische Eigenschaften	• Freundlich • Geduldig • Teamfähig • Vertrauensvoll • Stetig • Spezialisiert sich auf spezifische Tätigkeiten • Aufgabenorientiert • Unentschlossen • Problemvermeidend
Er braucht	• Akzeptanz (als Person) • Stabilität • Teamgeist • Wertschätzung • Begründungen für Veränderungen • Klare Vorgehensweisen

Er mag nicht	• Unsicherheiten
	• Fehlende Struktur
	• Konflikte
	• Schnelle Veränderungen
	• Unvorhersehbare Situationen
	• Delegieren
Hilfreich kann sein	• Vertrauen in die Fähigkeiten anderer
	• Veränderungen vorbereiten
	• Strategien für die Durchführung von Arbeitsprozessen/neuen Aufgaben

Typ 3: Der impulsive Typ

Die Kennzeichen des impulsiven Typs sind Extrovertiertheit und Beziehungsorientierung.

Wie Sie den impulsiven Typ erkennen

Aggressiv, emotional und mitreißend

Dieser Typ wird als aggressiv, emotional und mitreißend angesehen; er ist freundlich und ergreift gern die Initiative. Diese Menschen bauen gut Beziehungen auf, können dabei durchaus begeistern und andere mitreißen. Bevor sie mit der anstehenden Arbeit beginnen, nehmen sie sich erst einmal Zeit für Konversation.

Bei Entscheidungen stützt sich der impulsive Typ auf seine Gefühle. Er ist leicht erregbar und bereit, andere an seinen Ideen zu beteiligen. Er kann sehr gut Visionen entwickeln und auch dadurch andere begeistern. Daher schreibt man diesem Typ häufig eine starke Ausstrahlung oder auch Charisma zu. Emotionen kontrolliert er weniger, er agiert impulsiv und kann im Extremfall auch cholerisch wirken. Seine möglichen Antreiber sind „mach es allen recht" und „beeil dich".

Weitere Eigenschaften des impulsiven Typen:

- Begeisterungsfähig, gesprächig, immer zu Scherzen aufgelegt
- Ganz auf andere ausgerichtet; liebt Publikum und sieht Applaus und Anerkennung als wichtige Belohnung für seine Leistungen
- Ergebnisorientiert, risikofreudig, konkurrierend und energisch
- Zukunftsorientiert, mitreißend und sehr kreativ

Kienbaum Expertentipp: Diese Arbeit macht ihm Spaß

Der impulsive Typ erreicht seine Ziele dann am besten, wenn er seine Kreativität einsetzen kann. Er ist gern ohne feste Regeln und Vorgaben tätig. Er lässt gern andere an seiner Begeisterung teilhaben und arbeitet daher ungern allein. Zudem lässt er sich stark über Wertschätzung und Anerkennung, teilweise auch Status motivieren und bevorzugt daher Aufgaben mit einer entsprechenden „Außenwirkung".

Das Verhalten in Konflikten

Der impulsive Typ kann in Konflikten durchaus „laut" werden und auch sehr emotional agieren. Deshalb ist im Umgang mit ihm die Gefahr einer Eskalation recht groß, insbesondere wenn er sich (subjektiv) wenig wertgeschätzt fühlt. Er ist weniger an Details interessiert, daher liegt ihm wenig an einer tiefgehenden „Analyse" der zugrunde liegenden Probleme. Konflikte mit ihm löst man am besten auf der Beziehungsebene, d. h. durch den Aufbau von Sympathie und durch ein hohes Maß an Wertschätzung.

Tritt sehr emotional auf und kann laut werden

Der impulsive Typ	
Typische Eigen-schaften	• Optimistisch
	• Enthusiastisch
	• Kreativ
	• Unorganisiert
	• Unzuverlässig
	• Knüpft viele Kontakte
	• „Teamworker"
	• Schafft eine motivierende Atmosphäre
	• Beschäftigt sich mit den Menschen
Er braucht	• Anerkennung
	• Beliebtheit
	• Gleichberechtigte Beziehungen
	• Gelegenheiten, Ideen zu äußern
	• Unterstützung anderer
	• Gutes Arbeitsumfeld

Er mag nicht	• Detailarbeit
	• Kontrolle
	• Sich nur auf eine Aufgabe konzentrieren
	• Systematische Prozessabläufe
	• Aufgaben mit Logik angehen
	• Sich an Fakten orientieren
Hilfreich kann sein	• Zeitkontrollen
	• Objektivität in Entscheidungsprozessen
	• Prioritäten und feste terminliche Vorgaben
	• Ein entschlossenes Auftreten

Typ 4: Der sachlich-rationale Typ

Die Kennzeichen des sachlich-rationalen Typen sind seine Introvertiertheit und seine Sachorientierung.

Wie Sie den sachlich-rationalen Typ erkennen

Zurückhaltend, überlegt und logisch

Personen, die dem sachlich-rationalen Typ angehören, werden als zurückhaltend, überlegt und logisch angesehen. Sie lieben festgelegte Vorgehensweisen, wägen alle Alternativen sorgfältig und lange ab und bleiben ihren Zielsetzungen verhaftet. Es handelt sich um disziplinierte Menschen, die anderen gern die Initiative überlassen und unabhängig bleiben wollen. In seiner Arbeit agiert der sachlich-rationale Typ systematisch, gewissenhaft und genau. Er vertieft sich gern auch in komplexe und langwierige Probleme bzw. Aufgabenstellungen. Ein möglicher Antreiber ist „sei perfekt".

Weitere Eigenschaften des sachlich-rationalen Typen:

- Technisch orientiert, sucht Strukturen, Sicherheit und Evidenz, bevor Entscheidungen getroffen werden
- Ruhig, nicht anmaßend, zeigt wenig Emotionen im Umgang mit anderen
- Bleibt so lange reserviert, bis eine starke persönliche Beziehung aufgebaut wurde
- Ist interessiert am Aufdecken und Lösen von Problemen

Kienbaum Expertentipp: So macht ihm Arbeit Spaß

Der sachlich-rationale Typ erreicht seine Ziele am besten, wenn er Risiken von Anfang an ausschalten kann und ihm für einen reibungslosen Ablauf der Projekte genügend Daten vorliegen. Er strebt mehr nach Vollständigkeit als nach einer großen Linie.

Das Verhalten in Konflikten

Im Konfliktfall oder in einer Verhandlungssituation lässt sich der sachlich-rationale Typ am ehesten über Sachargumente, Daten und Fakten überzeugen bzw. beeinflussen. Er zeigt wenig Emotionen, daher eskalieren Konflikte bei ihm eher selten. Gleichzeitig neigt er unter Umständen zu Sarkasmus und Ironie. Sinnvoll ist es, im Konfliktfall auf einer sachlichen Ebene zu handeln.

Lässt sich von Sachargumenten, Daten und Fakten überzeugen

Der sachlich-rationale Typ	
Typische Eigenschaften	<ul><li>selbstdiszipliniert</li><li>Präzise</li><li>Logisch</li><li>Diplomatischer Umgang mit Mitarbeitern</li><li>Dickköpfig</li><li>(Über-)kritisch</li><li>Pedantisch</li></ul>
Er braucht	<ul><li>Logik</li><li>Störungsfreie Abläufe</li><li>Qualitäten der Arbeit</li><li>Konkrete Verfahrensweisen</li><li>Teamarbeit</li><li>Vorbereitung auf Veränderungen</li></ul>
Er mag nicht	<ul><li>Kritik</li><li>Zeitvorgaben</li><li>Unsauberes Arbeiten</li><li>Unvorhersehbare Änderungen</li><li>Delegieren</li><li>Schnelle Entscheidungen treffen</li></ul>
Hilfreich kann sein	<ul><li>Zeitrahmen, um sorgfältig planen zu können</li><li>Leistungsbewertung</li><li>In Konfliktsituationen mehr Toleranz</li><li>Aufgaben, die Genauigkeit erfordern</li></ul>

Der Kienbaum-Test: Welcher Konflikttyp sind Sie?

Um eine realistische Selbsteinschätzung vornehmen zu können, ist es empfehlenswert, sich Feedback über das eigene Auftreten von anderen einzuholen. Der folgende kurze Test ermöglicht Ihnen, sich selbst auf Grundlage des erhaltenen Feedbacks einzuschätzen. Selbstverständlich können Sie diesen Test auch ohne das Feedback anderer verwenden; in diesem Fall sollten Sie sich die Frage stellen: „Was glaube ich, wie ich auf andere wirke?"

Bitte kreuzen Sie pro Zeile/pro Frage diejenige Verhaltensweise an, die Ihre „typischen" oder häufigsten Verhaltensweisen am besten beschreibt.

Addieren Sie die Anzahl der ausgewählten Antworten pro Spalte anschließend und tragen Sie diese in der letzten Zeile („Summe") ein.

In der Regel werden Sie feststellen, dass sich Ihre Punktwerte und damit Ihre Verhaltenspräferenzen durchaus auf mehrere Typen verteilen. Die meisten Menschen besitzen ein bis zwei vorherrschende Typologien.

Der Kienbaum-Test: Welcher Konflikttyp sind Sie?			
Wenn ich spreche, wirke ich auf andere ...	selbstbewusst	laut	verhalten	emotionslos
	O	O	O	O
Wenn ich anderen zuhöre, verhalte ich mich ...	eher ungeduldig, unterbreche andere	freundlich, optimistisch; ich unterbreche oft, bringe immer wieder eigene Beiträge ein	ruhig und bin ein geduldiger Zuhörer	als guter Zuhörer und gebe diplomatische Antworten
	O	O	O	O
Wenn ich Fragen stelle, geht es ...	hauptsächlich um das Wesentliche	oft um eigene und die Gefühle anderer	meistens um „Wie"-Fragen	meistens um weitere bzw. tiefergehende Informationen
	O	O	O	O
Bei längeren Besprechungen diskutiere ich ...	ausdauernd und hart	lebhaft und emotional	ausgleichend und entgegenkommend	diszipliniert und sorgfältig
	O	O	O	O
Mit anderen spreche ich meist ...	knapp und entschlossen	offen, temperamentvoll und unbeschwert	ausgeglichen und rücksichtsvoll	diplomatisch und sorgfältig
	O	O	O	O

Wenn ich meine eigene Gestik und Körpersprache beachte, stelle ich fest, dass ich ...	mich viel bewege	viel mit den Händen gestikuliere	freundlichen Augenkontakt halten	in meiner Ausdrucksweise eher zurückhaltend bin
	O	O	O	O
Im Umgang mit anderen ...	versuche ich, die Führung zu übernehmen oder das Sagen zu haben	bringe ich meine Gefühle offen zum Ausdruck und finde schnell Kontakt	bin ich sehr freundlich und nett	beobachte ich viel und höre zu, ohne die anderen zu unterbrechen
	O	O	O	O
Wenn ich mit Schwierigkeiten konfrontiert werde, reagiere ich ...	unter Umständen schnell und suche nach Schuldigen	extrovertiert und will wissen, ob etwas davon auf mich zurückfallen könnte	unsicher und versuche, wieder eine stabile Situation herzustellen	ängstlich und versuche, die Auswirkungen der Probleme zu analysieren
	O	O	O	O
Wenn ich über Menschen/Ereignissen befragt werde, verhalte ich mich ...	unruhig	begeisternd	entspannt	distanziert
	O	O	O	O
Wenn auf mich neue Aufgaben zukommen, dann ...	komme ich rasch zu einer Lösung	bevorzuge ich spontane Lösungen	bin ich sehr kooperativ, suche Unterstützung	bin ich eher vorsichtig und versuche die Situation zu analysieren
	O	O	O	O
Summe				
	Durchsetzungsorientierter Typ	**Impulsiver Typ**	**Harmonieorientierter Typ**	**Sachlichrationaler Typ**

4 Die Kienbaum Konfliktlösungs-Toolbox

Tool 1: Bereiten Sie sich vor

Verhandlungssituationen können als Spezialfall eines Konflikts gelten. Im Unterschied zum Konflikt ist der emotionale Anteil meist geringer, da es eher um die Sache geht. Dennoch kann sich eine Verhandlungssituation recht schnell zu einem Konflikt entwickeln, insbesondere dann, wenn eine Partei das Gefühl hat, nicht ausreichend wertgeschätzt zu sein oder übervorteilt zu werden. Andererseits kann es im Rahmen der Konfliktbewältigung – z. B. bei der gemeinsamen Lösungsentwicklung – durchaus zu einer Verhandlungssituation kommen. Lesen Sie auf den folgenden Seiten,

* welche grundsätzlichen Unterschiede zwischen Verhandlungen und Konflikten bestehen (Seite 101),
* welche Probleme bei Verhandlungen am häufigsten vorkommen (S. 101),
* warum es wichtiger ist, Position und Strategie des Verhandlungspartners zu kennen, als die eigene (S. 103),
* welche Fragen zum Verhandlungspartner Sie vor dem Termin abklären sollten (S. 104),
* mit welchen Fragen Sie sich auf Verhandlungen vorbereiten sollten (S. 105).

Nur ein kleiner Unterschied zwischen Konflikt und Verhandlung

Die Vorgehensweisen – d. h. Techniken, Instrumente und Methoden –, die in Konflikt- und Verhandlungssituationen zum Einsatz kommen, sind recht ähnlich. So gibt es keine inhaltlichen Unterschiede, wenn man von Konflikt- bzw. Verhandlungsstilen spricht (s. Seite 137).

Der wichtigste Unterschied zwischen Verhandlung und Konflikt liegt eher im Prozess. Bei einer Verhandlung wissen in der Regel alle Beteiligten, dass sie sich in eine Verhandlungssituation begeben. Sie können sich im Vorfeld entsprechend vorbereiten. Bei einem Konflikt ist dagegen meist nicht von vornherein klar, dass nun eine Auseinandersetzung bzw. ein Konfliktgespräch folgt. Konflikte entwickeln sich meist aus einer Eigendynamik heraus (s. Seite 40).

Verhandlungen können Sie vorbereiten, Konflikte nicht

Kennzeichen einer Verhandlungssituation

Wesentlich für eine Verhandlungssituation sind zwei Merkmale:

• Es gibt auf beiden Seiten eine Verhandlungsmasse, d. h., jede Partei hat etwas anzubieten. Daraus folgt eine zumindest vergleichbare Machtsituation.

• Grundsätzlich ist bei beiden Parteien der Wille, zu einem Ergebnis zu kommen, vorhanden. Auch wenn die inhaltlichen Vorstellungen natürlich auseinander gehen, ist den Beteiligten daran gelegen, zu einem Resultat zu gelangen.

Unterschiede zum Konflikt

Beide Kennzeichen gelten für einen Konflikt nur eingeschränkt. Hier geht es meist nicht darum, etwas anzubieten, sondern darum, sich durchzusetzen. Auch die Ergebnisorientierung ist nicht unbedingt gegeben. Häufig empfindet im Konfliktfall nur eine Partei einen Leidensdruck und oft besteht das Ziel einer – oder auch beider – Parteien nicht unbedingt darin, ein Ergebnis zu produzieren.

Ziel beim Konflikt: sich durchsetzen

Die häufigsten Probleme in Verhandlungssituationen

Eine Sammlung von Problemen in Verhandlungssituationen lässt sich leicht erstellen. Es reicht, die Teilnehmer entsprechender Trainingsmaßnahmen zu befragen, welche Probleme sie hier haben bzw. mit welchen Erwartungen sie in ein solches Training gehen: Was sollte anschließend besser werden?

Was lässt sich verbessern?

Es sind immer wieder die folgenden Problemfelder – ohne Anspruch auf Vollständigkeit –, die zur Sprache kommen, wenn es um Probleme in Verhandlungssituationen geht:

Problemfelder bei Verhandlungen

- Mangelnde Vorbereitung: Daraus resultiert eine gewisse Sprach- oder Hilflosigkeit, falls die andere Partei mit neuen oder überraschenden Argumenten kommt
- Übertriebene Vorbereitung mit festen Vorgehensweisen oder Strukturen: Die Folge ist mangelnde Flexibilität. Der Teilnehmer hält an der vorbereiteten Strategie bzw. Vorgehensweise fest, auch wenn diese erkennbar nicht zum Ziel führt
- Wenig ausgeprägte Kenntnisse „klassischer" Techniken und Instrumente: Hier fehlt es an Gesprächsstruktur, Argumentationstechniken, Angebotstechniken etc.
- Keine bewusste Strategiewahl, sondern Orientierung an der eigenen Persönlichkeitsstruktur: Dies führt dazu, dass der Betreffende immer die gleiche Strategie wählt, unabhängig von der jeweiligen Verhandlungssituation (s. Seite 89). Meist besteht das Problem darin, dass ein eher harmonieorientierter Typ stets eine nachgiebige oder zumindest kompromissorientierte Strategie wählt und dadurch seine Interessen nicht wahren kann, wenn er auf einen durchsetzungsorientierten Typ trifft.

Die Positionen abklopfen

Nicht nur eigene Position hinterfragen

Die meisten Menschen, die sich auf eine Verhandlung vorbereiten, beschränken sich darauf, ihr eigenes Ziel zu reflektieren. Und selbst diese Minimalversion der Vorbereitung wird nicht von allen Betroffenen vorgenommen.

Welche Vorüberlegungen Sie anstellen sollten

In der Regel beschränken sich Menschen bei der Vorbereitung einer Verhandlung auf sich selbst – sie stellen sich daher u. a. folgende Fragen:

- Welches Ziel habe ich?
- Was will ich erreichen?
- Welches Ergebnis ist für mich akzeptabel?

Beschäftigung mit sich selbst

Diese Themenfelder beschäftigen sich im Schwerpunkt damit, die eigentliche Sache, um die sich die Verhandlung dreht, zu analysieren. Es findet also im Wesentlichen eine Beschäftigung mit Fragestellungen des Ziels und des angestrebten Ergebnisses statt. Diese Vorbereitung bezieht sich also vor allem auf den so genannten Verhandlungsraum (s. Seite 107). *Worum geht es in der Verhandlung?*

Was will der Verhandlungspartner?

Erfahrene Verhandler konzentrieren sich dagegen in ihrer Vorbereitung viel weniger auf sich selbst, sondern wesentlich stärker auf den Verhandlungspartner:

- Welche Strategie wird der andere wahrscheinlich verfolgen?
- Welcher Konflikt- bzw. Verhandlungstyp ist er?
- Welche Ziele hat er?
- Welche Motive und Bedürfnisse stehen dahinter?
- Und vor allem: Welche grundsätzliche Strategie will ich bei diesem Verhandlungspartner verfolgen?

Diese Liste ließe sich noch beliebig fortführen (s. Seite 114). Grundsätzlich ist festzuhalten, dass sich eine gute Vorbereitung sehr intensiv und im Detail mit dem Verhandlungspartner auseinandersetzt. *Detaillierte Auseinandersetzung mit dem Verhandlungspartner*

Kienbaum Expertentipp: Was will der andere?

Halten Sie sich bei der Vorbereitung auf Verhandlungen immer vor Augen, dass die entscheidende Facette im Rahmen der Vorbereitung weniger auf der eigenen als vielmehr auf der gegnerischen Seite liegt.

Definieren Sie Eckpfeiler

In einem ersten Schritt gilt es, die Eckpfeiler der Verhandlungssituation zu definieren und festzulegen. Daher sollten im Idealfall die folgenden Fragen nach den eigenen Ressourcen vor Beginn der eigentlichen Verhandlung beantwortet sein:

- Welche Daten unterstützen meine Position bzw. Argumentation?
- Welche Erfahrungen bringe ich aus bisherigen Verhandlungssituationen mit?
- Was lief in diesen Verhandlungen gut, was nicht?
- Was sind meine Schwächen in Verhandlungen?
- Wie kann ich diese Schwächen umgehen?
- Wie standfest bin ich in meiner Meinung?

Festgestelltes
Manko beheben

Wenn feststeht, dass keine oder nur wenige objektive Daten vorliegen, die die eigene Position unterstützen, so sollte der Betreffende im Rahmen seiner Vorbereitung überlegen, wie er dieses Manko kompensieren kann. Denkbar sind dann z. B. eine verstärkte Ansprache der emotionalen Ebene oder Ähnliches. Die Beantwortung dieser Fragen beeinflusst die Art und die Tiefe der Vorbereitung.

Beispiele: Individuelle Vorbereitung auf Verhandlung

Frau K. weiß, dass sie dazu neigt, vorschnell in Kompromisse einzusteigen und „ohne Not" Zugeständnisse zu machen. In der Konsequenz muss sie aus dieser Erkenntnis im Vorfeld sehr detaillierte Kompromissvorschläge ausarbeiten. So verhindert sie, dass sie in die Verlegenheit kommt, im Gespräch zu improvisieren und dann eben diese vermeidbaren Zugeständnisse zu machen.

Analysieren Sie Ihren Verhandlungspartner

Persönlichkeitstyp feststellen

Besondere Aufmerksamkeit gilt während der Vorbereitung der Analyse des Verhandlungspartners. Zunächst ist es sicherlich ratsam und empfehlenswert, die Persönlichkeitstypologie des Verhandlungspartners zu identifizieren. Ist er eher durchsetzungsorientiert, harmonieorientiert, impulsiv oder sachlich-rational? Dazu sind die gleichen Hinweise dienlich wie bei der Selbstanalyse (s. Seite 98).

Allerdings ist eine solche Analyse häufig nicht möglich – meist aus dem Grund, dass der Verhandlungspartner nicht oder nur recht flüchtig bekannt ist. Dennoch kann auch ein kurzer Eindruck für eine grobe Typologisierung ausreichend sein.

Kienbaum Expertentipp: Sammeln Sie Informationen

Die wichtigste Ressource, die über Erfolg oder Misserfolg der Verhandlung entscheidet, sind stets die Informationen bzw. Kenntnisse über den Verhandlungsgegenstand und den Verhandlungspartner.

- Je mehr Sie vom Verhandlungsgegenstand verstehen bzw. wissen, desto besser können Sie argumentieren.
- Je mehr Sie von Ihrem Verhandlungspartner wissen, desto besser wisser Sie, wie Sie argumentieren sollten.

Fragen zur Vorbereitung

Im Rahmen einer ausführlichen Vorbereitung ist es wichtig, sich ausgiebig mit folgenden Fragestellungen zu beschäftigen:

Womit Sie sich beschäftigen sollten

Was kann der Verhandlungspartner anbieten?

Im Idealfall ist der Entscheidungs- und damit der Verhandlungsspielraum des jeweiligen Verhandlungspartners bekannt. Wer weiß, wo die Schmerz- oder Abbruchgrenzen (s. Seite 111) des anderen liegen, kann diese deutlich gezielter ansprechen. Wüsste der Verhandlungspartner um die Möglichkeit alternativer Angebote, so könnte er diese entsprechend proaktiv unterbreiten.

Welche Vorerfahrungen in Verhandlungen bringt der Verhandlungspartner mit?

Findet die Verhandlung mit einem erfahrenen Verhandler, z. B. einem Vertriebler oder Einkäufer statt, oder ist stattdessen davon auszugehen, dass das Gegenüber eher wenige Erfahrungen in Verhandlungen mitbringt?

Kienbaum Expertentipp: Passen Sie sich an

Wenn Ihre Vorbereitung ergeben hat, dass Sie es mit einem sehr erfahrenen Verhandler zu tun bekommen, müssen Sie sich selbstverständlich deutlich intensiver auf den Termin vorbereiten.

Welche persönlichen Eigenarten zeichnen den Verhandlungspartner aus?

Wo liegen womöglich Informationen?

In manchen glücklichen Fällen liegen bereits erste Informationen über den Verhandlungspartner vor oder es ist möglich, diese einzuholen. Wenn es die Möglichkeit dazu gibt, sollte sie natürlich unbedingt wahrgenommen werden. Haben eventuell Kollegen schon Erfahrungen mit diesem Verhandlungspartner gemacht?

Oder besteht womöglich ein anderer Kontakt zu diesem Menschen – außerhalb des Verhandlungskontextes? Auch dann kann es sinnvoll sein, Informationen über dessen Persönlichkeitsstruktur zu sammeln und in die Analyse einfließen zu lassen. Hilfreich ist es vor allem, herauszufinden, ob er zu einem bestimmten Verhandlungsstil tendiert.

Gibt es einen Auftraggeber?

Wer wirkt im Hintergrund?

Entscheidend für die Vorbereitung kann die Frage sein, ob es im Hintergrund womöglich einen Auftraggeber für den Verhandlungspartner gibt. Falls ja, wird im Gespräch in der Regel nur dann ein Ergebnis erzielt, wenn man selbst nachgibt. Der Verhandlungspartner kann dann meist keine Zusagen machen, da er sich erst bei seinem Auftraggeber rückversichern muss. Wer sich selbst in einer solchen Situation unter (Zeit-)Druck bringt, unbedingt mit einem Ergebnis nach Hause kommen zu müssen, tut sich zwangsläufig schwer damit, die eigenen Interessen durchzusetzen. Gleiches gilt übrigens auch für die Frage nach möglichen Ratgebern.

Kienbaum Expertentipp: In die Strategie einbauen

Wenn Auftraggeber oder Ratgeber vorhanden sind, lässt sich dies auch für das taktische Vorgehen nutzen. Das ist z. B. dann der Fall, wenn der Verhandlungspartner kurz vor einem Zugeständnis oder einem Kompromissangebot die „Notbremse" zieht – mit dem Hinweis „Das muss ich erst noch abklären". Dadurch kann er sich aus tendenziell schwierigen Situationen recht elegant herausziehen, ohne das Gesicht zu verlieren – insbesondere dann, wenn gar keine Auftraggeber oder Ratgeber existieren.

Tool 2: Den Verhandlungsspielraum analysieren

Bestandteil einer guten Vorbereitung ist selbstverständlich auch die Analyse des Verhandlungsraums. Er umfasst nicht nur das eigentliche Ziel, das die Gesprächspartner jeweils erreichen wollen, sondern bezieht andere Dimensionen ein. In diesem Kapitel erfahren Sie,

- warum Sie zwischen Ziel, Bedürfnis und Interesse unterscheiden sollten (S. 107),
- aus welchen Gründen eindimensionale Verhandlungen nur wenige Möglichkeiten bieten, zu einem gemeinsamen Ergebnis zu kommen (s. 109),
- was es mit der Abbruchgrenze auf sich hat (S. 111),
- wie Sie mit Ihrem Eröffnungsangebot umgehen sollten (S. 113),
- welche Fragen Sie stellen sollten, um sich auf Verhandlungen optimal vorzubereiten (S. 114).

Unterscheiden Sie zwischen Ziel, Bedürfnis und Interesse

Häufig konzentrieren sich Verhandlungspartner auf ihre jeweiligen Verhandlungsziele – d. h. auf den Aspekt: „Was will ich in dieser Verhandlung eigentlich erreichen?" Diese Frage klingt eher banal. Das liegt daran, dass sie den meisten Menschen als erstes einfällt, wenn sie über Vorbereitungen einer Verhandlung nachdenken. Gelegentlich beschäftigen sich die betreffenden Personen bei ihrer Vorbereitung auch noch damit, welches Ziel der Verhandlungspartner womöglich oder wahrscheinlich verfolgt. In manchen Verhandlungssituationen lassen sich beide Fragen auch ohne weitergehende Analyse schnell und recht einfach in der Tendenz beantworten: So ist es in Preisverhandlungen das Ziel des Käufers, möglichst wenig zu zahlen, und das Ziel des Verkäufers, möglichst viel monetären Gegenwert zu erhalten.

In vielen komplexeren Verhandlungssituationen sind jedoch weiterführende Fragestellungen deutlich interessanter – nämlich die Fragen nach Bedürfnissen und Interessen der Verhandlungsparteien.

Welche Bedürfnisse und Interessen stehen hinter dem Ziel

Wo liegen die Unterschiede zwischen Ziel und Bedürfnis?

Der Unterschied zwischen Zielen einerseits und den Bedürfnissen und Interessen andererseits lässt sich recht einfach verdeutlichen:

- Das Ziel definiert, was jemand in der Verhandlungssituation erreichen möchte.
- Bedürfnisse und Interessen geben an, warum er dieses Ziel erreichen möchte.

Beispiel: Bedürfnisse und Interessen

	Tarifverhandlung (Gewerkschaftsseite)	Individuelle Gehaltsverhandlung (Mitarbeiter)
Bedürfnis	Als Interessenvertretung der Arbeitnehmer zu fungieren und wahrgenommen zu werden	Die eigene Arbeitsleistung soll Anerkennung finden
Konkretes Interesse	Erhöhung des Lohns, Besserstellung der Arbeitnehmer durch bestimmte Regelungen	Gleichstellung mit Kollegen und Kolleginnen
Konkretes Verhandlungsziel	5 Prozent mehr Lohn	10 Prozent mehr Gehalt

Warum der Unterschied wichtig ist

Wesentlich ist der Unterschied dann, wenn es nicht möglich ist, dem Ziel des Verhandlungspartners direkt zu entsprechen. Wer als Arbeitgeber der Gewerkschaft die angestrebte Gehaltserhöhung von 5 Prozent – aus welchen Gründen auch immer – nicht zugestehen kann, müsste die Verhandlung ergebnislos beenden, sofern er sich nicht mit den Bedürfnissen und Interessen beschäftigt. Wenn er sich jedoch darüber Gedanken gemacht hat, kann sich bereits in der Vorbereitungsphase überlegen, welche Kompromissangebote an anderer Stelle noch möglich sind und Aussicht auf Erfolg haben. Dieses Vorgehen nennt sich Erweiterung des Verhandlungsraums – oder anders ausgedrückt, aus einem eindimensionalen Verhandlungsraum wird ein mehrdimensionaler.

Ziele in eindimensionalen Verhandlungsräumen sind konträr

Ein eindimensionaler Verhandlungsraum beschäftigt sich mit nur einem Kriterium bzw. einer Dimension. Das klassische Beispiel eines eindimensionalen Verhandlungsraums ist eine Preisverhandlung. Die Dimension ist der „Preis". Das zweite, wesentliche Kriterium einer eindimensionalen Verhandlung ist, dass die Ziele beider Verhandlungsparteien konträr sind, d. h., je umfassender einer der Verhandlungspartner sein Ziel erreicht, desto weniger kommt der andere zu seinem Ziel. In einer Preisverhandlung erreicht ein Käufer umfassender sein Ziel, wenn er weniger bezahlt. Im gleichen Maße erhält aber der Verkäufer weniger und entfernt sich damit von seinen Zielen.

Reine Preisverhandlungen sind eindimensional

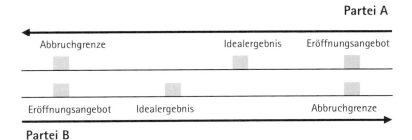

Gegenläufige Zielerreichung

Eindimensionale Verhandlungen sind im Hinblick auf die Verhandlungstechniken eher trivial – meist setzt sich derjenige durch, der standfester agiert. Es gibt wenige Möglichkeiten, ein gemeinsames Ergebnis zu erreichen, wenn die „Schmerzgrenzen" beider Parteien zu weit auseinanderliegen. Daher empfiehlt es sich, den Verhandlungsraum zu erweitern und dadurch nicht mehr nur über ein Kriterium bzw. über eine Dimension zu verhandeln, sondern andere Kriterien mit einzubeziehen.

Beispiel: Erweiterung des Verhandlungsraums

Herr Müller möchte einen gebrauchten Pkw kaufen. Das von ihm präferierte Modell liegt jedoch mit 9.500,- Euro rund 500,- Euro über seinem geplanten Budget. Der Verkäufer ist jedoch nicht in der Lage oder nicht bereit, den Preis von 9.500,- Euro noch weiter zu reduzieren.

An dieser Stelle der Verhandlung gibt es häufig nur zwei Möglichkeiten: entweder eine der beiden Verhandlungsparteien gibt doch nach oder die Verhandlung endet ergebnislos. Die Erweiterung des Verhandlungsraums ermöglicht jedoch eine dritte Variante: Der Verkäufer hat z. B. die Möglichkeit, bei seinen Preisvorstellungen zu bleiben und gleichzeitig Zusatzleistungen anzubieten, wie eine erweiterte Gebrauchtwagengarantie, eine kostenlose erste Inspektion etc. Damit verhandeln die beiden nicht mehr nur über den Preis – bei dem sie sich wahrscheinlich nicht geeinigt hätten –, sondern auch über entsprechende weitere Kriterien.

Sprechen Sie Interessen und Bedürfnisse an

Zusatzleistungen, die einen erkennbaren Nutzen bieten

Solche Zusatzleistungen sind immer dann besonders wirksam, wenn es der einen Seite leichtfällt, sie anzubieten, z. B. weil sie keine Zusatzkosten verursachen, und sie andererseits für die andere Partei einen erkennbaren Nutzen darstellen. Ob der letztere Fall eintritt, ist abhängig davon, wie intensiv sich der Anbietende mit den Bedürfnissen und Interessen der anderen Partei auseinandergesetzt und sich nicht nur auf die kommunizierten Ziele fokussiert hat.

Beispiel: Interessen ansprechen

In einer Verhandlungssituation zwischen Arbeitgeber und Gewerkschaften führt eine ausschließliche Fokussierung auf die Ziele dazu, dass nur über einen Prozentsatz verhandelt wird. In der Realität ergeben sich aus Tarifverhandlungen häufig Mischergebnisse, z. B. 4 Prozent mehr Gehalt, eine Übernahmegarantie für die Auszubildenden, Einmalzahlungen etc.

Solche Mischergebnisse sind ein deutliches Zeichen dafür, dass sich die Verhandlungspartner im Laufe der Verhandlungen von einer eindimensionalen Orientierung gelöst und stattdessen weitere Kriterien und Dimensionen in das Gespräch aufgenommen haben.

Kienbaum Expertentipp: Dimensionen im Vorfeld abklären

Selbstverständlich gehört die Überlegung, ob bzw. welche zusätzlichen Kriterien mit in die Verhandlungsmasse aufgenommen werden könnten, vor der eigentlichen Verhandlung geklärt und damit mit in die Vorbereitung der Verhandlung.

Definieren Sie Ihre eigenen Grenzen

Unabhängig, ob es sich um einen ein- oder mehrdimensionalen Verhandlungsraum handelt, sollten Verhandler auch immer die Grenzen des eigenen Spielraums festlegen. Dabei müssen diese Überlegungen separat für jedes einzelne Kriterium vorgenommen werden.

Wie weit wollen Sie gehen?

Wo liegt die Abbruchgrenze?

Die Abbruchgrenze, umgangssprachlich auch Schmerzgrenze genannt, stellt das absolute Minimalergebnis eines Kriteriums dar. Wenn absehbar ist, dass sich nicht einmal dieses Minimalergebnis erreichen lässt, müssen die Beteiligten die Verhandlung abbrechen – oder aber versuchen, über weitere Kriterien den Verhandlungsraum zu erweitern.

Für die Abbruchgrenze gelten drei grundlegende Regeln:

Regeln für die Abbruchgrenze

1. Die Abbruchgrenze ist „geheim", d. h., der Verhandler kommuniziert sie niemals offen an seinen Verhandlungspartner.
2. Die Abbruchgrenze ist unverrückbar – d. h., das Verhandlungsende ist absolut legitim, wenn die Abbruchgrenze nicht erreicht wird, das Ergebnis also schlechter als das Minimalziel wäre. Darin zeigt sich eher professionelles Verhandlungsverhalten.
3. Nicht jede Verhandlung muss also zwangsläufig zu einem Ergebnis führen. Ein Verhandler sollte sich nie das Ziel setzen, in jedem Fall zu einem Ergebnis zu gelangen.

Welches Ergebnis wäre ideal?

Das Idealergebnis entspricht dem eigentlichen Ziel – es gibt an, welches Ergebnis der Verhandler sich wünscht und anstrebt. Es ist jedoch nicht zu verwechseln mit dem Eröffnungsangebot.

Mit welchem Angebot gehen Sie in die Verhandlung?

Eröffnungsangebot liegt über dem Idealergebnis

Das Eröffnungsangebot stellt das erste Angebot der Verhandlung dar. Es sollte stets über dem Idealergebnis liegen. Häufig beginnt eine Verhandlung mit einem Angebot, das recht nah am Idealergebnis liegt, oder diesem sogar entspricht. Allerdings: Je geringer der Abstand zwischen Eröffnungsangebot und Idealergebnis ist, desto geringer ist der Verhandlungsspielraum und desto geringer ist auch die Wahrscheinlichkeit, das Idealergebnis zu erreichen.

Wählen Sie Ihre Verhandlungsstrategie

Strategie ist entscheidend

Entscheidend ist, welche Strategie ein Verhandler wählt (s. Seite 137). Die Vorbereitung – insbesondere was Idealergebnis, Eröffnungsangebot und Abbruchgrenze angeht – ist umso bedeutender, je stärker die eigenen Interessen durchgesetzt werden sollen. Wer sich für eine Anpassungs- oder Vermeidungsstrategie (s. Seite 141 ff.) entscheidet, stellt die Durchsetzung seiner eigenen Interessen und damit auch die intensive Vorbereitung in den Hintergrund.

Kienbaum Expertentipp: Verhandlungsspielraum

- Legen Sie den Abbruchpunkt im Voraus fest: Bereits vor der Verhandlung sollte feststehen, an welchem Punkt Sie das Gespräch beenden werden. So vermeiden Sie, unter Druck zu geraten oder die Kontrolle über den Prozess zu verlieren.

- Halten Sie gute Alternativen bereit: Sie stärken Ihre Verhandlungsposition!

- Konzentrieren Sie sich auf den Abschluss: Damit das Ergebnis der Verhandlung Ihnen den maximalen Nutzen bringt, müssen Sie die Beziehung zu Ihrem Verhandlungspartner oder periphere Themen ignorieren.

- Setzen Sie das Eröffnungsangebot so hoch oder so tief wie möglich an! Unterbreiten Sie Ihrem Verhandlungspartner aber unbedingt ein „vernünftiges" Angebot. Ihnen ist nicht damit geholfen, wenn die Gegenseite schallend lacht oder verärgert die Verhandlung verlässt.

Wie gehen Sie nach dem Eröffnungsangebot vor?

Die Ziel- und Abbruchpunkte erhalten ihre Bedeutung nach dem Eröffnungsangebot. Es ist wichtig, dass der Verhandler an ihnen festhält und nicht zulässt, dass sie sich im Verlauf der Verhandlung verschieben.

Abbruchgrenze nicht verschieben

Lassen Sie sich nicht in die Karten schauen

Grundsätzlich sollte der andere so spät wie möglich erfahren, welches Ziel genau der Verhandler erreichen will. Daher sollte die Zielpunktfreigabe nicht zu früh im Verlauf erfolgen. Noch strenger ist der Abbruchpunkt zu handhaben. Er sollte niemals freigegeben werden. Auch wenn die andere Seite nachfragt, wie weit man denn bereit ist zu gehen – diese Grenze sollte geheim bleiben.

Keine vorschnellen Zugeständnisse

Keine Frage: In den meisten Verhandlungen ist der Kuchen, der verteilt wird, begrenzt. Wer daher zu schnell Zugeständnisse an die andere Partei macht, gerät rasch in die Situation, das für ihn nur noch wenig übrigbleibt. Konzessionen sollten daher nur in kleinen Schritten erfolgen.

Konzessionen in kleinen Schritten

Checkliste: Festlegung des Verhandlungsspielraums	
Welches Ziel verfolge ich in der Verhandlung (Idealergebnis)?	
Wenn ich dieses Ziel nicht erreichen kann, an welchem Punkt liegt meine Abbruchgrenze?	
Was könnte mir der Verhandlungspartner noch anbieten (Alternativen)?	
Was könnte ich dem Verhandlungspartner noch anbieten (Alternativen)?	
Wo liegen hinsichtlich dieser denkbarer Alternativen mein Idealergebnis und meine Abbruchgrenze?	
Wie will ich die Verhandlung eröffnen (Eröffnungsangebot)? Ist der Spielraum (Differenz Eröffnungsangebot – Idealergebnis) ausreichend?	

10 Regeln für Verhandlungen

1. Kein Kompromiss ohne Not bzw. ohne Gegenleistung der anderen Partei.

2. Keine Zugeständnisse ohne Zugeständnisse der anderen Partei.

3. Niemals die Abbruchgrenze gegenüber der anderen Partei offenlegen.

5. Niemals die Abbruchgrenze freigeben bzw. verändern.

6. Niemals unter Zeitdruck verhandeln.

7. Niemals sich selbst unter Druck setzen, unbedingt ein Ergebnis zu produzieren. Der Abbruch eines Gesprächs ist ein legitimes Ergebnis.

8. Niemals nachgeben, nur weil der andere nervt oder drängelt („... ich brauch jetzt eine Entscheidung ...").

9. Nicht festnageln lassen: Bei Unsicherheit ist es besser, sich zu vertagen („... das muss ich prüfen ...").

10. Nicht zulassen, dass der andere an den eigenen Stolz appelliert („... können Sie das nicht selbst entscheiden? ...").

Checkliste: Vorbereitung einer Verhandlung

Definition von Fragen, Themen und Problemen

- Analyse der Verhandlungssituation
- Wie ist mein Standpunkt?
- Wie ist der Standpunkt meines Verhandlungspartners?
- Welche Punkte sind zentral?
- Welche Punkte sind nebensächlich?
- Wie sind diese Themen miteinander verwoben?
- Welche Rangfolge bilden die Themen?
- Wie sieht diese Rangfolge aus der Perspektive der anderen Partei aus?
- Was genau sind die Verhandlungsgegenstände?

Analyse der Verhandlungsparteien

- Was weiß ich über die Gegenpartei?
- Welche Eigenarten besitzt mein Verhandlungspartner?
- Über welche Ressourcen verfügt er?
- Wie beeinflussen diese Eigenarten und Ressourcen die Verhandlungsführung?
- Wie beeinflussen sie die Verhandlungsgegenstände?
- Welches sind die grundlegenden Interessen und Bedürfnisse der Gegenseite, die den einzelnen Verhandlungspunkten zugrunde liegen?

Festlegung von Zielen und Ergebnissen

- Wie sehen meine eigenen Ziele bezüglich des Zeitplans, des Ortes, des Ablaufs usw. aus?
- Wie sehen die Ziele der Gegenpartei hinsichtlich dieser Punkte aus?
- Was passiert, wenn die Verhandlungen scheitern?

Erkennen der eigenen Grenzen

- Habe ich Alternativen?
- Bin ich dem Verhandlungsprozess emotional gewachsen?
- Welche kommunikativen Ressourcen, d. h. welches verbale Verhandlungsgeschick habe ich aufzubieten?

Entwicklung unterstützender Argumente

- Mit welchen Fakten kann ich meinen Standpunkt stärken?
- Liegen z. B. Grafiken, Berichte von Experten oder Aktenmaterialien vor?

Tool 3: Techniken der Gesprächsführung

Mit der richtigen Technik Gespräche steuern

Konfliktgespräche sind besondere Situationen. Oft ist die Stimmung gereizt, die Teilnehmer sind verunsichert und schnell kochen Emotionen hoch. Da ist es wichtig, grundlegende Gesprächstechniken zu kennen und anwenden zu können, mit denen dem Gegenüber Wertschätzung und Anerkennung gezeigt werden und mit denen es möglich ist, ein Gespräch zu steuern. Wir haben alle wichtigen Techniken auf den folgenden Seiten für Sie zusammengestellt,

- wieso aktives Zuhören ein wichtiger Bestandteil in Konfliktgesprächen ist (S. 116),
- welche Regeln für Feedbackgeber und -nehmer gelten (S. 118),
- warum Sie Ihrem Gesprächspartner Ich-Botschaften senden sollten (S. 120),
- wie Sie mithilfe von Pacing Beziehungen aufbauen können (S. 122),
- welche Bedeutung die Metakommunikation gerade in Konfliktsituationen besitzt (S. 123),
- wie Sie die jeweiligen Bezugsrahmen und Ziele der Beteiligten klären (S. 125) und
- mit welchen Mitteln Sie die Schärfe aus der Debatte nehmen können (S. 126).

Hören Sie aktiv zu!

Ob ein Konfliktgespräch erfolgreich verläuft oder nicht, hängt maßgeblich davon ab, ob es gelingt, eine positive, angenehme Gesprächsatmosphäre aufzubauen. Um dies zu erreichen, ist es sinnvoll, dem Gegenüber durch verschiedene Gesprächstechniken Aufmerksamkeit und Wertschätzung zu vermitteln. Dazu gehören u. a. das aktive Zuhören, geschicktes Feedback, Ich-Botschaften und die Technik des Pacings.

Aktives Zuhören ist ein wichtiges Element in einem Konfliktgespräch, denn es vermittelt dem Gesprächspartner, dass er ernst genommen wird. Aktives Zuhören bedeutet,

Nehmen Sie Ihren Gesprächspartner ernst

- Aufmerksamkeit zu zeigen,
- zu ermutigen,
- wichtige Sachverhalte und Gefühle zu erkennen
- sowie wichtige Sachverhalte und Gefühle zu erinnern.

Wie setzen Sie aktives Zuhören ein?

Aufmerksamkeit lässt sich durch einen ruhigen, offenen und bedrohungsfreien Blickkontakt, eine zugewandte und entspannte Körperhaltung und eine ruhige, bedrohungsfreie, unverstellte Stimmführung zeigen. Freundliche Gesten ermutigen den Gesprächspartner, weiterzusprechen und sich weiter zu öffnen. Ebenfalls hilfreich sind sogenannte Türöffner wie etwa „Hmm", „Ja", „Aha" oder „Interessant". Um wichtige Sachverhalte und Gefühle zu erkennen, ist es notwendig, im Gespräch konzentriert zu sein, Schlüsselbegriffe in den Aussagen des Gesprächspartners zu suchen und auch nonverbale Signale zu beachten.

Aussagen paraphrasieren

Ein wichtiger Punkt beim aktiven Zuhören ist, die Hauptgedanken in den Aussagen des Gesprächspartners noch einmal zusammenzufassen und die Kernpunkte – in eigenen Worten – zu wiederholen. Wer so vorgeht, vermittelt seinem Gegenüber, dass er wichtige Sachverhalte und Gefühle verstanden hat. Dabei gilt natürlich: Verstehen wollen heißt nicht billigen.

Kienbaum Expertentipp: Zeigen Sie Selbstbewusstsein

Über die folgenden Gesprächstechniken hinaus, sollten Sie sich in Konfliktgesprächen an einige grundlegende Regeln halten:

- Demonstrieren Sie Selbstbewusstsein.
- Kontrollieren Sie Ihr eigenes Verhalten (Mimik, Gestik, Einstellungen).
- Stellen Sie Rückfragen.
- Antworten Sie nicht stets direkt.
- Sprechen Sie erkannte Taktiken an.
- Decken Sie Widersprüche auf.

Feedback geben und nehmen

Leitung und
Motivation

Im beruflichen Alltag ist Feedback wichtig. Es nimmt eine sowohl leitende als auch motivierende Funktion ein. Allerdings kann Feedback seine positive Wirkung nur dann entfalten, wenn es konstruktiv gestaltet ist.

Feedback besteht aus Anerkennung und Kritik

Ganz generell lässt sich sagen, dass Anerkennung und Kritik bei einem Feedbackgespräch stets zusammengehören. Das eine wirkt nicht ohne das andere. Kritik ohne Anerkennung demotiviert und Anerkennung ohne Kritik löst Skepsis aus und verhindert, dass die persönliche Entwicklung weiterschreitet.

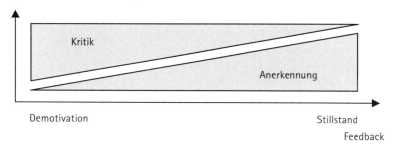

Wie Sie konstruktives Feedback gestalten

Feedback ist
nicht einfach

Oft nehmen die Menschen Feedback als relativ einfache Angelegenheit war. Wirklich konstruktives Feedback, insbesondere eine ausgeglichene Balance zwischen Klarheit und Konkretheit auf der einen Seite und Wertschätzung auf der anderen, ist aber gar nicht leicht – und leider auch eher selten. Ein guter Feedbackgeber hält sich an folgende Grundsätze:

Regen für den
Feedbackgeber

- Formulieren Sie das Feedback stets bewusst, denn die Rückmeldung soll dem Feedbacknehmer helfen.
- Gehen Sie beschreibend vor, nicht bewertend, d. h., beziehen Sie sich auf konkret beobachtbares Verhalten.
- Seien Sie konkret, sachlich und kontrolliert.
- Vermeiden Sie Pauschaläußerungen wie „Immer sind Sie…" oder „Nie machen Sie…".
- Sprechen Sie den Empfänger direkt an, nicht über Dritte.

- Beschreiben Sie, wie das Verhalten des anderen auf Sie gewirkt hat, nicht was der andere Ihres Erachtens für Absichten hatte, z. B. „… habe ich empfunden, als …" oder „… hat mich verärgert, dass …".
- Formulieren Sie Ihr Feedback als Ich-Botschaften (s. unten), z. B. „Ich habe wahrgenommen, dass …", „Ich finde wichtig, dass …" oder „Für die Zukunft wünsche ich mir, dass …".
- Senden Sie sowohl positive als auch negative Botschaften.
- Bedienen Sie sich der „Sandwich-Theorie". Sie empfiehlt, positiv zu beginnen, dann Kritik zu äußern, um sich daraufhin noch einmal positiv zu äußern.
- Bieten Sie Ihre Hilfe an, aber zwingen Sie diese nicht auf.
- Geben Sie konkrete, realisierbare Änderungsvorschläge.
- Verwenden Sie einen ruhigen, bedrohungsfreien Umgangston, seien Sie einfühlsam, z. B. durch Formulierungen wie „Können Sie meine Äußerungen nachvollziehen?" oder „Haben Sie hierzu ergänzende Informationen?"

Regeln für Feedbacknehmer

Es gibt jedoch nicht nur Regeln für den Feedbackgeber, sondern auch für den Empfänger:

Hinweise für den Feedbackempfänger

- Bereiten Sie sich auf das Feedback vor. Es ist kein persönlicher Angriff, sondern soll Ihnen helfen, sich weiterzuentwickeln.
- Hören Sie zunächst zu, ohne sich zu rechtfertigen oder zu verteidigen. Lassen Sie das Gesagte auf sich wirken.
- Lassen Sie Ihren Gesprächspartner ausreden.
- Wiederholen Sie das Gesagte in eigenen Worten.
- Fragen Sie nach, wenn Sie etwas nicht verstanden haben.
- Selektieren Sie und nehmen Sie das für Sie Verwertbare an (v. a. neue Informationen).
- Bedanken Sie sich bei Ihrem Feedbackgeber.

Verwenden Sie Ich-Botschaften

Um ein konstruktives Feedback geben zu können, sind Ich-Botschaften ein wesentliches Element. Dabei gilt es, zwischen Ich-

und Du-Botschaften zu unterscheiden. In Feedbackgesprächen sollten stets Ich-Botschaften zum Einsatz kommen.

Vorwurfsvoll und verletzend

Du-Botschaften wirken schnell vorwurfsvoll und verletzend. Sie

- verzerren die Verständigung,
- fördern Konflikte und schlechte Gefühle,
- gehen von Annahmen aus, deren Richtigkeit nicht überprüft ist, z. B. durch abschätzende Äußerungen, Pauschalurteile, Drohungen oder Befehle,
- drängen das Gegenüber in die Defensive, wodurch ein Konflikt entstehen oder sich steigern kann,
- haben provozierenden Charakter,
- sind verbunden mit einem Vorwurf oder einer Schuldzuweisung,
- sind abwertend.

Beispiel: Du-Botschaften

Du bist rücksichtslos.
Du hast mich beleidigt.

Kennzeichen von Ich-Botschaften

Wie wirkt das Verhalten auf mich?

Eine Ich-Botschaft klingt ganz anders. Sie ist eine klare und ehrliche Aussage über eigene Bedürfnisse, Wünsche, Meinungen, Ziele, Vermutungen und Gefühle. Sie ist geeignet, um deutlich zu machen, wie das Verhalten des anderen auf eigene Gedanken und Gefühle wirkt. Ich-Botschaften

- verdeutlichen, was Sie selbst in einer bestimmten Situation fühlen,
- machen aus einer hierarchisch-autoritären eine partnerschaftliche Gesprächsebene,
- legen die Verantwortung für das weitere Handeln in die Hände des Gesprächspartners,
- fördern Vertrauen und Offenheit des Gesprächspartners,
- Verringerung der Spannung, wenn der andere merkt, dass er nicht seine Persönlichkeit verteidigen muss.

Beispiel: Ich-Botschaften

Ich fühle mich übergangen.
Ich fühle mich verletzt.

Kienbaum Kompetenztest: Formulieren Sie Ich-Botschaften

Versetzen Sie sich geistig in die Situationen, die im Folgenden beschrieben sind. Wie lautet jeweils Ihre Rückmeldung als Vorgesetzter gegenüber Ihrem Mitarbeiter. Formulieren Sie jeweils Ich-Botschaften.

Beispiel: Sie sind Führungskraft in einem Dienstleistungsunternehmen und bemerken, dass die Kundenzufriedenheit abnimmt: Insbesondere im Bereich Kundenservice haben sich die Kundenbeschwerden verdoppelt. Sie vereinbaren einen Gesprächstermin mit dem Abteilungsleiter des Kundenservices und teilen ihm diese Auffälligkeiten mit.

Mögliche Lösung: „Ich habe mich vergangene Woche mit den Statistiken in Ihrem Bereich auseinandergesetzt. Hierbei ist mir aufgefallen, dass sich die Kundenbeschwerden verdoppelt haben. Haben Sie hierfür eine Erklärung?"

1. Sie sind Controller der Rechnungswesenabteilung und bemerken, dass ein Handlungsreisender Kunden großzügig zum Essen einlädt, um seinen eigenen Umsatz zu steigern. Sie sprechen den Handlungsreisenden auf seine Kompetenzbefugnisse an.

2. Sie sind Führungskraft in einem Produktionsunternehmen und stellen fest, dass Deadlines von Lieferantenterminen nicht eingehalten werden. An zwei Kunden musste Ihr Unternehmen bereits wegen Lieferverzugs Konventionalstrafen bezahlen. Sie vereinbaren mit den zuständigen Leitern der entsprechenden Abteilungen einen Besprechungstermin.

3. Sie sind Abteilungsleiter und stellen seit geraumer Zeit fest, dass ihr Mitarbeiter häufig verspätet zur Arbeit erscheint. In dieser Woche ist er bereits zum zweiten Mal mehr als eine halbe Stunde zu spät. Sie bitten ihn um ein kurzfristiges Gespräch zur Klärung der Unpünktlichkeit.

4. Sie sind Bereichsleiter und haben festgestellt, dass ihre Assistentin zunehmend persönliche Post öffnet, ohne dass Sie ihr dazu die Vollmacht gegeben haben. Sie vereinbaren sofort ein Gespräch.

5. Sie sind Vorgesetzter und kommen früher als geplant aus einer Konferenz in das Büro zurück. Dort treffen Sie Ihre Mitarbeiter bei einem ausgiebigen Sektfrühstück an. Sie bitten die Mitarbeiter zur Klärung der Situation ins Büro.

6. Sie sind Zweigstellenleiter und möchten mit Ihrem Vertreter ein vertrauliches Beurteilungsgespräch führen. Ein Kundenberater kommt ständig ins Büro. Sie bitten den Kundenberater zu einem

späteren Zeitpunkt wiederzukommen, um mit ihm über die Störung zu sprechen.

Bauen Sie durch Pacing Beziehungen auf

Ähnlichkeit begründet Sympathie

Ein zentraler Faktor für den Beziehungsaufbau ist Sympathie. Sie entsteht über Ähnlichkeit: Andere Menschen sind uns sympathisch, weil sie aus der gleichen Stadt kommen wie wir oder dem gleichen Hobby nachgehen. Mit dem sogenannten Pacing gelingt es, Ähnlichkeit, Sympathie und damit eine tragfähige Beziehungsebene im Gespräch bewusst aufzubauen. Pacing ist daher ein wesentliches Element in Konfliktgesprächen, um diese für die Beteiligten möglichst angenehm und bedrohungsfrei zu gestalten.

Was ist Pacing?

Anpassung und Harmonisierung

Pacing bedeutet, sich an die Gefühle des Gesprächspartners anzupassen, insbesondere indem eine Anpassung und Harmonisierung mit der Körpersprache des anderen vorgenommen wird. Das geschieht in kleinen und unauffälligen Schritten – lehnt sich das Gegenüber im Sessel zurück, so tut dies der Gesprächspartner ebenfalls. Wichtig ist, dass das Pacing nicht unmittelbar, sondern zeitlich etwas versetzt eingesetzt wird, sonst kann es leicht lächerlich wirken.

Möglichkeiten des Pacings

Der Vorteil dieser Taktik ist, dass sich das Gegenüber verstanden fühlt und sich dadurch Sympathie sowie Offenheit aufbauen. Dafür bieten sich zahlreiche Kommunikationskanäle an:

Möglichkeiten des Pacings	
Haltung	Stellung der Arme, Füße und Beine kann am Partner orientiert werden; Stellungswechsel beim Sitzen wird nachvollzogen
Gestik	Anpassung an Art, Geschwindigkeit und Größe der Gesten; Situativer Einsatz von Körperkontakt
Blickkontakt	Angleichung an den Blickkontakt des Partners bei Unterbrechungen durch Nachdenken, Desinteresse, Zeitdruck
Sprache	Anpassung an Dialekt, Fremdwörter, Lieblingswörter, Klangfarbe, Geschwindigkeit, Lautstärke und Pauseneinsatz
Outfit	Stil, Farbe, bevorzugte Qualität und Marken erlauben Identifikation
Mimik	Die Mimik des Anderen wird übernommen, damit Gefühle sich übertragen und aneinander angleichen

Setzen Sie auf Metakommunikation

Um einen Konflikt zu bewältigen, ist der Einsatz von Metakommunikationstechniken entscheidend. Metakommunikation bedeutet, dass man darüber spricht, wie man miteinander spricht.

In der Metakommunikation wird der Prozess der Kommunikation zum Thema gemacht. Es geht um die Art, wie die Gesprächspartner miteinander umgehen, und darum, wie sie die die gesendeten Nachrichten gemeint und die empfangenen Nachrichten entschlüsselt und darauf reagiert haben.

Prozess der Kommunikation steht im Mittelpunkt

Welche Voraussetzungen müssen erfüllt sein

Gute Metakommunikation verlangt in erster Linie einen vertieften Einblick in die eigene Innenwelt und den Mut zur Selbstoffenbarung.

Beispiel: Typische Formulierungen auf der Metaebene
- Ich glaube, wir drehen uns hier im Kreis ...
- Ich erlebe unser Zusammensein als nicht sehr fruchtbar ...
- Wie Sie das sagen, fühle ich mich persönlich angegriffen ...
- Mir scheint, wir kommen so zu keinem Ergebnis ...

Erkannte Taktiken ansprechen

Unfaire Taktiken benennen

Metakommunikation kann auch dazu genutzt werden, um erkannte Gesprächsmuster (insbesondere unfaire Taktiken, s. Seite 134) anzusprechen und sie dadurch unwirksam zu machen. Allerdings birgt diese Vorgehensweise stets die Gefahr einer Eskalation in sich. Das ist dann aber weniger durch die Metakommunikation als durch die zugrunde liegende, unfaire Taktik begründet.

Beispiel: Taktiken benennen

- Ich glaube nicht, dass wir unser Problem mit Ironie lösen werden...
- Ich glaube nicht, dass wir unser Problem lösen, indem wir nach Schuldigen suchen...

In Konflikten wird die Diskussion schwieriger

Fähigkeit zur Metakommunikation nimmt bei Konflikten ab

Ein deutliches Anzeichen für einen Konflikt ist, dass die Konfliktparteien immer weniger zur Metakommunikation fähig sind. Oder anders formuliert: Sie geraten im Verlauf des Konflikts immer mehr in diesen hinein und sind immer weniger in der Lage, sich – im Rahmen der Metakommunikation – gedanklich aus der Situation bzw. dem Konflikt herauszuziehen und von oben zu betrachten bzw. zu bewerten.

Kienbaum Expertentipp: Metakommunikation

Je früher im Konflikt die Metakommunikation zum Einsatz kommt, desto einfacher ist es, mit ihr zu arbeiten. Umgekehrt gilt: Je später, desto schwieriger.

Negativspirale entsteht

Der klassische Verlauf eines Konflikts aus der Sicht der Kommunikation lässt sich gut als „Negativspirale" darstellen. Der kontinuierliche Verfall der Kommunikation ist ein wesentliches Merkmal eines Konflikts. Je weiter er sich entwickelt, desto mehr verlieren die Beteiligten die Fähigkeit, konstruktiv miteinander zu sprechen.

Was in konstruktiven Konfliktgesprächen wichtig ist

In Konflikten besteht eine Schwierigkeit darin, dass die Beteiligten nicht oder zu wenig miteinander reden. Sinnvoll ist es daher, ganz gezielt einzelne Probleme abzuklären und so Einigkeit in Einzelfragen herzustellen.

Klären Sie den Bezugsrahmen

Wer den anderen verstehen will, muss erkennen, in welchem Bezugsrahmen dieser sich bewegt. Was ist für ihn wichtig? Wo liegt seine persönliche Toleranzgrenze?

Was ist dem anderen wichtig?

Warum der Bezugsrahmen wichtig ist

Was für den einen Gesprächspartner ein harmloser Spaß ist, kann für sein Gegenüber eine schmerzhafte Grenzüberschreitung darstellen. So liegen im Konfliktfall häufig zwei unterschiedliche Bezugsrahmen hinsichtlich des gleichen Sachverhalts vor. Hinzu kommt, dass die eigene Sicht der Dinge in Form von Worthülsen dargestellt wird. Oft greift ein Konfliktpartner die Sichtweise des anderen an in der Hoffnung, ihn von seiner Position abzubringen. Der hält natürlich an seinem Standpunkt fest und muss daher seine Meinung verteidigen.

> **Kienbaum Expertentipp: Bezugsrahmen klären**
>
> Egal, ob Sie als Schlichter oder als Konfliktpartei an einer Auseinandersetzung beteiligt sind: Machen Sie sich klar, dass eine einvernehmliche Lösung nicht möglich sein wird, solange die jeweiligen Bezugsrahmen nicht bekannt sind.

So klären Sie, wie der andere empfindet

Um zu verstehen, in welchem Bezugsrahmen sich der andere bewegt, gilt es zunächst, die Worthülsen wahrzunehmen und daraufhin viele Fragen zu stellen. Entscheidend ist, dass versucht wird, das Gegenüber zu verstehen, statt es gleich anzugreifen, und dieses Verständnis auch zu signalisieren. Dazu muss dessen Position als mögliche Sichtweise akzeptiert werden.

Viele Fragen stellen

Worum geht es im Gespräch?

Konflikte entstehen, weil zwei Parteien unterschiedliche Ziele verfolgen (s. Seite 21). Oft genug ist den Beteiligten aber gar nicht klar, was der jeweils andere will. Dadurch verschenken sie das Potenzial, zu tragfähigen Lösungen zu kommen.

Warum die Ziele oft unklar sind

Vorwürfe bestimmen Konfliktgespräche

Statt darüber zu sprechen, was sie tatsächlich wollen, machen sich die beteiligten Personen häufig Vorwürfe und stellen ihre Sicht der Dinge in Worthülsen dar. Dadurch entstehen (weitere) Missverständnisse, die die Lösungssuche behindern. Zudem beharren die Konfliktparteien auf der eigenen Position.

> **Kienbaum Expertentipp: Konfliktinhalt**
>
> Ohne das Wissen, welche Interessen der andere wirklich verfolgt, wird es keine gemeinsamen Lösungen geben.

Wie Sie die Konfliktinhalte herausarbeiten

Am wichtigsten ist es, den Konfliktbeteiligten immer wieder konkrete Fragen zu stellen und genau zuzuhören. Ziel der Fragen muss sein, die Interessen hinter den Positionen des Gegenübers herauszufinden. Sind diese bekannt, eröffnet sich ein Feld für die Lösungssuche. Die eigenen Probleme müssen sachlich dargelegt werden, um Emotionen aus dem Konflikt herauszunehmen.

Nehmen Sie die Schärfe aus der Debatte

Angriffe ignorieren

Häufig eröffnen Ironie und Provokation Feindseligkeiten in Konflikten. Wer eine Auseinandersetzung beilegen will, muss daher Angriffe des Gegenübers ignorieren.

Warum die Kommunikation oft so schwierig ist

Wenn ein Kommunikationspartner im Gespräch zu unfairen Taktiken greift, ist oft Verärgerung der Grund für dieses Verhalten. Häufig spielen auch Probleme auf der Beziehungsebene eine unterschwellige Rolle. Die Schwierigkeit ist, dass auf diese Weise Missverständnisse entstehen und ein Kompromiss in weite Ferne rückt.

Spitzen nicht beachten

Es ist nur natürlich, auf einen Angriff mit einem Gegenangriff zu antworten. Nur leider trägt das nicht dazu bei, den Konflikt zu entschärfen, im Gegenteil – so erhält er noch mehr Kraft. Besser ist es, ironische oder provozierende Äußerungen nicht zu beachten und so die Spannung aus der Situation herauszunehmen. Das ist ein aktiver Beitrag zur Deeskalation.

Gegenangriffe heizen den Konflikt an

Weiter kann es sinnvoll sein, die Art und Weise, wie die Konfliktparteien miteinander umgehen, zum Inhalt der Auseinandersetzung zu machen – damit wird gerade bei unterschwellig vorhandenen Problemen das ausgesprochen, was ohnehin latent vorhanden ist.

Humor kann brenzlige Situationen retten – oder verschärften

Da bei Konflikten auch immer verletzte Gefühle eine Rolle spielen, verlaufen die Gespräche oft angespannt und in verkrampfter Atmosphäre. Dann kann Humor helfen, die Lage zu entspannen. Es ist die schnellste Lösung, wenn sich Ärger in Lachen auflöst.

Lachen ist die schnellste Lösung

Der Weg über eine humorvolle Bemerkung kann, muss aber nicht zur Entspannung der brenzligen Lage führen. Tatsächlich ist Humor auch ein gefährlicher Weg, da leicht Missverständnisse entstehen können. Notwendig sind also Schlagfertigkeit und Intuition für die richtigen Worte.

Wie weit geben Sie nach

Um zu einer Lösung zu kommen, müssen beide Parteien ein Stück weit von ihrer Position abrücken. In der Realität sieht dies allerdings oft anders aus – die Beteiligten halten an ihren Positionen fest, weil sie das Gefühl haben, als Verlierer dazustehen, wenn sie nachgeben. Dann ist es hilfreich, seinem Gegenüber in einem klärenden Gespräch eine Brücke zu bauen und nachzufragen: Unter welchen Bedingungen wäre er bereit, seinen Standpunkt zu verlassen?

Musterformulierungen für den Gesprächsverlauf	
Einleitung, Gesprächseröffnung	Mir ist in unserer Zusammenarbeit etwas aufgefallen, über das ich gern mit Ihnen sprechen möchte ...
Schildern der Wahrnehmung über Ich-Botschaften	„Ich habe in Erinnerung, dass Sie sich in der letzten Zeit häufig zurückgezogen haben ...
Interpretation	Ich vermute, Sie fühlen sich angegriffen ...
Eigenes Gefühl	Ich finde das sehr schade ...
Einladung, die eigene Sichtweise zu äußern	Wie ist Ihre Meinung dazu? Wie würden Sie sich an meiner Stelle verhalten?
Wunsch, Appell	Ich bitte Sie, mir direkt Feedback zu geben, was sie stört ...
Zusammenfassung des Gespräches mit Vereinbarung	Lassen Sie mich noch einmal zusammenfassen, was wir uns gemeinsam im heutigen Gespräch erarbeitet haben: ...

Tool 4: Überzeugende Argumente

In der Regel wird es immer das Ziel eines Konflikt- oder Verhandlungsgesprächs sein, den Gesprächspartner zu überzeugen. Zur Überzeugung sind Argumente eine unabdingbare Voraussetzung. Taktiken und Strategien sind lediglich flankierende Elemente. Lesen Sie auf den folgenden Seiten,

- welche Bedeutung Argumente in Verhandlungen und Konflikten haben (S. 129),
- wie Sie mit der Fünf-Satz-Technik zu einer überzeugenden Argumentationskette gelangen (S. 130),
- welche Grundregeln Sie bei Ihrer Argumentation berücksichtigen sollten (S. 132) und
- mit welchen unfairen Angriffen Sie im Verlauf einer Diskussion rechnen müssen (S. 134).

Welche Bedeutung Argumente haben

Das verbale Grundelement einer jeden Verhandlung ist die Argumentation. Taktiken und Techniken rahmen die strukturierte Argumentation nur ein, sie geben eine Orientierung, wie diese zielgerichtet einzusetzen ist. Aber sie sind keine zentralen Elemente des Verhandlungsprozesses.

Argumente sind zentral für Verhandlungen

Kienbaum Expertentipp: Überzeugen mit Argumenten

Denken Sie daran: Wer nicht argumentieren kann, kann auch nicht taktieren.

Klären Sie die Argumentationsebene

Bei der Argumentation lässt sich die inhaltlich-dialektische Ebene von der rhetorischen unterscheiden.

Die inhaltlich-dialektische Ebene

Gute Argumente überzeugen

Sie bezeichnet die inhaltliche Überzeugungskraft der Argumente. Es ist eine Binsenweisheit, dass es leichter ist, mit guten Argumenten zu überzeugen. Grundsätzlich gilt, dass Argumente umso überzeugender sind, je stärker sie den Nutzen oder den Vorteil für den jeweils anderen herausstellen.

> **Beispiel: Inhaltlich-dialektische Ebene**
>
> Ein Beispiel ist die Diskussion über das Rauchverbot in Restaurants. Allen Befindlichkeiten und Emotionen in dieser z. T. sehr leidenschaftlichen Diskussion zum Trotz haben sich die „Nichtraucher-Interessen" durchgesetzt – und selbst Vertreter des anderen Standpunkts haben zugegeben, dass diese einfach „die besseren Argumente" gehabt hätten.

Die Bedeutung der rhetorischen Ebene

Rhetorische Elemente ausbauen

Leider stehen nicht immer solche Nutzenargumente zur Verfügung – insbesondere, wenn es darum geht, eine Position zu vertreten, für die sich grundsätzlich nur schwer Argumente finden lassen. Dann empfiehlt es sich, stärker die rhetorische Seite der Argumentation zu nutzen. Anders ausgedrückt: Wenn ich schon keine guten Argumente habe, dann muss ich diejenigen, die ich habe, wenigstens gut verpacken.

Nutzen Sie die Fünf-Satz-Technik

Eine Möglichkeit für eine überzeugende Darstellung von Argumenten ist die so genannte Fünf-Satz-Technik. „Fünfsätze" sind gedankliche Baupläne, die es erlauben, in fünf Denkschritten kurz, logisch folgerichtig, einprägsam und zielgerichtet zu argumentieren.

In welchen Schritten Sie vorgehen

- *Denkschritt 1:* Lenken Sie die Aufmerksamkeit auf Ihr Thema, Ihr Anliegen: „In diesem Zusammenhang, möchte ich auf einen Punkt hinweisen …" oder „Meine Meinung liegt nahe an der von Herrn Müller …".

  Schritte zur guten Argumentation

- *Denkschritt 2 bis 4:* Sie dienen der eigentlichen Beweisführung, z. B. der Vor- und Nachteilsdarstellung bzw. der Pro-Kontra-Argumente.

- *Denkschritt 5:* Er fasst den Kerngedanken zum Abschluss noch einmal einprägsam und zugespitzt zusammen: Was soll Ihr Gegenüber denken, meinen oder einsehen?

Der dialektische Fünfsatz

Es gibt verschiedene Varianten von Fünfsätzen. Der bekannteste ist der Dialektische Fünfsatz. Entscheidend ist hier, dass der Sprecher zunächst zwei bis drei Argumente vorbringt, die seinem eigenen Standpunkt zuwiderlaufen. Damit macht er deutlich, dass er sich mit den Argumenten der Gegenseite bereits intensiv auseinandergesetzt hat, diese aber im Abgleich (natürlich) für weniger überzeugend hält.

Argumente der Gegenseite vorwegnehmen

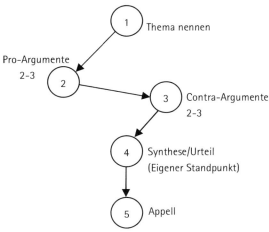

Dialektischer Fünfsatz

Beispiel: Dialektischer Fünfsatz

Schritt 1: „... um noch einmal auf das Thema ... zurückzukommen..."

Schritt 2: „... natürlich könnte man einwenden, dass ...." (zwei bis drei Pro-Argumente)

Schritt 3:„... aber andererseits möchte ich darauf hinweisen, dass ..." (zwei bis drei Contra-Argumente)

Schritt 4: „... daher komme ich zu dem Schluss, dass ..."

16 Regeln für eine überzeugende Argumentation

Grundlagen für die Argumentation

Die folgenden Regeln bilden die Grundlage für eine überzeugende Argumentation in unterschiedlichen Situationen.

1. Wer etwas behauptet, ist grundsätzlich beweispflichtig. Sie können Ihre Erfahrungen zugrunde legen, Zahlen oder Experten heranziehen.

2. Argumentieren Sie differenziert. Berücksichtigen Sie verschiedene Aspekte des betreffenden Themas oder Problems.

3. Formulieren Sie Ihre Behauptungen vorsichtig. Übersteigerte Argumente sind nur in Ausnahmefällen angebracht. Meist fordern Sie damit nur schnellen Widerspruch seitens Ihres Gesprächspartners heraus. Wählen Sie besser Formulierungen wie „Nach meinem derzeitigen Wissensstand ...".

4. Machen Sie abstrakte Argumente anschaulich, indem Sie konkrete Bilder schaffen: „Unser soziales Netz bewahrt die Schwächsten der Gesellschaft vor dem Sturz in Not und Elend."

5. Argumentieren Sie zweiseitig. Versuchen Sie, einige offensichtliche Einwände schon vorwegzunehmen und damit zu entkräften, z. B. „Ich kann mir vorstellen, dass Sie der Meinung sind, dass ... Aber ...".

6. Wiederholen Sie wichtige Argumente, um deren hohe Bedeutung transparent zu machen.

7. Legen Sie Pausen ein, damit Ihr Gegenüber Zeit hat, Ihre Argumentation vollständig aufzunehmen und zu verstehen.

8. Sprechen Sie verständlich. Vermeiden Sie Fremdwörter, sprechen Sie langsam, setzen Sie bewusst Pausen, entwickeln Sie die Argumentation schrittweise und aufeinander aufbauend.

9. Achten Sie auf ein Gleichgewicht in der Gesprächsführung. Wirken Sie gleichberechtigt, nicht überlegen. Die Verteilung der Gesprächsanteile sollte bei 50:50 liegen.

10. Vermeiden Sie alles, was unnötige Spannungen und Antipathie aufbauen könnte. Lassen Sie sich nicht provozieren, provozieren Sie Ihr Gegenüber nicht.

11. Tragen Sie Ihre Argumente rhetorisch wirkungsvoll vor. Sprechen Sie überlegt, moduliert und deutlich. Vermeiden Sie Füllwörter.

12. Gehen Sie auf Ihren Gesprächspartner ein. Stellen Sie sicher, dass Sie ihn verstanden haben, z. B., indem Sie nachfragen: „Verstehe ich Sie richtig …". Ermuntern Sie ihn – falls notwendig – durch Redewendungen, z. B. „Ich verstehe …", „… das ist sehr wichtig …" oder „… sehr aufschlussreich …".

13. Stellen Sie möglichst viele offene Fragen. Wer fragt, der führt. Verzichten Sie auf lange Monologe.

14. Vergewissern Sie sich, dass Ihre Argumente und Ideen auch bei Ihrem Gegenüber angekommen sind. Sie erkennen dies am körperlichen Verhalten, also an seiner Gestik, Mimik etc., und an Rückfragen sowie Einwänden.

15. Betrachten Sie Einwände als Chance. Übergehen Sie sie nicht, sondern nutzen Sie sie für Ihre eigene Argumentation.

16. Argumentieren Sie bedarfsorientiert. Versuchen Sie, durch Ihre Darstellung die Vorteile hervorzuheben, die Ihr Gesprächspartner durch die Befolgung Ihrer Vorstellungen erhalten würde.

Kienbaum Expertentipp: KISS-Prinzip beachten

Achten Sie während des gesamten Gesprächs darauf, dass Sie die Aufnahmenfähigkeit Ihres Gesprächspartners nicht überfordern. Gehen Sie am besten nach dem KISS-Prinzip vor. Es besagt: Keep It Simple and Stupid. So können Sie etwa Beispiele verwenden, um die Bildhaftigkeit und Verständlichkeit Ihrer Aussagen zu erhöhen.

Mit dieser unfairen Dialektik müssen Sie rechnen

Neben hilfreichen Strategien und Vorgehensweisen existieren jedoch auch Techniken, die eher unfair und wenig konstruktiv sind. Sie haben in einem Konfliktgespräch grundsätzlich nichts zu suchen, da dieses sonst schnell zu einem Streitgespräch eskalieren kann, sodass konstruktive Lösungen kaum mehr möglich sind.

Unfaire Strategie	Warum ist die Strategie ungeeignet?
Ironie	• Im Konfliktfall als Humor getarnte Aggressivität • Ziel ist, ein Gefühl der Überlegenheit zu schaffen • Der Getroffene kontert – das kann leicht zu einer Eskalation führen • Der Getroffene fühlt sich unterlegen und greift zum Schutz zu anderen Methoden • Ironie führt selten zu einer Lösung • Ende mit einem Gewinner und Verlierer – der Konflikt geht damit weiter
Gegenangriff	• Gegenangriff beruht auf einem Angriffsgefühl – d. h., es ist ein wunder Punkt vorhanden • Ein unberechtigter Angriff muss sofort richtig gestellt werden – darüber wird das eigentliche Thema vergessen • Ein Gegenangriff löst keinen Konflikt – dieser wird nur auf anderes Terrain verschoben
Provokation	• Die Provokation soll den anderen aus der Reserve locken und ihn in eine schlechtere Position bringen • Der professionellste Umgang mit Provokation ist, sie zu ignorieren • Bei fortbestehender Provokation muss diese zum Gesprächsthema gemacht werden • Klären, was auf der Beziehungsebene nicht stimmt
Andere lächerlich machen	• Zur Selbsterhöhung werden andere erniedrigt • Vorhandenes Publikum soll auf eigene Seite gezogen werden • Sollen andere lächerlich gemacht werden, wird oft nur erreicht, dass sich die Stimmung umdreht

Unterbrechungen	• Keine Geduld – möglichst schnell, möglichst viel vom eigenen Standpunkt loswerden
	• Kommunikation stagniert – jeder der Kontrahenten will zuerst verstanden werden
	• Unterbrechungen, um Macht zu demonstrieren.
	• Implizit bedeuten Unterbrechungen Desinteresse
	• Unterbrechungen können auch strategisch eingesetzt werden, um die Argumentationskette des anderen zu unterbrechen
Übertreibungen	• Versuch, den eigenen Aussagen mehr Gewicht zu geben
	• Verfehlen ihr Ziel, da vom eigentlichen Sachverhalt ablenkt wird
	• Erschweren die sachliche Auseinandersetzung, weil andere Seite ebenfalls zu Übertreibungen animiert wird
	• Bei Beharrung auf Übertreibungen kommt es zu einer unnötigen Verfestigung der Positionen
Verbündete suchen	• Versuch, aktiv Unbeteiligte mit einzubeziehen
	• Nicht Anwesende als Zeugen auffahren
	• Mit Glück kann dadurch der Argumentationsdruck erhöht werden
Du-Botschaften	• Der andere wird in seinen Eigenschaften definiert – es wird statt des Verhaltens die Persönlichkeit kritisiert
	• Der andere fühlt sich persönlich angegriffen – die Emotionalität erhöht sich
	• Du-Botschaften heizen Konflikte emotional an und gefährden die Beziehungsebene
	• Du-Botschaften kommen als Vorwurf an
Sich zum Opfer stilisieren	• Statt Verteidigung wird versucht, sich als Opfer zu stilisieren.
	• Strategie, um den anderen schlecht aussehen zu lassen
	• Strategie mit verdeckter aggressiver Komponente
	• Hoch wirksamer Zug, besonders, wenn der Gegner einen hohen sozialen Anspruch an sich hat
Tangentiale Transaktionen	• Um von heißen Themen abzulenken, wird der andere mit für ihn interessanten Themen geködert
	• Mit elegantem Manöver wird vom eigentlichen Problem abgelenkt

Unterstellungen	• Wirken sehr massiv – der andere sieht sich vollkommen falsch und ungerecht beurteilt • Bewegen sich meist sofort auf der Beziehungsebene – schaffen ein hohes Maß an Emotionalität • Basieren meistens auf Meinungen und sind sehr schwer zu entkräften • Beim Betroffenen entsteht gewisse Hilflosigkeit, sodass mit kindlichen Mustern reagiert wird
Übergeneralisierungen	• Entstehen, wenn aus einer Einzelfalldiskussion eine Grundsatzdiskussion wird • Auch die kleinsten Konflikte werden so absolut unlösbar

Tool 5: Strategien zur Konfliktlösung

Auch wenn die Argumentation das A und O in Verhandlungen darstellt, so ist auch die Wahl der Strategie von großer Bedeutung. Von ihr hängt beispielsweise ab, wie umfangreich sich die Vorbereitung gestaltet. In diesem Tool finden Sie Informationen darüber,

- von welchen Faktoren das Verhalten im Konfliktfall abhängt (S. 137),
- wie sich dies auf die Konfliktstile auswirkt (S. 137),
- welche Strategien Sie wählen können (Anpassungs-, Konkurrenz-, Vermeidungs-, Kompromiss- und Kooperationsstrategie) und welche Vor- und Nachteile sie haben (S. 140) sowie
- welche Rolle die Persönlichkeit bei der Wahl der Strategie spielt (S. 147).

Grundsätzliches zur Strategie

Grundsätzlich gibt es verschiedene Möglichkeiten, um Strategien in Verhandlungs- und Konfliktsituationen abzuleiten und darzustellen. Ein häufig angewandtes Modell unterscheidet zwei wesentliche Fragestellungen. Sie entscheiden darüber, welches Vorgehen bzw. welche Strategie in der jeweiligen Situation angemessen ist.

Was entscheidet über die Strategiewahl?

Wovon hängt das Verhalten im Konfliktfall ab?

Nach diesem Modell hängt das Verhalten eines Menschen im Konflikt- oder Verhandlungsfall von zwei Facetten ab, die voneinander unabhängig sind.

Welches Verhältnis besteht zum Gesprächspartner?

Verhältnis zum
Konfliktpartner

Die erste Fragestellung beschäftigt sich mit dem Verhältnis zum Konflikt- bzw. Verhandlungspartner. Welche Bedeutung misst der Betroffene der Beziehung zu diesem bei? Die Antwort darauf ist von unterschiedlichen Überlegungen abhängig:

- Wie wichtig erscheint ihm subjektiv die Beziehung?
- Wie sympathisch ist ihm die andere Person?
- Wie wichtig ist die Person für ihn in der Zukunft?
- Welche Konsequenzen hat er zu erwarten, wenn die Beziehung leidet?

Achtung: Hier geht es nur um die Konsequenzen auf der *Beziehungsebene*, nicht um das sachliche und inhaltliche Thema bzw. Ergebnis.

Welche Folgen hat der Konflikt?

Bedeutung des
Sachthemas

Der zweite Aspekt betrifft den Konflikt bzw. die Verhandlung selbst. Welche Bedeutung hat das Ergebnis bzw. das Sachthema für den Betreffenden? Hier gilt es, Fragen wie die folgenden zu klären:

- Wie wichtig ist ihm die Sache an sich?
- Welchen Anreiz hat er, sich durchzusetzen?
- Welche Konsequenzen ergeben sich für ihn (hinsichtlich des Sachthemas), wenn er nachgibt und „in der Sache verliert"?
- Gibt es einen Auftraggeber, vor dem er sich rechtfertigen muss, oder verhandelt er nur für sich selbst?

Achtung: Hier geht es nur um die Sachebene – d. h., welche *sachlichen* Konsequenzen sich für den Betroffenen ergeben.

Kienbaum Expertentipp: Mangelnde Wertschätzung

Vielleicht haben Sie auch schon einmal Konflikte erlebt, die aus – objektiv betrachtet – nichtigen Gründen begonnen wurden. Dahinter verbirgt sich häufig eine – subjektiv wahrgenommene – mangelnde Wertschätzung. Der Konfliktpartner fühlt sich nicht ausreichend wertgeschätzt und überträgt dies auf die Wichtigkeit des Konfliktgegenstandes. Solche Konflikte sind für Außenstehende – wie auch die andere Konfliktpartei – unverständlich, da sie sich einer logisch-rationalen Betrachtung entziehen.

Einflussfaktoren auf Verhaltensweisen und Konfliktstile

Das Modell geht davon aus, dass beide Dimensionen grundsätzlich unabhängig voneinander bestehen. Daraus ergibt sich ein zweidimensionales Modell, das sowohl unterschiedliche Verhaltensweisen als auch die zugehörigen Stile umfasst.

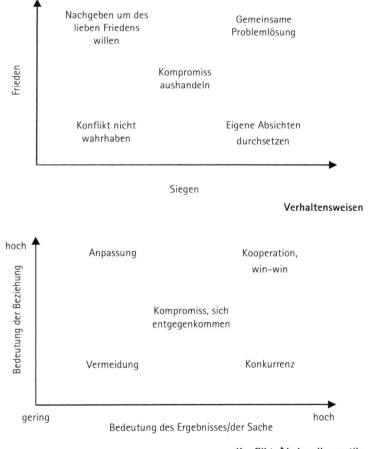

Wie wird die Beziehungsebene bewertet?

Wie wichtig ist der andere?

Bei einem Konflikt oder einer Verhandlung mit einem Menschen, den der Beteiligte voraussichtlich nicht so bald wieder sehen wird, ist die Beziehung eher gering zu werten. Dies gilt z. B. für Konflikte im Straßenverkehr oder Verhandlungen mit Verkäufern.

Liegt dagegen ein Konflikt mit einem nahestehenden Menschen vor, z. B mit dem Kollegen, der im gleichen Büro sitzt, oder steht eine schwierige Verhandlung mit einem wichtigen Kunden an, mit dem noch eine lange Geschäftsbeziehung geplant ist, dann erhält die Beziehungsebene eine deutlich größere Bedeutung.

Keine Frage der reinen Sympathie

Bedeutung für die Zukunft

Bei der Betrachtung der Beziehungsebene geht es nicht nur um die subjektiven Faktoren von Sympathie o. Ä. Hier spielen auch Überlegungen eine Rolle, die durchaus eine geschäftspolitische Bedeutung haben können. „Beziehung" meint damit auch die Bedeutsamkeit der anderen Partei für die Zukunft.

Welche Strategien stehen zur Auswahl?

Die grundlegende Wahl der eigenen Strategie ist entscheidend für jedes Konflikt- oder Verhandlungsgespräch. Wie will der Verhandler grundsätzlich mit seinem Gesprächspartner umgehen? Gibt es womöglich schon eine bestehende Strategie oder auch Kultur des Umgangs miteinander? Klassischerweise lassen sich fünf Strategien unterscheiden:

* die Anpassungsstrategie,
* die Konkurrenzstrategie,
* die Vermeidungsstrategie,
* die Kompromissstrategie
* und die Kooperationsstrategie.

Die Anpassungsstrategie

Beziehungspflege im Vordergrund

Die Anpassungsstrategie kommt dann zum Einsatz, wenn es in erster Linie darum geht, die Beziehung zu pflegen, und nicht darum, ein bestimmtes Ergebnis zu erzielen. Im Vordergrund steht der Frieden, nicht der Sieg.

Was Sie mit der Anpassungsstrategie erreichen können

Bei der Anpassungsstrategie geht es darum, die Gegenpartei zufriedenzustellen und dadurch auf der Beziehungsebene zu gewinnen. Es handelt sich also um ein Verlieren, um zu gewinnen. Im Vordergrund steht, das Vertrauen zu stärken, die Beziehung zu intensivieren und dem Verhandlungspartner Respekt zu zeigen. Im Wesentlichen kennzeichnen Konzessionen und Entgegenkommen diese Strategie.

> **Kienbaum Expertentipp: Anpassungsstrategie**
>
> Durch die Anpassungsstrategie können Sie Gewinne auf der Beziehungsebene erzielen, die Sie zu einem späteren Zeitpunkt nutzen können, um Ihrerseits Konzessionen bei Ihrem Verhandlungspartner einzufordern.

Welche Gefahren drohen bei der Anpassungsstrategie?

Der Verhandler sollte kritisch hinterfragen, ob er die Anpassungsstrategie tatsächlich bewusst wählt oder ob er sich nicht eher unreflektiert und aufgrund persönlicher Eigenschaften für sie entscheidet. Gerade der harmonieorientierte Typ (s. Seite 92) neigt stark zu dieser Vorgehensweise – allerdings weniger aus logischen Erwägungen heraus, sondern eher als Folge seiner grundsätzlichen Harmonieorientierung und damit ohne die jeweilige Situation zu berücksichtigen.

Konfliktvermeidung oder aktive Strategiewahl?

Folgen der Strategiewahl für die Vorbereitung

Wer sich für die Anpassungsstrategie entscheidet, kann die intensive Vorbereitung – also das Festlegen einer Abbruchgrenze, eines Eröffnungsangebots, die Suche nach Fakten und Argumenten (s. Seite 100) – durchaus vernachlässigen. Da es nicht darum geht, die eigenen Interessen durchzusetzen, orientiert sich die Vorbereitung auf die zentrale Frage, wie es gelingen kann, die Beziehung zu pflegen.

Die Konkurrenzstrategie

Die Konkurrenzstrategie wird auch kompetitive Strategie genannt. Auf sie fällt die Wahl, wenn das Ergebnis wichtiger als die Beziehung zum Verhandlungspartner erscheint.

Wann die Konkurrenzstrategie angebracht ist

Kriterien für die Konkurrenz-strategie

Der klassische Fall einer Konkurrenzstrategie ist die Preisverhandlung, sofern sie folgende Kriterien erfüllt:

* Das zu kaufende Objekt ist von hoher persönlicher Bedeutung (Der Verhandler benötigt z. B. dringend ein neues Auto, um zu seinem Arbeitsplatz zu gelangen).
* Er hat wenig Spielraum im Preis an sich (z. B. steht ihm nur ein begrenztes Budget zur Verfügung) sowie in den Alternativen (es gibt keinen weiteren Händler, der ein für ihn interessantes Auto im Angebot hat).
* Er hat nicht vor, in absehbarer Zeit ein weiteres Fahrzeug bei diesem Händler zu kaufen.

Kienbaum Expertentipp: Konkurrenzstrategie

Kennzeichen der kompetitiven Strategie ist der Versuch, den eigenen Nutzen zu maximieren, ohne den gleichzeitigen Nutzen des Verhandlungspartners im Auge zu haben.

Klassischerweise findet hier auch der Begriff „über den Tisch ziehen" Anwendung. Zwar kämpfen die beiden Verhandler nicht in unfairer Art und Weise miteinander. Dennoch ist es ein Spiel, das vornehmlich die Maximierung des eigenen Gewinns im Auge hat.

Wann die Konkurrenzstrategie angebracht ist

Subjektive Bedeutung kann für Konkurrenz-strategie sprechen

Auch wenn „Konkurrenzstrategie" etwas negativ klingt, kann diese Strategie genau die richtige sein – nämlich dann, wenn sich die Verhandlung um eine subjektiv wesentliche Sache dreht. Streng genommen ist es bei dieser Vorgehensweise am notwendigsten, die verschiedenen Verhandlungstechniken zu nutzen. Allerdings besteht die Gefahr, dass ein zu hartes Vorgehen die Beziehung zum Gesprächspartner nachhaltig stört. Daher ist es angebracht, vor der Entscheidung für diese Strategie genau zu reflektieren,

- ob der Verhandlungsgegenstand wirklich wichtig ist – oder geht es womöglich nur ums Prinzip bzw. ums Rechthaben, und
- ob es gerechtfertigt ist, eine Störung der Beziehung zu meinem Gesprächspartner zu riskieren.

Selbstverständlich sind beide Fragen in Relation zueinander zu sehen.

Wie Sie sich auf die Konkurrenzstrategie vorbereiten

Je größer das Interesse ist, die eigene Position durchzusetzen, desto gründlicher muss die Vorbereitung auf eine Verhandlung sein. Bei der Konkurrenzstrategie ist dies der Fall – hier sollte eine intensive Auseinandersetzung mit dem Verhandlungspartner und dem Verhandlungsgegenstand stattfinden.

Vorbereitungsaufwand steigt mit persönlicher Bedeutung

Die Vermeidungsstrategie

Zur Vermeidungsstrategie greift ein Verhandler, wenn ihm weder die Beziehung noch ein Ergebnis zentral erscheinen. Klassisch für diese Strategie sind:

Weder Ergebnis noch Beziehung sind zentral

- Nichterscheinen zum Gesprächstermin oder die kurzfristige Absage etc. Das kann auch noch in der Verhandlung selbst geschehen, z. B. durch rhetorische Sabotage oder einen erzwungenen Abbruch.
- Vermeidung eines Ergebnis bzw. einer Festlegung durch Aussagen wie „Das kann ich jetzt nicht entscheiden" oder „Das muss ich erst prüfen".
- Abbruch des Gesprächs mit Hinweis auf Zeitdruck bzw. einen Folgetermin o. Ä.

Zur Vermeidungsstrategie greift ein Verhandler unter anderem, wenn die subjektive Wichtigkeit der Sache an sich gering ist – häufig aber auch im Konfliktfall.

Beispiel: Subjektive Bedeutung

Ein Autofahrer setzt auf einem Parkplatz den Blinker, um rückwärts in eine Parklücke zu fahren. Doch kurz bevor er den Rückwärtsgang einlegt, biegt ein anderer Autofahrer mit einer scharfen Kurve in die gewählte Parklücke ein. Der erste Autofahrer wird sich vermutlich nicht auf einen Streit mit dem anderen einlassen, wenn auf dem Parkplatz noch zahlreiche andere Parklücken frei sind. Die subjektive Bedeutung ist zu gering, er wählt eine Vermeidungsstrategie.

Anders sieht der Fall allerdings aus, wenn der erste Autofahrer nach stundenlanger Suche endlich die letzte freie Parkbucht gefunden hat. Diese erhält dann eine große subjektive Wichtigkeit. Hier ist es wahrscheinlich, dass der Fahrer sofort in eine offensive Konkurrenzstrategie übergeht, die dann auch schnell in einem Konflikt münden kann.

Häufige Vorgehensweise im Konfliktfall

Klärendes Gespräch findet nicht statt

Die Vermeidungsstrategie kommt in der Realität besonders im Konfliktfall immer wieder vor. Die Beteiligten vermeiden klärende Gespräche und schieben sie solange wie möglich auf. Die Gesprächspartner haben Schwierigkeiten, gemeinsame Termine zu finden oder sagen sie kurzfristig wieder ab.

Wie Sie sich auf die Vermeidungsstrategie vorbereiten

Wer sich für eine reine Vermeidungsstrategie entscheidet, kann sich die Vorbereitung weitgehend sparen. Offensichtlich ist es dann nicht notwendig, Abbruchgrenzen oder ein Eröffnungsangebot festzulegen.

Die Kompromissstrategie

Bei der Kompromissstrategie handelt es sich um einen Strategiemix, angesiedelt zwischen Kooperation einerseits und Konkurrenz andererseits. Weder steht hier die Beziehung derart im Vordergrund, dass die Beteiligten bedingungslos offen und vertrauensvoll miteinander umgehen möchten, noch streben sie eine Maximierung des jeweils eigenen Nutzens auf Kosten des anderen an.

Beziehung wird nicht riskiert

Wann die Kompromissstrategie geeignet ist

Die Kompromissstrategie kommt dann zum Einsatz, wenn die Beteiligten zwar ein subjektiv wichtiges Ergebnis erreichen möchten, aber nicht bereit sind, dafür die Beziehung zu riskieren. Das Resultat ist dann ein passender Kompromiss: Der Betreffende weicht ein wenig von seinem ursprünglichen Ziel bzw. Eröffnungsangebot ab und brüskiert dadurch seinen Gesprächspartner in der Verhandlung nicht.

Beispiel: Kompromissstrategie

Eine Gehaltsverhandlung hat eine hohe subjektive Bedeutung. Gleichzeitig will der Verhandler vermutlich nur ungern die Beziehung zu seinem Vorgesetzten nachhaltig stören. In der Konsequenz wird er zu einer eher vorsichtigen Vorgehensweise greifen, bei der es sich eher um eine Kompromiss- als um eine Konkurrenzstrategie handelt.

Starten Sie nicht mit der Kompromissstrategie

Idealerweise sollte die Kompromissstrategie niemals die erste Wahl sein. Es ist nicht empfehlenswert, direkt mit einer derartigen Strategie einzusteigen, denn dann fällt das Ergebnis nur selten im eigenen Sinne aus. Vielmehr sollten Verhandler erst dann zur Kompromissstrategie greifen, wenn die jeweils andere, zunächst gewählte Strategie nicht zu einem Ergebnis führt.

„Zweite Wahl", wenn erste Strategie scheitert

Die Kooperationsstrategie

Die Kooperationsstrategie dient dazu, für beide Verhandlungspartner einen größtmöglichen Nutzen zu erzielen. Im Gegensatz zur Konkurrenzstrategie geht es nicht darum, einen gewünschten, wohldefinierten Zielpunkt zu erreichen, der lediglich den Nutzen der eigenen Partei maximiert. Ziel ist vielmehr, eine – womöglich ungewöhnliche – vorher nicht bedachte Lösung kreativ zu erarbeiten, die den Nutzen beider Parteien maximiert.

Grundsätzlich streben die Beteiligten daher ein faires, verständnis-volles Arbeitsklima an. Zwischen ihnen herrschen Offenheit, Ver-trauen und eine auf den beidseitigen Nutzen ausgerichtete Kommu-nikation.

Erfolgsfaktoren für die Strategie

Wesentliche Faktoren, um diese Strategie erfolgreich verfolgen zu können, sind:

- Die Formulierung gemeinsamer Ziele
- Der Aufbau von gegenseitigem Vertrauen
- Die Fähigkeit und die Bereitschaft, sich in die Lage des Verhand-lungspartners zu versetzen – insbesondere die Identifikation der Bedürfnisse und Interessen des Verhandlungspartners
- Der Wille zur Zusammenarbeit auf beiden Seiten – die Koopera-tionsstrategie kann nur dann erfolgreich sein, wenn sie von bei-den Seiten verfolgt wird

---

Kienbaum Expertentipp: Öffnen Sie den Verhandlungsraum

Wichtigste Voraussetzung für die Kooperationsstrategie ist der Wille und die Fähigkeit zur Erweiterung des Verhandlungsraums (s. Seite 107). Je mehr zusätzliche Kriterien oder Dimensionen Sie in die Diskussion einbringen, desto höher ist die Wahrscheinlichkeit, dass sich aus der Diskussion eine echte Win-win-Lösung – also ein Ergebnis mit maxima-lem, beiderseitigem Nutzen – entwickeln kann. Daraus folgt, dass eine derartige Lösung nur in einem mehrdimensionalen Verhandlungsraum gefunden werden kann.

Hoher Vorbereitungsaufwand

Die Kooperationsstrategie verursacht den höchsten Vorbereitungs-aufwand. Zusätzlich zur Vorbereitung wie etwa bei der Konkurrenz-strategie ist es hier notwendig, sich verstärkt Gedanken über Alter-nativen, weitere Kriterien und Dimensionen zur Erweiterung des Verhandlungsraums etc. zu machen. Ein sinnvolles Vorgehen sieht wie folgt aus:

1. *Identifikation des Problems:*
   Im Rahmen einer Kooperationsstrategie müssen beide Seiten an der Problemlösung mitwirken. Als erstes müssen sie einen Kon-sens über die Definition des Problems als auch bezüglich des ge-

wünschten Zielzustands herbeiführen. Das „Problem" ist hierbei die Bedürfnis- und Interessenlage, die eine Einigung der Parteien erschwert.

2. *Verstehen des Problems:*
Anschließend analysieren die beteiligten Parteien gemeinsam die jeweils zugrunde liegenden Bedürfnisse und Interessen. Insbesondere an dieser Stelle ist eine offene, vertrauensvolle Kommunikation gefragt.

3. *Erarbeiten alternativer, beidseitig akzeptabler Lösungen:*
Gemeinsam suchen die Beteiligten nach einer Reihe alternativer Lösungen und wählen dann in einem kooperativen Prozess eine für beide Seiten nutzbringende Variante aus. Die Erarbeitung alternativer Lösungen kann z. B. im Rahmen eines kreativen Prozesses geschehen (Brainstorming, Fragebögen usw.).

4. *Auswahl einer Lösung:*
Die gefundenen, möglichen Lösungen werden auf Basis von Qualität und Akzeptabilität bewertet. Dabei finden die Meinungen von beiden Parteien Beachtung.

Welche Rolle spielt die Persönlichkeit bei der Strategiewahl?

Ist eine Person nun aufgrund der eigenen Persönlichkeitsstruktur auf einen Konflikt- oder Verhandlungsstil festgelegt – weil dieser der persönlichen Disposition entspricht – oder kann sie das jeweilige Vorgehen sozusagen frei wählen?

Tendenz zum Verhandlungsstil

Grundsätzlich tendiert jeder Mensch zu einem bestimmten Verhaltensstil – und damit auch zu einem bestimmten Konfliktstil. Abhängig ist dies in erster Linie davon, wie stark die Beziehungs- bzw. Sachorientierung eines Menschen ausgeprägt ist (s. Seite 89).

Ausprägung von Beziehungs- und Sachorientierung

Beziehung oder Durchsetzung

Ein durchsetzungsorientierter oder sachlich-rationaler Typ wird sich aufgrund seiner hohen Sachorientierung eher auf die Sache an sich und weniger auf die Beziehung fokussieren. Ein harmonieorientierter Typ dagegen legt ebenso wie der impulsive Typ wahrscheinlich mehr Wert auf die Beziehung zu seinem Verhandlungspartner. Allerdings gilt diese Festlegung auf einen Konfliktstil und eine Strategie nicht zwangsläufig. Vielmehr ist es möglich, sich bewusst zu entscheiden, und zwar in Abhängigkeit der Einschätzung der Situation.

Bewusstes Festlegen unterbleibt in der Regel

Chance bleibt ungenutzt

Die Möglichkeit einer bewussten Entscheidung für ein bestimmtes Vorgehen im Konfliktfall besteht zwar, in der Regel aber nehmen Menschen sie nicht willentlich vor. Die Folge ist, dass sie im Konfliktfall – insbesondere unter Stress und unter Anspannung – in die präferierte Verhaltenstendenz zurückfallen. Helfen kann hier eine konsequente und systematische Vorbereitung auf den Konfliktfall.

Konflikttyp bei der Vorbereitung berücksichtigen

Bei der Vorbereitung auf eine demnächst anstehende Verhandlung oder ein Konfliktgespräch ist es sinnvoll, den eigenen Konflikttyp zu berücksichtigen (s. Seite 98).

Welche Fehler häufig sind

Strategie bewusst nach Situation wählen

Gute Verhandler wählen ihre Strategie bewusst nach der Analyse der Situation und nicht intuitiv, sonst geraten sie schnell in die Gefahr, sich entsprechend ihrem Typ zu verhalten.

Menschen, die von sich selbst sagen, sie könnten sich nicht durchsetzen, zeichnen sich meist durch zwei Verhaltenstendenzen aus, zu denen sie aufgrund ihrer Typologie neigen: Sie überschätzen die Wichtigkeit der Beziehung auch zu unwichtigen Beziehungspartnern oder sie unterschätzen das sachliche Ergebnis, weil ihnen das Thema eigentlich gar nicht so wichtig ist.

Kienbaum Expertentipp: Fremde Standpunkte vertreten

Vor allem das sachliche Ergebnis wird von vielen Menschen eher unter-
schätzt. Dies geschieht insbesondere dann, wenn sie im beruflichen
Kontext Standpunkte vertreten müssen, die eigentlich gar nicht die eigenen sind (sondern z. B. diejenige des Vorgesetzten).

Was die Konflikttypen berücksichtigen müssten

Wer zu den harmonieorientierten oder impulsiven Typen gehört,
sollte kritisch hinterfragen, ob er die Beziehung zum Verhandlungs-
oder Konfliktpartner nicht überschätzt. Ist die Person tatsächlich so
wichtig oder tendiert der Betroffene nur deshalb zu einem beziehungsorientierten Stil, weil er einen Konflikt vermeiden will?
Ebenso kritisch hinterfragen müssen sich Personen, die eher durchsetzungsorientierte oder sachlich-rationale Typen sind. Wird die
Sache an sich nicht eventuell überbewertet? Wichtig ist die Überlegung, ob nicht womöglich der Verhandlungspartner unnötig „vor
den Kopf" gestoßen wird. Hier kann es helfen, sich in die Rolle und
die Situation des Gegenübers zu versetzen.

Tool 6: Konfliktgespräche konstruktiv führen

Schwelende oder nicht gelöste Konflikte können sich zu enormen Energieschluckern und Leistungsbarrieren entwickeln. Sie haben die Tendenz, sich zu steigern, sodass die Situation zunehmend brisanter wird. Deshalb ist es wichtig, sie in Gesprächen frühzeitig und direkt anzusprechen. Je früher sie thematisiert werden, desto wahrscheinlicher ist es, eine positive Konfliktlösung zu finden. In diesem Kapitel erfahren Sie,

- welche acht Schritte Sie brauchen, um sich strukturiert und gründlich auf ein Konfliktgespräch vorzubereiten (S. S. 151),
- wie Sie das Gespräch organisieren (S. 155),
- was Sie über Ihren Gesprächspartner im Vorfeld wissen müssen (S. 156),
- in welchen sechs Phasen ein Konfliktgespräch mit einem Mitarbeiter in der Regel abläuft (S. 157) und
- wie Sie am besten vorgehen, wenn Sie sich in einem Konfliktgespräch mit Kollegen befinden (S. 162).

Die Vorbereitung auf ein Konfliktgespräch

Beteiligte sagen fast nie, was sie meinen

Es ist oft nicht einfach, konstruktive Konfliktgespräche zu führen. Häufig scheitern sie an Kommunikationsbarrieren: Fast nie sagen die Beteiligten die Dinge so, wie sie sie tatsächlich meinen, und fast nie verstehen die anderen die Aussagen so, wie sich der Sprecher dies vorgestellt hat. Eine klare Kommunikation und eine gute Gesprächsführung (s. Seite 116) sind daher Grundvoraussetzungen für jedes konstruktive Konfliktgespräch. Vorgesetzte finden sich klassischerweise in drei typischen Konfliktsituationen wieder:

- Sie stehen im Konflikt mit Mitarbeitern.
- Sie befinden sich in Konflikten mit anderen Personen (wie gleichrangigen Kollegen).
- Sie treten als Vermittler zwischen einer oder mehreren Konflikt- parteien auf (s. Seite 208).

Eine gründliche Vorbereitung ist immer der erste Schritt, um eine optimale Konfliktlösung zu erreichen. Ein unstrukturiertes Ge- spräch mündet nur selten in konstruktiven Lösungsansätzen, die beiden Konfliktparteien dienlich sind. Die Vorbereitung sollte neben den inhaltlichen auch die organisatorischen Fragen beantworten. Darüber hinaus sollte sich die Führungskraft auch immer fragen, mit welchem Konflikttyp sie es in diesem Gespräch zu tun haben wird (s. Seite 74).

Strukturiertes Gespräch führt zu Lösungsan- sätzen

> **Kienbaum Expertentipp: Grundregeln bei Konflikten**
>
> Grundsätzlich gilt bei Konflikten:
> 1. Sprechen Sie sie offen, zeitnah und direkt an.
> 2. Wenn Sie Störungen auf der Beziehungsebene feststellen, sollten Sie diese zunächst beheben, erst im Anschluss daran ist es möglich, Sachthemen gemeinsam zu bearbeiten.

Acht Schritte zur inhaltlichen Vorbereitung

Es ist sinnvoll, sich bereits im Vorfeld gründlich und strukturiert mit dem Aufbau des Gesprächs zu beschäftigen. Bewährt haben sich dabei die folgenden sieben Schritte.

1. Schritt: Thema

Worum geht es im Gepräch überhaupt? Hier stellen sich die Fragen:
- Worüber möchte ich sprechen?
- Was genau ist der Gesprächsanlass, das auslösende Ereignis?
- Was ist das Konfliktthema, der Inhalt?
- Welches Verhalten meines Mitarbeiters oder Kollegen kann ich nicht akzeptieren?

Konfliktthema herausfinden

2. Schritt: Ziele

Ziele klären

Dann muss geklärt werden, was am Ende des Gesprächs als Ergebnis bleiben soll. Die entsprechenden Fragen lauten:

• Was will ich erreichen?

• Was wird das Ziel des Gesprächs sein?

• Welches Verhalten wünsche ich mir von meinem Mitarbeiter oder meinem Kollegen in der Zukunft?

• Gibt es neben meinem Hauptziel, falls dies nicht erreichbar ist, noch Teilziele oder Alternativziele?

3. Schritt: Verfahren

Voraussetzungen schaffen

An dieser Stelle geht es darum, erste organisatorische und die argumentativen Voraussetzungen für das Gespräch zu schaffen.

• Wie will ich im Gespräch konkret vorgehen?

• Wie argumentiere ich, um mein Ziel zu erreichen?

• Habe ich alle notwendigen Unterlagen und Utensilien für mein geplantes Vorgehen, brauche ich z. B. Stift und Papier?

• Liegen mir alle benötigten Ausdrucke oder andere Daten vor?

• Wie kann ich Störungen vermeiden?

4. Schritt: Erwartungen

• Welche Erwartungen habe ich an den Gesprächspartner?

• Wie möchte ich, dass er sich zukünftig verhält?

5. Schritt: Erfahrungen

Mitreden ermöglichen

Als nächstes gilt es, sich in die Lage zu versetzen, mit den Konfliktparteien mitreden zu können. Eventuell muss sich der Vorgesetzte zunächst inhaltlich in einigen Fragen auf den neuesten Stand bringen, um tatsächlich zu einer nachhaltigen Lösung beitragen zu können. Dazu sollte er sich die Fragen stellen:

• Welche Erfahrungen habe ich mit dem zu behandelnden Thema?

• Brauche ich noch mehr Informationen, um darüber reden zu können?

6. Schritt: Widerstände

Mit Gegenüber auseinandersetzen

Anschließend geht es um die Auseinandersetzung mit dem Gegenüber und seinen Argumenten.

- Welche Widerstände gegen meine Gesprächsziele sind zu erwarten?
- Was erwarte ich, wie mein Mitarbeiter oder Kollege reagieren wird?
- Welche Gegenargumente wird er voraussichtlich bringen?

7. Schritt: Ablauf

Damit das Konfliktgespräch zum gewünschten Ziel führt, muss es eine klare Struktur besitzen. Um diese geht es im siebten Schritt.

Gesprächsverlauf planen

- Welche Struktur werde ich dem Gespräch geben (s. Seite 165)?
- Wie gliedere ich es?
- An welchen Stellen muss ich mehr oder weniger stark steuern?

8. Schritt: Ergebnisse

Zuletzt geht es um die konkreten Ergebnisse, die im Gespräch zu erwarten sind. Dabei gilt es auch zu berücksichtigen, dass nicht jedes Gespräch wunschgemäß verläuft.

Ergebniserwartungen formulieren

- Wie sollen die Gesprächsergebnisse genau aussehen?
- Welche positiven und negativen Ergebnisse sind denkbar?
- Wie möchte ich das Gespräch beenden?
- Was wäre eine Idealsituation?

Verwenden Sie eine Checkliste

Um keine Punkt bei der Vorbereitung zu vergessen, ist es sinnvoll, eine Checkliste einzusetzen.

Checkliste: Inhaltliche Vorbereitung auf das Konfliktgespräch	
1. Thema	✓
• Worüber möchte ich sprechen?	
• Was genau ist der Gesprächsanlass (auslösendes Ereignis)?	
• Was ist das Konfliktthema (Inhalt)?	
• Welches Verhalten meines Mitarbeiters oder Kollegen kann ich nicht akzeptieren?	

2. Ziele

- Was will ich erreichen?
- Was wird das Ziel des Gesprächs sein?
- Welches Verhalten wünsche ich mir zukünftig von meinem Mitarbeiter oder Kollegen?
- Gibt es neben meinem Hauptziel, falls dies nicht erreichbar ist, noch Teilziele oder Alternativziele?

3. Verfahren

- Wie will ich im Gespräch konkret vorgehen?
- Wie argumentiere ich, um mein Ziel zu erreichen?
- Habe ich alle notwendigen Unterlagen und Utensilien für mein geplantes Vorgehen, brauche ich z. B. Stift und Papier?
- Liegen mir alle benötigten Ausdrucke oder andere Daten vor?
- Wie kann ich Störungen vermeiden?

4. Erwartungen

- Welche Erwartungen habe ich an den Gesprächspartner?
- Wie möchte ich, dass er sich zukünftig verhält?

5. Erfahrungen

- Welche Erfahrungen habe ich mit dem zu behandelnden Thema?
- Brauche ich noch mehr Informationen, um darüber reden zu können?

6. Widerstände

- Welche Widerstände gegen meine Gesprächsziele sind zu erwarten?
- Was erwarte ich, wie mein Mitarbeiter oder Kollege reagieren wird?
- Welche Gegenargumente wird er voraussichtlich bringen?

7. Ablauf

- Welche Struktur werde ich dem Gespräch geben?
- Wie gliedere ich es?
- An welchen Stellen muss ich mehr oder weniger steuern?

8. Ergebnisse

- Wie sollen die Gesprächsergebnisse genau aussehen?
- Welche positiven und negativen Ergebnisse sind denkbar?
- Wie möchte ich das Gespräch beenden?
- Was wäre eine Idealsituation?

Wie Sie das Gespräch organisieren

Für den Erfolg von Konfliktgesprächen ist aber nicht nur die inhaltliche Vorbereitung wichtig. Je besser das Gespräch im Vorfeld organisatorisch vorbereitet ist, desto eher vermitteln Sie den Gesprächspartnern Wertschätzung und gleichzeitig auch ihre Bedeutung.

Wertschätzung und Bedeutung vermitteln

Vermeiden Sie Störungen

Bei der organisatorischen Vorbereitung ist es vor allem wichtig, für eine störungsfreie Atmosphäre zu sorgen. Das bedeutet, dass es während des Gesprächs nicht zu Störungen z. B. durch Telefonate kommen sollte.

Störungsfreie Atmosphäre

Planen Sie Zeit und Raum

Darüber hinaus sollte der Vorgesetzte ausreichend Zeit für das Gespräch einplanen. Empfehlenswert ist eine Dauer von ca. 90 Minuten. Natürlich darf das Gespräch nicht in der Gegenwart anderer – unbeteiligter – Personen stattfinden. Raum und Zeit sollten daher schon eine bis zwei Wochen vor dem Termin vereinbart und gebucht werden.

Ausreichend Zeit

Welche Sitzordnung ist angebracht?

Von Bedeutung ist auch die Sitzplatzvergabe. Die Stühle sollten so angeordnet sein, dass sie ungefähr über Eck stehen und keine Hierarchieunterschiede repräsentieren.

Stühle über Eck

Checkliste: Organisatorische Vorbereitung	✓
Gespräch findet an störungsfreiem Ort statt (eventuell Besprechungsraum buchen).	
Raum hat eine angenehme Atmosphäre.	
Die Sitzverhältnisse sind fair und hierarchiefrei.	
Für Bewirtung ist gesorgt.	
Alle notwendigen Unterlagen liegen in zweifacher Form vor.	
Alle notwendigen Hilfsmittel stehen zur Verfügung.	
Der Mitarbeiter ist mindestens drei Tage vorher informiert über Termin, Ort, Anlass, Inhalt und Dauer.	
Ist genug Zeit für das Gespräch eingeplant?	
Sind alle Störungen verhindert?	

Bereiten Sie sich auf den Gesprächspartner vor

Nicht zuletzt gilt es, sich im Vorfeld auf seinen Gesprächspartner einzustellen.

Was denken Sie über Ihr Gegenüber?

Sympathie oder Antipathie?

An dieser Stelle sollte sich der Vorgesetzte fragen, welche Einstellung er seinem Gesprächspartner gegenüber hat. Ist sein Gesprächspartner für ihn eher sympathisch oder eher unsympathisch? Eine hohe Sympathieausprägung beeinflusst den Konfliktverlauf positiv. Wer dagegen sein Gegenüber eher unsympathisch findet, sollte versuchen, sich einmal bewusst die positiven Aspekte des Verhaltens des Gegenübers zu verdeutlichen.

Welcher Konflikttyp sitzt vor Ihnen?

Weiter stellt sich dem Vorgesetzten die Frage, um welchen Konflikttyp es sich bei seinem Konfliktpartner handelt (s. Seite 89). Hat er diese Einschätzung getroffen, kann er sich entsprechend auf das zu erwartende Verhalten vorbereiten (s. Seite 165).

Wie ist die Beziehung zum Gesprächspartner?

Wie sieht die Vergangenheit aus?

Darüber hinaus ist es wichtig, sich im Vorfeld über die Beziehung zum Konfliktpartner klar zu werden – und wie empfindet der Konfliktpartner die Beziehung? Welche Vergangenheit haben die beiden Kontrahenten? Wie stellt sich die Situation aus der jeweiligen Sichtweise dar?

Checkliste: Vorbereitung auf den Gesprächspartner	
Welche Einstellung habe ich zum Gesprächspartner (Vorurteile, Urteile, Sympathie, ...)?	
Wie schätze ich unsere Beziehung zueinander ein (auch aus seiner Sicht)?	
Wie verliefen frühere Gespräche mit diesem Mitarbeiter?	
Welche Ziele und Motive verfolgt mein Mitarbeiter?	
Welche Taktik wird er im Gespräch vermutlich anwenden?	

Schritte im Konfliktgespräch mit einem Mitarbeiter

Nach der gründlichen Vorbereitung stellt sich nun die Frage nach der praktischen Durchführung des Konfliktgesprächs. Es lässt sich in sechs grobe Schritte unterteilen. Wenn mehrere Konfliktpunkte zu besprechen sind, werden die Schritte eins bis fünf für jeden einzeln hintereinander durchlaufen.

1. Schritt: Einleitung in die Thematik

Nach der Herstellung einer konstruktiven Gesprächsatmosphäre ist es Aufgabe des Vorgesetzten, die Konfliktsituation sachlich zu beschreiben. An dieser Stelle gilt es, dem Gesprächspartner Fakten und persönliche Eindrücke widerzuspiegeln.

Konstruktiven Gesprächsatmosphäre

Beispiel: Einleitung in die Thematik

Herr Schuber ist Führungskraft in einem mittelständischen Unternehmen. Eines der Projekte, die sein Team bearbeitet, dient der Steigerung der Kundenzufriedenheit. Die Teilleitung hat ein Mitarbeiter, Herr Heiner, übernommen. Mit den konzeptionellen Ergebnissen ist Herr Schubert bislang sehr zufrieden, jedoch sind ihm in letzter Zeit einige Dinge im zwischenmenschlichen Umgang aufgefallen, die er dringend klären möchte. Insgesamt ist Herr Heiner häufiger wegen seiner dominanten Umgangsformen aufgefallen. Es gab Beschwerden von Mitarbeitern, Herr Heiner spiele sich oft als Vorgesetzter auf, und Herrn Schubert selbst ist aufgefallen, dass Herr Heiner ihm gegenüber Informationen zurückhält und bei Absprachen seine Kompetenzen zum Teil deutlich überschreitet. Herr Schubert hat einen 90-minütigen Termin mit Herrn Heiner vereinbart.

Herr Schubert: „Guten Morgen, Herr Heiner. Schön, dass Sie sich die Zeit genommen haben. Möchten Sie etwas trinken?"

Herr Heiner: „Nein, danke."

Herr Schubert: „Wie läuft denn das Projekt zur Kundenzufriedenheit?"

Herr Heiner: „Danke, gut. Ich habe hervorragende Ergebnisse erzielt und wir haben in kurzer Zeit schon viel realisiert"

Herr Schubert: „Ja, das sehe ich auch so. Sie haben in den vergangenen Wochen großartige Arbeit geleistet. Der Grund für dieses Gespräch ist, dass ich in letzter Zeit eine Veränderung in Ihrem zwischenmenschlichen Verhalten festgestellt habe. Mir ist aufgefallen, dass es einige Unstimmigkeiten im Team gegeben hat. Beispielsweise bemerke ich zunehmenden Unmut von Seiten der anderen Projektmitglieder bei der Verteilung der Arbeitsaufgaben."

2. Schritt: Stellungnahme des Gesprächspartners

Offene Fragen

Im nächsten Schritt fordert die Führungskraft den Gesprächspartner durch offene Fragen, z. B. „Wie sehen Sie die Situation?" oder „Wie ist Ihr Eindruck?", dazu auf, zum angesprochenen Konfliktpunkt Stellung zu beziehen. Ziel ist, die Sichtweise des Konfliktpartners zu der Situation zu erfahren und seinen Bezugsrahmen zu verstehen. Dieser Schritt ist entscheidend, da er die Grundvoraussetzung für eine gemeinsame Lösungsfindung darstellt. Zudem ist es wichtig, den Mitarbeiter während seiner Ausführungen nicht zu unterbrechen, ihm aktiv zuzuhören (s. Seite 117) und lediglich Verständnisfragen zu dem Gesagten zu stellen.

Zusammenfassung der Stellungnahme

Anschließend fasst der Vorgesetzte die Stellungnahme zusammen, um sicherzustellen, dass er alle wesentlichen Aspekte sachlich richtig verstanden hat. Wenn dies nicht der Fall ist, hat der Mitarbeiter noch die Möglichkeit, korrigierend einzugreifen.

Beispiel: Stellungnahme des Gesprächspartners

Herr Schubert: „Wie sehen Sie die Situation?"

Herr Heiner: „Ich habe meine Aufgabe als Koordinator des Projekts verstanden. Sie hatten ja nie Zeit, um Entscheidungen mit mir abzustimmen. Ich war mit vielen Dingen des Projekts sehr beschäftigt, sodass ich versucht habe, mich zu entlasten, indem ich weitere Aufgaben an andere Projektmitglieder delegiere. Da diese ja teilweise nicht zu 100 Prozent in das Projekt involviert sind, habe ich angefangen, Druck auszuüben – hätte ich das nicht getan, hätten wir unsere definierten Meilensteine nie halten können. Außerdem fühle ich mich in der letzten Zeit häufig überfordert. Es werden Verantwortungen auf mich übertragen, die in dieser Form nicht mein Job sind."

Herr Schubert: „Ich dachte, Sie hätten Freude an der Übernahme dieser Verantwortung?"

Herr Heiner: „Das habe ich grundsätzlich auch. Was ich aber nur bedingt einsehe ist, dass ich die Verantwortung trage und dies auch in der Vergangenheit schon mehrfach getan habe und ich dafür nicht entsprechend gefördert bzw. honoriert werde."

Herr Schubert: „Was wären denn an dieser Stelle Ihre Vorstellungen?"

Herr Heiner: „Die Übertragung einer Projektleitung in der Zukunft."

Herr Schubert: „Ok, habe ich Sie richtig verstanden, Ihr verändertes zwischenmenschliches Verhalten hängt damit zusammen ...?"

3. Schritt: Bewertung des Verhaltens und die eigene Stellungnahme

In der dritten Phase ist es nun die Aufgabe der Führungskraft, die eigene Sichtweise zum dargestellten Konfliktpunkt deutlich zu machen. Dies bezieht sich auch auf die eigene Erwartungshaltung hinsichtlich des zukünftigen Verhaltens des Mitarbeiters. Wichtig ist es an dieser Stelle, dass der Vorgesetzte relevante und sachlich richtige Aspekte des Mitarbeiters aufnimmt und in die eigenen Aussagen integriert. Er sollte deutlich machen, welches Verhalten er kritisiert und dass er dies in dieser Form künftig nicht mehr akzeptieren wird. Wenn noch Unklarheiten bestehen, ist es wichtig, die Kritikpunkte noch einmal genauer zu beschreiben oder sie auf eine andere Weise darzustellen.

> Eigene Sichtweise deutlich machen

Beispiel: Eigene Stellungnahme

Herr Schubert: „Ok, dies ist für mich nachvollziehbar. Wir können diesen Punkt gleich einmal vertiefen. Fachlich sehe ich Sie ebenfalls als einen geeigneten Projektleiter an. Ich bin auch durchaus gewillt, Sie in dieser Richtung weiter zu fördern. Allerdings sollte sich bezüglich des zwischenmenschlichen Verhaltens einiges verändern. Die Teamstimmung geht aktuell immer weiter runter und ich erwarte, dass Sie sich gegenüber einzelnen Projektmitarbeitern anders verhalten. Ich habe es letzte Woche selbst erlebt – der Tonfall, mit dem Sie die Aufgaben delegieren, ist recht direktiv und fordernd. Hinzu kommt, dass Sie die Mitarbeiter häufiger unterbrechen und sie nicht die Möglichkeit haben, bei fehlenden Informationen nachzufragen."

4. Schritt: Finden von Lösungen

Lösungsmög-
lichkeiten
sammeln

Sobald alle Unklarheiten behoben sind, geht es im nächsten Schritt um die Lösungsfindung. Gemeinsam mit dem Gesprächsteilnehmer erarbeitet die Führungskraft konstruktive Lösungsmöglichkeiten für den jeweiligen Kritikpunkt. Dabei muss sie die notwendige Geduld aufbringen, um den Mitarbeiter ausreichend zu Wort kommen zu lassen. Sie sollte auch Vorschläge, Anregungen und Bedenken des Mitarbeiters aufgreifen und sich mit diesen auseinandersetzen.

Beispiel: Lösungssuche

Herr Schubert: „Ist dies für Sie nachvollziehbar?"

Herr Heiner: „Ja, mir ist auch schon aufgefallen, dass es manchmal etwas schwierig ist und dass die Projektmitarbeiter teilweise etwas merkwürdig reagieren."

Herr Schubert: „Was wären denn aus Ihrer Sicht mögliche Lösungen, damit wir das Verhalten verändern können?"

Herr Heiner: „Das weiß ich auch nicht so genau ..."

Herr Schubert: „Ich würde zum einen vorschlagen, dass wir Sie zu einem Seminar ‚Führungstraining für Projektleiter' anmelden. Zum anderen ist es mir wichtig, dass wir uns künftig näher abstimmen. Hierzu stelle ich mir vor, dass wir uns jeden Montagmorgen von 9:00 bis 11:00 Uhr zusammensetzen, um eine Feinplanung vorzunehmen. Des Weiteren möchte ich darüber informiert sein, welcher Mitarbeiter gerade an welcher Aufgabe sitzt."

5. Schritt: Kontrolle

Veränderungs-
bereitschaft
kontrollieren

In der Kontrollphase überprüft der Vorgesetzte durch Fragen die Bereitschaft des Gegenübers, Verantwortung für die erarbeiteten Lösungen zu übernehmen und konstruktiv an einer Verhaltensänderung mitzuwirken. Um die eigenen Vorstellungen zu verdeutlichen, sollte die Führungskraft das gewünschte „neue" Verhalten möglichst konkret beschreiben. Dabei sollte sie darauf achten, einen genauen Zeitpunkt festzulegen, bis wann eine Verhaltensänderung stattgefunden haben soll. Um gemeinsam zu überprüfen, was sich in der vergangenen Zeit verändert hat, sollte auch gleich ein neuer Termin für ein Folgegespräch festgelegt werden.

Beispiel: Kontrolle

Herr Schubert: „Darüber hinaus erwarte ich, dass sich Ihr Verhalten gegenüber den Mitarbeitern verändert, indem Sie weniger Druck auf sie ausüben und wertschätzender mit ihnen umgehen. Durch die engere Zusammenarbeit werde ich Ihnen hierfür zukünftig als Mentor zur Verfügung stehen. Ich würde vorschlagen, dass wir uns in zwei Wochen zu diesem Thema erneut zusammensetzen."

Herr Heiner: „Gern!"

6. Schritt: Abschluss

Um für das Gespräch einen runden Abschluss zu finden und das Verständnis sowie die Zustimmung beider Seiten sicherzustellen, fasst der Vorgesetzte in der Abschlussphase die Ergebnisse kurz und prägnant zusammen. Er nennt die gestellten Erwartungen, aber auch angebotene Hilfestellungen, Folgemaßnahmen und vereinbarte Kontrollmechanismen. Kritik ist immer schmerzhaft. Umso wichtiger ist es, die getroffenen Vereinbarungen in beiderseitigem Einvernehmen zu fixieren und konkrete und realistische Maßnahmen zu vereinbaren. So hilft die Führungskraft dem Mitarbeiter möglichst schnell aus der unangenehmen Situation heraus. Die Wirksamkeit der Aktionen sollte transparent und von beiden Seiten akzeptiert sein. Nur dann kann eine nachhaltige Veränderung stattfinden.

Ergebnisse zusammenfassen

Beispiel: Abschluss

Herr Schubert: „Gut, Herr Heiner, wir haben über Ihre hervorragende Fachkompetenz gesprochen. Ihre Ergebnisse haben mich wirklich beeindruckt. Allerdings haben wir auch Entwicklungsbedarf in Bezug auf Ihren zwischenmenschlichen Umgang festgestellt. Richtig?"

Herr Heiner: „Ja das stimmt."

Herr Schubert: „Mir ist wichtig, dass wir da beide der gleichen Meinung sind! Wir haben vereinbart, dass wir uns für eine bessere Abstimmung untereinander jeden Montag von 9:00 bis 11:00 Uhr zusammensetzen. Außerdem habe ich Ihnen angeboten, Ihnen als Mentor im Umgang mit den Mitarbeitern zur Verfügung zu stehen und dass Sie an einem Führungskräftetraining für Projektleiter teilnehmen. Darüber sprechen wir bei einem neuen Termin in zwei Wochen."

Herr Heiner: „Ja, das ist mir recht."

Herr Schubert: „Vielen Dank, Herr Heiner, dass Sie sich die Zeit für dieses Gespräch genommen haben. Es war mir wirklich sehr wichtig, das zu klären. Wir sehen uns dann am Montag um 9:00 Uhr wieder hier in meinem Büro."

Konflikte mit Kollegen

Gemeinsames Erarbeiten von Lösungen

Bei Konflikten mit Kollegen befindet sich der Konfliktpartner auf der gleichen Hierarchieebene – das unterscheidet diese Auseinandersetzungen von denen mit Mitarbeitern. Damit entsteht die Schwierigkeit, dass die Einsicht des Gesprächspartners noch einen viel höheren Stellenwert einnimmt. Der Fokus liegt auf einer gemeinsamen Erarbeitung der Lösungen.

Kienbaum Expertentipp: Konflikte mit Kollegen

Grundsätzlich gilt auch hier, dass der Konflikt möglichst frühzeitig angesprochen werden sollte und die Grundlagen einer erfolgreichen Kommunikation anzuwenden sind. Stellen Sie viele offene Fragen, um die Konfliktsituation und den Bezugsrahmen des anderen umfassend zu verstehen. Die größte Gefahr bei Auseinandersetzungen liegt darin, dass wir zu schnell davon überzeugt sind, die Situation umfassend verstanden zu haben.

1. Schritt: Sachliche Beschreibung der Konfliktsituation

Auch bei Konflikten zwischen Kollegen geht es zunächst darum, die Konfliktsituation zu erfassen. Eine der beteiligten Personen nimmt einen Konflikt mit jemand anderem wahr und bittet daher um ein Gespräch. Zu dessen Beginn beschreibt sie ihre Wahrnehmung. Anschließend ist es wichtig, zuzuhören und den Standpunkt des anderen zu verstehen. Ziel des ersten Schritts ist es, dass beide Parteien den Bezugsrahmen des Gegenübers verstehen. Mögliche Fragen, die sie im Gespräch miteinander klären, sind:

- Was sind die Fakten?
- Was sind die eigenen Eindrücke?
- Was sind die Eindrücke des anderen?

Beispiel: Beschreibung der Konfliktsituation

Frau Beier: „Herr Schnabel, ich habe den Eindruck, bei der Organisation des Kulturprojekts reden wir in letzter Zeit etwas aneinander vorbei. Unsere Zusammenarbeit lief in den letzten Tagen nicht so gut wie sonst. Z. B. haben wir uns bei der Konzeption des Fragebogens gar nicht abgestimmt, sodass es jetzt doppelt lief. Ich glaube, unsere Auseinandersetzung letzten Freitag steht noch zwischen uns. Wie sehen Sie das?"

2. Schritt: Auswirkungen des Konflikts auf die eigene Person

Im zweiten Schritt wird das Ziel, das Verständnis zu erweitern, noch konkreter gefasst. Die Person, die den Konflikt wahrnimmt, beschreibt ihrem Gesprächspartner, welche Auswirkungen die Auseinandersetzung auf ihre Emotionen und ihren Arbeitsalltag hat. Sie erläutert also,

Auswirkungen des Konflikts beschreiben

- was der Konflikt gefühlsmäßig für Sie bedeutet und
- welche sachlichen Auswirkungen der Konflikt auf sie, den anderen und weitere Parteien hat.

Beispiel: Auswirkungen beschreiben

Frau Beier: „Ich fand unsere Zusammenarbeit bisher immer sehr erfrischend und produktiv. Besonders unsere kooperative Arbeitsweise hat mir gut gefallen. Umso mehr bedrückt mich der aktuelle Zustand und ich mache mir viele Gedanken darüber. Ich fange schon an, mich zu verzetteln, weil ich zum Teil nicht ganz bei der Sache bin. Gestern hätte ich fast eine Kundin versetzt. Das ist natürlich nicht Ihre Schuld, aber Sie sehen, es beschäftigt mich doch sehr. Ich hoffe, Sie stempeln das jetzt nicht als übertriebene Emotionalität ab. Können Sie das nachvollziehen?"

3. Schritt: Gemeinsame Ziele und Vorgehensweisen

Ziele
absprechen

Im dritten Schritt des Konfliktgesprächs klären die Kollegen, was sie jeweils erreichen möchten bzw. welche Aspekte ihnen wichtig sind. Zielsetzung ist es, zu einer Konfliktlösung zu kommen, in der sich beide Parteien wiederfinden. Die beiden stellen sich Fragen wie:

* „Was möchten Sie erreichen?"
* „Wie sehen Sie das?"
* „Was schlagen Sie vor?"

Beispiel: Gemeinsame Ziele entwickeln

Frau Beier: „Ich würde mir wünschen, dass wir unsere Differenzen aus der Welt schaffen, um wieder ein besseres Arbeitsklima und die gewohnte Leistungsfähigkeit zu erlangen. Denken Sie, dass wir das hinbekommen?"

Herr Schnabel: „Ja, wir können das gern versuchen. Mir ist es ebenfalls wichtig. Allerdings hat mich Ihr Verhalten im letzten Projektmeeting wirklich enttäuscht und ich erwarte eine Klarstellung und eine Entschuldigung von Ihnen. "

4. Schritt: Konsequenzen

Wekche Konsequenzen hat die Lösung?

An dieser Stelle reflektieren beide Parteien, welche Aspekte bei der angedachten Konfliktlösung sinnvoll sind und was konkret in der Umsetzung realistisch erscheint. Die Punkte, die sie klären müssen, sind:

* Was passiert im worst case?
* Was passiert im best case?
* Was sind realistische Erwartungen bezüglich der zukünftigen Entwicklung?

5. Schritt: Verbindlichkeit

Für den Fall, dass sich aus der gemeinsam erarbeiteten Konfliktlösung Arbeitspakete ergeben, ist es sinnvoll zu klären, wie beide Konfliktparteien weiter vorgehen. Es geht also darum: Wer macht was bis wann?

Tool 7: Strategien in Konflikten mit den vier Typen

Wenn ein Konfliktgespräch bevorsteht, ist es ratsam, sich nicht nur inhaltlich, sondern sich auf den Gesprächspartner vorzubereiten. Besonderes Augenmerk verdient dabei die Frage, welchem Konflikttyp der Gesprächspartner angehört (s. Seite 89). Denn auf diese sollte jeweils unterschiedlich eingegangen werden, um ein bestmögliches Ergebnis aus dem Konfliktgespräch zu erzielen. In diesem Kapitel lesen Sie,

Welchem Konflikttyp gehört das Gegenüber an?

- worauf Sie sich bei Konflikten mit dem durchsetzungsorientierten (S. 165), dem harmonieorientierten (S. 168), dem impulsiven (S. 171) und dem sachlich-rationalen Typ (S. 173) einstellen sollten und
- was Sie im Umgang mit diesen Typen im Konfliktgespräch beachten sollten.

Zudem gilt es, sich mit der Frage auseinanderzusetzen, welchen Konflikttyp man selbst repräsentiert. Denn gerade auch die Interaktion zwischen den einzelnen Typen bestimmt den Konfliktverlauf.

Kienbaum Expertentipp

In der Interaktion mit den jeweiligen Typologien sind einzelne Aspekte bei bestimmten Persönlichkeiten besonders wichtig. Das haben Sie sicher schon einmal erlebt: Durch bestimmte Verhaltensweisen verstärken sich andere Verhaltensmuster erneut.

Strategien in Konflikten mit dem durchsetzungsorientierten Typ

Der durchsetzungsorientierte Konflikttyp tritt sehr selbstsicher und wettbewerbsorientiert auf. Er trifft gern schnelle Entscheidungen und kann dabei recht unsensibel für die Bedürfnisse seines Gegenübers sein. Wer in Konflikten mit dem durchsetzungsorientierten

Konflikttyp das Gespräch sucht, sollte sich vorher auf einige Besonderheiten in seinem Kommunikationsverhalten einstellen.

So erkennen Sie den durchsetzungsorientierten Typ

Der durchsetzungsorientierte Typ zeigt folgende Verhaltensweisen (s. auch Seite 90):

- Ist direkt.
- Kommt schnell zum Punkt.
- Spricht oft schnell, in Eile, häufig ungeduldig.
- Ist auf eigene Belange konzentriert.
- Ist kein guter Zuhörer.
- Hört nicht alles, was man ihm sagt, ist also ein sogenannter selektiver Zuhörer.
- Mag keine Erklärungen.

Unabhängig, aber häufig unsensibel

Der durchsetzungsorientierte Konflikttyp zeichnet sich durch seine Zielstrebigkeit und seine Unabhängigkeit aus. Dagegen fehlt es ihm oft an Sensibilität und Einfühlungsvermögen. Das ist sein Hauptentwicklungsfeld in Konfliktsituationen. Auseinandersetzungen sieht er als Herausforderung, auch wenn er dabei meist nur seine eigenen Vorstellungen durchsetzen will, ohne auf die Position des Gegenübers zu achten.

Wie Sie richtig mit durchsetzungsstarken Persönlichkeiten umgehen

Sachlich bleiben

In der Vorbereitung und im Gespräch mit dem durchsetzungsorientierten Typ gilt es, folgende Punkte zu beherzigen:

- Bleiben Sie sachlich.
- Fassen Sie sich kurz und kommen Sie schnell zur Sache.
- Stellen Sie offene Fragen.
- Halten Sie sich ans Geschäftliche, bleiben Sie stets bei den Fakten und werden Sie nicht persönlich.
- Vergeuden Sie nicht die Zeit des offensiven Typs, indem Sie versuchen, eine persönliche Beziehung aufzubauen.
- Gehen Sie organisiert und systematisch vor.
- Stellen Sie Forderungen und erläutern Sie Ihre Ziele in systematischer Form.

- Lassen Sie keine Punkte offen oder ungeklärt.
- Geben Sie keine Garantien, wenn Sie nicht sicher sind, dass Sie diese auch erfüllen können.
- Kommunizieren Sie Ihre eigenen Erwartungen deutlich und zeigen Sie dem durchsetzungsstarken Typ seine Grenzen auf.

Kienbaum Expertentipp: Keine Du-Botschaften

Du-Botschaften (s. Seite 120) sollten Sie in Konfliktgesprächen mit dem durchsetzungsorientierten Typ unbedingt vermeiden, da besonders dieser Typ sich schnell angegriffen fühlt und sich das Gesprächsklima verschlechtert.

Gesprächsleitfaden: Durchsetzungsorientierter Typ	
Einleitung	Begrüßen Sie Ihren Mitarbeiter. Bitten Sie ihn, sich zu setzen, und bedanken Sie sich für sein Kommen. Richten Sie den Fokus des Gesprächs auf Ergebnisse, die Diskussion orientiert sich an Fakten. Führen Sie wenig Small Talk, gehen Sie nur wenig auf die Beziehungsebene ein.
Darstellung des Gesprächsanlasses	Benennen Sie das Konfliktthema und sagen Sie, zu welcher Lösung Sie kommen wollen. Nennen Sie den Zeitrahmen und das Vorgehen: Erst werden Sie sprechen. Dann wird der Mitarbeiter Gelegenheit haben, darauf zu reagieren und eigene Lösungsvorschläge zu machen. Sie werden sich diese anhören, möglichst viele davon übernehmen und dann zu einer Lösung kommen.
Ihre eigene Sichtweise	Stellen Sie nun Ihre eigene Sichtweise zum Konflikt kurz, knapp und sehr deutlich dar. Erklären Sie, wie Sie den Konflikt auf Dauer lösen möchten.
Reaktion des Mitarbeiters	Geben Sie nun dem Mitarbeiter Gelegenheit, seinen Gefühlen Luft zu machen. Akzeptieren Sie Emotionalität und starke Äußerungen und kommentieren Sie diese nicht. Fragen Sie danach, welche Ideen der Mitarbeiter hat, um den Konflikt zu lösen.
Das sachliche Kerngespräch	Stellen Sie noch einmal genau Ihre Sichtweise dar und übernehmen Sie tragfähige Vorschläge des Mitarbeiters. Machen Sie dem Mitarbeiter sehr deutlich, was Ihre Erwartungen an ihn sind, zeigen Sie ihm klare Grenzen auf – das ist im Umgang mit durchsetzungsorientierten Mitarbeitern ganz wichtig – und grenzen Sie seinen Kompetenzbereich klar ab.

Abschluss	Treffen Sie zum Schluss klare Vereinbarungen.
Beendigung des Gesprächs	Bedanken Sie sich für die genommene Zeit und wünschen Sie einen erfolgreichen Arbeitstag.

Wie Sie als durchsetzungsorientierter Typ am besten vorgehen

Verständnis für den anderen entwickeln

Wer sich selbst als in Konfliktsituationen durchsetzungsorientierte Persönlichkeit identifiziert hat (s. Seite 90), sollte in Konfliktsituationen zukünftig folgende Aspekte berücksichtigen.

- Nehmen Sie sich selbst mit der Darstellung Ihrer Gefühle und Sichtweisen etwas zurück. Versuchen Sie, die Position Ihres Gesprächspartners zu verstehen.
- Hinterfragen Sie sich selbst und reflektieren Sie, inwieweit und mit welchen Aspekten Ihr Gegenüber vielleicht recht hat.
- Integrieren Sie Aspekte und Meinungen des Konfliktpartners in Ihre Argumentation, um eine gemeinsame Lösungsfindung voranzutreiben.
- Zeigen Sie Verständnis und Interesse für Ihren Konfliktpartner. Hören Sie zu und unterbrechen Sie Ihr Gegenüber nicht. Nehmen Sie sich Zeit für eine gemeinsame Konfliktlösung.

Strategien in Konflikten mit dem harmonieorientierten Typ

Der harmonieorientierte Konflikttyp zeichnet sich durch seine Freundlichkeit und seine Geduld, aber auch durch eine gewisse Unentschlossenheit aus. Er versucht, Auseinandersetzungen aus dem Weg zu gehen, nichtsdestotrotz beschäftigen ihn schwelende Konflikte sehr.

So erkennen Sie den harmonieorientierten Typ

Gute gegenseitige Kommunikation

Wer sich auf ein Konfliktgespräch mit einem harmonieorientierten Typ vorbereitet, sollte folgende Verhaltensweisen erwarten (s. auch Seite 92):

- Spricht langsam, meist auf konkrete Themen bezogen.
- Zeigt eine gute gegenseitige Kommunikation.
- Ist ein guter Zuhörer.
- Versucht immer, gut zu hören und zu verstehen, was der andere sagt.
- Sucht immer nach Möglichkeiten, um zu helfen.
- Stellt seinen eigenen Standpunkt eher zurück.
- Vermeidet Konflikte, spricht konfliktäre Themen nicht offen und direkt an.

Für den harmonieorientierten Typ sind Akzeptanz und Wertschätzung seiner Person sehr wichtig. Auch will er Unsicherheiten und unklare oder mangelnde Strukturen vermeiden.

Wichtig sind Akzeptanz und Wertschätzung

Darauf sollten Sie im Gespräch achten

Im Umgang mit dem harmonieorientierten Typ gilt es, insbesondere auf folgende Punkte zu achten:

- Bringen Sie Ihre Anliegen nicht abrupt und hastig vor, sondern beginnen Sie das Gespräch mit einem persönlichen Auftakt.
- Versuchen Sie, gemeinsame Interessen zu finden, und seien Sie dabei aufrichtig und ehrlich.
- Verlieren Sie Ihr Ziel nicht aus den Augen, indem Sie zu persönlich werden.
- Hören Sie gut zu und arbeiten Sie gemeinsam an der Zielerreichung.
- Stellen Sie viele offene Fragen.
- Verhalten Sie sich zwanglos und informell.
- Zeigen Sie klare spezifische Lösungen.
- Sagen Sie Ihre Unterstützung bei der Realisierung Ihrer gemeinsamen Vorhaben zu.
- Diskutieren Sie nicht über Fakten und Zahlen.
- Geben Sie Ihrem Gesprächspartner das Gefühl von Sicherheit.

Kienbaum Expertentipp: Nicht zu viel wollen

Versuchen Sie nicht, dem harmonieorientierten Menschen Ihre Meinung aufzudrücken, und lassen Sie Ihrem Gegenüber Zeit zum Nachdenken. Sonst besteht schnell die Gefahr, dass sich eine harmonieorientierte Person überrumpelt fühlt.

Gesprächsleitfaden: Harmonieorientierter Typ	
Einleitung	Empfangen Sie Ihren Mitarbeiter höflich und freundlich. Bedanken Sie sich für sein Kommen. Schaffen Sie ein lockeres Gesprächsthema durch private Themen und ungezwungenes Miteinander. Bitten Sie ihn, sich zu setzen, und bieten Sie ihm gegebenenfalls etwas zu trinken an.
Darstellung des Gesprächsanlasses	Erklären Sie den Gesprächsanlass und reißen Sie vorsichtig das Gesprächsziel an. Nennen Sie den vorgesehenen Zeitrahmen und erläutern Sie die Vorgehensweise: nämlich gemeinsam eine Lösung erarbeiten.
Die Sichtweise des Mitarbeiters	Lassen Sie ihren Mitarbeiter seine Sichtweise umfassend darstellen. Hören Sie ihm aktiv zu und unterbrechen Sie ihn nicht. Machen Sie sich Notizen und fragen Sie bei Unverständnis nach. Ermutigen Sie ihn, den eigenen Standpunkt darzustellen.
Ihre eigene Sichtweise	Stellen Sie anschließend Ihre eigene Sichtweise umfassend dar. Greifen Sie die Sichtweise des Mitarbeiters auf und führen Sie sie weiter.
Gemeinsam nach Lösungen suchen (das Kerngespräch)	Versuchen Sie nun, gemeinsam mit Ihrem Mitarbeiter nach Lösungen zu suchen. Behalten Sie dabei eine lockere Atmosphäre bei. Hören Sie aktiv zu und stellen Sie offene Fragen.
Abschluss	Suchen Sie eine spezifische Lösung mit maximalen persönlichen Sicherheiten.
Beendigung des Gesprächs	Sagen Sie Ihre Unterstützung bei der Realisierung Ihrer gemeinsamen Vorhaben zu. Fassen Sie die wichtigen Punkte zusammen. Halten Sie Ergebnisse schriftlich fest.

Wie harmonieorientierte Personen am besten Konfliktgespräche führen

Konflikte zeitnah ansprechen

Wer sich selbst in Konfliktsituationen als eine harmonieorientierte Persönlichkeit sieht, sollte in diesen Lagen künftig folgende Aspekte berücksichtigen:

* Sprechen Sie Konflikte zeitnah und direkt an. Ihre Meinung ist wichtig. Die Dinge werden nicht mit der Zeit besser, wenn Sie sie über eine längere Dauer aussitzen.

- Überlegen Sie sich vor einem Konfliktgespräch genau, was Sie eigentlich erreichen wollen. Wie sieht die Lösung aus, die für Sie optimal ist?
- Artikulieren Sie Ihren Standpunkt deutlich. Bestehen Sie darauf, dass die Gegenpartei Sie auch zu Wort kommen lässt und dass Sie in die Lösungsfindung integriert werden.
- Grenzen Sie sich ab! Achten Sie darauf, dass Ihre eigenen Bedürfnisse auch Berücksichtigung finden.

Strategien in Konflikten mit dem impulsiven Typ

Optimistisch, enthusiastisch, kreativ, aber auch unorganisiert und unzuverlässig – so lässt sich der impulsive Typ beschreiben. Diese Eigenschaften zeigen sich auch in seinem Kommunikationsverhalten.

Emotionaler Konfliktpartner

So erkennen Sie den impulsiven Typ

In Konfliktgesprächen und -situationen sollten sich Führungskräfte beim impulsiven Typ auf Folgendes vorbereiten (s. Seite 94):
- Ist sehr emotional.
- Sucht beständig nach der Resonanz der Zuhörer.
- Illustriert Berichte mit eigenen Erlebnissen.
- Führt oft eine einseitige Kommunikation.
- Ist anregend.
- Kann begeistern.
- Wirkt inspirierend.
- Hört nicht gern zu.
- Redet lieber selbst.
- Hört die emotionale Tonlage in der Stimme des anderen.

Der impulsive Typ benötigt Anerkennung und Beliebtheit sowie die Gelegenheit, seine Ideen zu äußern. Detailarbeit und ein hohes Ausmaß an Kontrolle bereiten ihm Probleme.

So gehen Sie mit dem impulsiven Typ um

Ideen beisteu-
ern

In Konfliktsituationen mit dem impulsiven Typ müssen Führungs-kräfte Folgendes beachten:

* Nehmen Sie sich Zeit für Gespräche und Geselligkeit.
* Seien Sie nicht kurz angebunden und unpersönlich.
* Steuern Sie Ideen für die Durchführung von Aktionen bei.
* Machen Sie dieser Persönlichkeit keine Vorschriften.
* Konfrontieren Sie den Impulsiven nicht mit zu vielen Fakten und Abstraktionen.

Kienbaum Expertentipp: Persönliches zählt

Bauen Sie zum impulsiven Typ eine Beziehungsebene auf. Begrüßen Sie diesen freundlich und erkundigen Sie sich nach seinem Wohlbefinden.

Gesprächsleitfaden: Impulsiver Typ	
Einleitung	Empfangen Sie Ihren Mitarbeiter herzlich und bedanken Sie sich für sein Kommen. Schaffen Sie direkt eine lockere Atmosphäre. Seien Sie nicht formell. Bitten Sie ihn, sich zu setzen und bieten Sie ihm gegebenenfalls etwas zu trinken an.
Darstellung des Gesprächsanlasses	Erklären Sie den Gesprächsanlass und umreißen Sie das Gesprächsziel. Erklären Sie das Vorgehen und einen mög-lichen Zeitrahmen.
Die Sichtweise des Mitarbeiters	Hören Sie sich in Ruhe seine Darstellung des Konflikts an. Reagieren Sie gelassen auf lange Ausführungen und emotionale und faktenferne Darstellungen. Zeigen Sie Verständnis für seine Sichtweise.
Ihre eigene Sicht-weise	Stellen Sie Ihre Sichtweise und eine Konfliktlösungsmög-lichkeit klar und deutlich dar. Erklären Sie beides kurz, aber freundlich.
Reaktion bekommen	Lassen Sie ihren Mitarbeiter darauf reagieren.
Das sachliche Kerngespräch	Fragen Sie ihren Mitarbeiter, was er von Ihrem Lösungs-vorschlag hält und wie er ihn ändern würde. Finden Sie gemeinsam eine Lösung.
Abschluss des Gesprächs	Fassen Sie die wichtigen Punkte zusammen. Halten Sie Ergebnisse schriftlich fest und fragen Sie Ihren Mitarbei-ter, ob er eine Kopie davon haben möchte.

Wie Sie als impulsive Persönlichkeit sich in Gesprächen optimal verhalten

Wer als impulsiver Typ in eine Konfliktsituation gerät, sollte sich an einige Regeln halten:

Konzentration auf Fakten

- Bleiben Sie sachlich! Konzentrieren Sie sich auf die Fakten. Fokussieren Sie sich auf die wesentlichen Aspekte, damit diese auch wirklich deutlich werden!
- Nehmen Sie es nicht persönlich, wenn der Fokus des Gesprächs nicht auf der Beziehungsgestaltung liegt.
- Hören Sie Ihrem Gesprächspartner zu und versuchen Sie, seine Sichtweise zu verstehen.

Strategien in Konflikten mit dem sachlich-rationalen Typ

Der sachlich-rationale Typ ist selbstdiszipliniert, präzise und gewissenhaft. Auch in seinem Kommunikationsverhalten finden sich diese Eigenschaften wieder.

Hohe Selbstdisziplin und Präzision

So erkennen Sie den sachlich-rationalen Typ

Der sachlich-rationale Typ lässt sich an folgenden Verhaltensweisen erkennen (s. auch Seite 96):

- Stellt eher Fragen als dass er etwas behauptet.
- Ist ein stiller Beobachter.
- Ist sehr vorsichtig.
- Zeigt kaum persönliche Reaktion.
- Arbeitet sehr gründlich.
- Ist sehr kritisch.
- Orientiert sich stark an Fakten, weniger an Beziehungen.

Bei der Vorbereitung und der Durchführung eines Konfliktgesprächs mit dem sachlich-rationalen Typ sollten Sie beachten, dass dieser Typ auf Veränderungen vorbereitet werden will und konkrete Verfahrensweisen braucht.

Darauf sollten Sie achten

Beharrlichkeit zeigen

Um ein erfolgreiches Gespräch mit dem sachlich-rationalen Typ zu führen, sollten sich Führungskräfte an folgende Ratschläge halten:

- Bereiten Sie Ihr Anliegen gründlich und detailliert vor.
- Bauen Sie Glaubwürdigkeit auf, indem Sie Vor- und Nachteile Ihrer Vorschläge auflisten.
- Nehmen Sie sich Zeit, aber bleiben Sie beharrlich.
- Wenn Sie einmal zustimmen, bleiben Sie dabei.
- Seien Sie realistisch in Ihren Handlungen.
- Führen Sie solide praktische Beweise an.
- Halten Sie Risiken so klein wie möglich.
- Vermeiden Sie Nachlässigkeit, mangelnde Organisation und Informalität.
- Stützen Sie Ihre Argumentation auf Fakten.

Kienbaum Expertentipp: Zeigen Sie Expertise

Um zu Ihrem gewissenhaften Gesprächspartner Vertrauen aufzubauen, wiederholen Sie seine Hauptgedanken in eigenen Worten. Damit zeigen Sie, dass Sie wichtige Sachverhalte richtig verstanden haben. Darüber hinaus überzeugen Sie diesen Typ durch Fakten.

Gesprächsleitfaden: Sachlich-rationaler Typ	
Einleitung	Empfangen Sie Ihren Mitarbeiter höflich und freundlich. Bedanken Sie sich für sein Kommen und bitten Sie ihn, sich zu setzen.
Darstellung des Gesprächsanlasses	Erklären Sie den Gesprächsanlass und verdeutlichen Sie das Gesprächsziel. Erläutern Sie das Vorgehen und stecken Sie einen möglichen Zeitrahmen ab.
Die Sichtweise des Mitarbeiters	Fragen Sie ihn, ob er seine Sichtweise darstellen möchte. Falls nicht, seien Sie nicht misstrauisch.
Ihre eigene Sichtweise	Erläutern Sie danach Ihre eigene Sichtweise. Stellen Sie diese klar und deutlich heraus. Orientieren Sie sich an Fakten.
Das sachliche Kerngespräch	Arbeiten Sie gemeinsam mit dem Mitarbeiter die Unterschiede in den Sichtweisen heraus. Suchen Sie gemeinsam nach Lösungen. Reden Sie nicht um den heißen Brei.
Abschluss des Gesprächs	Fassen Sie die wichtigen Punkte zusammen. Halten Sie Ergebnisse schriftlich fest.

So führen sachlich-rationale Typen am besten Konfliktgespräche

Wenn ein sachlich-rationaler Typ in einer Konfliktsituation ein Gespräch führt, sollte er diese Punkte berücksichtigen:

Das große Ganze beachten

- Konzentrieren Sie sich weniger auf Details. Es geht um das große Ganze.
- Seien Sie weniger kritisch mit Ihrem Umfeld. Verzeihen Sie auch einmal Fehler.

Tool 8: Konfliktlösungen vereinbaren und nachhalten

Konfliktlösungen müssen zukunftsgerichtet und vor allem von den Beteiligten akzeptiert sein. In diesem Abschnitt geht es nun konkret darum, wie Sie solche tragfähigen Konfliktlösungen vereinbaren und langfristige Lösungen erzielen können. Lesen Sie,

* warum es wichtig ist, auf die Zukunft statt auf die Vergangenheit zu schauen (S. 176),
* weshalb Sie darauf achten sollten, durch die Konfliktlösung keine Gewinner und Verlierer zu schaffen (S. 177),
* was sich hinter dem Harvard-Konzept verbirgt (S. 177) und
* wie Sie damit Auseinandersetzungen zur Zufriedenheit aller schlichten können (S. 184).

Richten Sie den Blick auf die Zukunft

Suche nach Schuldigen behindert Lösung

In der Regel ist es wenig sinnvoll, einen Konflikt lösen zu wollen, indem ein Schuldiger gesucht wird. Jede Partei neigt zu der Ansicht, dass die andere die Auseinandersetzung angefangen hat. Zielführender ist daher, bei allen Beteiligten zu erfragen, was sie erreichen wollen und welche Interessen sie haben.

Vermeiden Sie Gewinner und Verlierer

Konflikte werden effektiver aus der Welt geschafft, wenn die Lösung auf einem Ausgleich der Interessen basiert und nicht auf Recht oder Macht. Denn die letzteren produzieren Gewinner und Verlierer. Und wer verliert, ist meist unzufrieden und versucht dann häufig, höhere Instanzen einzubeziehen oder sich zu rächen. Weitere Folgen können Demotivation und mangelnde Leistung sein.

Folgekonflikte drohen

Im Fall von Gewinnern und Verlierern sind neue Konflikte wahrscheinlich. Solche Folgekonflikte sind häufig zerstörerischer als der Ausgangskonflikt, da die Aggression wächst. Die Kontroverse kann sich schließlich über das Konfliktlösungsbestreben hinaus steigern bis hin zum Wunsch, den anderen zu vernichten (s. Seite 62). Möglicherweise entsteht eine gegenseitige Missgunst, deren Anfänge sich kaum rekonstruieren lassen. Eine derartige Situation ist oft sehr festgefahren und die Konfliktparteien sind nicht bereit, aufeinander zuzugehen.

Folgekonflikte sind oft zerstörerischer

> **Kienbaum Expertentipp: Ausweitung vermeiden**
>
> Greifen Sie rechtzeitig in Konflikte ein, damit es nicht zu einer solchen Eskalation kommt. Streben Sie eine konstruktive Lösung an, mit der beide Seiten einverstanden sind. Ein Interessenausgleich ist in jedem Fall die beste Lösung.

Erarbeiten Sie eine Lösung, die allen gerecht wird

Um zu einer nachhaltigen Konfliktbewältigung zu gelangen, ist es wichtig, sich – nochmals– bewusst zu machen, dass die objektive Realität meist weder die Ursache für einen Konflikt noch Ausgangspunkt zu seiner Lösung ist.

Eine konstruktive und nachhaltige Konfliktlösung beruht auf dem Bewusstsein, dass die eigene Wirklichkeit subjektiv ist, und auf der Bereitschaft, andere Wirklichkeiten zu akzeptieren bzw. sie verstehen zu lernen. Dies setzt die Fähigkeit voraus, sich in die Lage des anderen zu versetzen und die Absichten des anderen nicht aus den eigenen Befürchtungen abzuleiten.

Die Lage des anderen verstehen

Konflikte mit dem Harvard-Konzept lösen

Wie kann eine konstruktive Konfliktlösung erreicht werden? Eine bewährte Methode hierfür ist das Harvard-Konzept. Es geht davon aus, dass eine kooperative Grundhaltung kombiniert mit sachlicher Konsequenz in eine erfolgreiche Konfliktlösung mündet. Dabei steht der größtmögliche beiderseitige Nutzen im Vordergrund: Einerseits geht es darum, eine sachliche, für beide Seiten tragbare Übereinkunft zu erreichen. Andererseits soll auch die persönliche Beziehung zwischen den Verhandlungsparteien gewahrt bleiben. Um dies zu erreichen, folgen Konfliktlösungen nach dem Harvard-Konzept vier einfachen Prinzipien.

Vier Prinzipien
des Harvard-
Konzepts

Vier Prinzipien des Harvard-Konzepts	
Sachbezogen diskutieren	**Interessen abwägen**
Mensch und Problem trennen Nicht auf Gegenüber einschießen, sondern Ziel im Auge behalten	Offene Fragen zur Bewusstmachung der unterschiedlichen Interessen Nicht Positionen, sondern Interessen
Optionen suchen	**Beweise erbringen**
Möglichst viele Lösungsmöglichkeiten/Entscheidungsalternativen sammeln, Kreativität entfalten	Verwendung objektiver Beurteilungskriterien und Entscheidungsprinzipien

1. Prinzip: Diskutieren Sie sachbezogen

Sach- und
Beziehungsebe-
ne trennen

Persönliche Beziehungen können sehr leicht eine inhaltliche Diskussion überlagern – die Beteiligten schweifen ins Unsachliche ab. So zieht sich eine Besprechung in die Länge und produktive Ergebnisse bleiben aus. Um Probleme zu lösen und gleichzeitig eine gute Beziehung mit dem Verhandlungspartner zu erhalten, müssen also zunächst Sach- und Beziehungsebene voneinander getrennt werden. Ein Weg ist, über die jeweiligen Vorstellungen beider Seiten zu sprechen, damit Vorschläge auf das Wertesystem des anderen abgestimmt werden können.

Eigene und fremde Emotionen erkennen

Es gilt, die eigenen und die fremden Emotionen zu erkennen, zu verstehen und anzusprechen. Es ist notwendig und erlaubt, „Dampf abzulassen", jedoch sollte ein emotionaler Ausbruch den Verlauf einer Verhandlung inhaltlich nicht beeinträchtigen.

Kienbaum Expertentipp: Keine Vergeltung

Bleiben Sie gelassen, wenn ein Gesprächspartner seinen Gefühlen Luft macht. Gestatten Sie der Gegenseite eine solche Entspannung, aber gehen Sie nicht darauf ein.

Ohne die Berücksichtigung der herrschenden Spannungen auf der emotionaler Ebene können auch sachlich keine fruchtbaren Lösungswege entstehen.

Beispiel: Spannungen berücksichtigen

Zwischen einem Projektleiter und einem Kollegen ist die Beziehungsebene gestört. Die Folge ist, dass der junge Mitarbeiter sich zu sehr auf das zwischenmenschliche Miteinander konzentriert und sachliche Äußerungen nun falsch wahrnimmt.

Wie Sie sachbezogen diskutieren

Wer eine Diskussion sachbezogen führen will, sollte sich an folgende Regeln halten:

Regeln für eine sachbezogene Diskussion

- Versetzen Sie sich in die Lage des anderen, finden Sie alternative Sichtweisen:
  - Welche Sichtweise hat mein Gegner?
  - Was hält der andere für richtig?
  - Wie ist er vermutlich zu dieser Überzeugung gekommen?
  - Wer teilt die gegnerische Sichtweise? Warum? Wozu?
  - Was würde ich an Stelle des anderen machen?
  - Welche Konsequenzen hat der andere zu erwarten?

- Hören Sie aktiv zu, geben Sie Bestätigung, wiederholen Sie das Gesagte und signalisieren Sie Verständnis.
- Senden Sie Ich-Botschaften: „Ich möchte ... . Was können wir tun?"
- Machen Sie sich Ihre eigenen und die fremden Emotionen bewusst und sprechen Sie sie aus.
- Gestatten Sie es, der Gegenseite, ihren Gefühlen Ausdruck zu verleihen. Reagieren Sie nicht auf solche emotionalen Ausbrüche.
- Sprechen Sie über die Vorstellungen beider Seiten.

- Berücksichtigen Sie bei den eigenen Vorschlägen das Wertesystem des anderen.
- Leiten Sie niemals die Absichten des anderen aus den eigenen Befürchtungen ab.
- Schieben Sie die Schuld an den eigenen Problemen nicht dem anderen zu.
- Sagen Sie nicht „Ja, aber", sondern „Ja, und".
- Verzichten Sie darauf, den anderen Menschen verändern zu wollen.

2. Prinzip: Wägen Sie Interessen ab, nicht Positionen

Interessen
identifizieren

Um eine für beide Seiten gewinnbringende, sachliche Übereinkunft treffen zu können, ist es wichtig, zunächst die Interessen hinter den jeweiligen Positionen zu identifizieren (s. Seite 107).

Erkennen Sie die Interessen

Jedes Problem ist durch Interessen geleitet. Bei Verhandlungen konzentrieren sich die Widersacher jedoch oft auf die eigenen Standpunkte und nicht auf die dahinter liegenden Beweggründe. Dabei beruhen gegensätzliche Positionen oftmals sowohl auf widersprechenden, als auch auf gemeinsamen Interessen.

Beispiel: Interessen erkunden

Familie Müller hat noch eine Orange. Beide Schwestern wollen die Orange haben und bitten die Mutter darum, den Streit zu schlichten. Was soll die Mutter nun tun? Die Frucht zerschneiden? Oder eine Münze werfen? Die Mutter fragt: „Wozu braucht ihr denn die Orange?"

Die ältere Schwester will einen Kuchen backen und braucht dazu die Schale. Die jüngere Schwester hat Durst und möchte den frisch gepressten Orangensaft trinken. Nach der Klärung der Bedürfnisse ist die Lösung plötzlich einfach und die unterschiedlichen Interessen lassen sich berücksichtigen. Bei einem schnellen Kompromiss mit zwei halben Orangen hätten zwei unzufriedene Kinder die Küche verlassen.

Stellen Sie die richtigen Fragen

Positionen sind eher unflexibel und engen Lösungswege ein. Sie sind meist persönlich. Wenn sie aufgegeben werden, droht demnach ein

Gesichtsverlust. Deswegen ist es wichtig, die Sichtweise des Gegenübers anzuerkennen und Verständnis zu zeigen, auch wenn man nicht mit allem einverstanden ist.

Offene W-Fragen machen die unterschiedlichen Beweggründe, die hinter einer Position stehen, bewusst und zeigen Interesse an der Meinung des Gegenübers. Außerdem helfen sie dabei, sachliche Informationen einzuholen und Lösungen aufzudecken, die zur Interessenbefriedigung beitragen können. Geschlossene Fragen hingegen, auf die das Gegenüber nur mit „Ja" und „Nein" antworten kann, führen in eine bestimmte Richtung und forcieren eine Entscheidung.

Die richtigen Fragen stellen

Beispiel: Fragen stellen

Zwei Kollegen haben eine Auseinandersetzung, die das Arbeitsklima in der Abteilung stört. Der Teamleiter entschließt sich, einzugreifen.

Version 1: „Herr Schneider, können Sie die Position von Herrn Pollock nachvollziehen?"

Version 2: „Herr Schneider, was ist Ihrer Meinung nach das Problem? Was denken Sie, wie Herr Pollock die Situation sieht? Was denken Sie, warum er diese Meinung vertritt?"

Wie Sie das Interesse Ihres Gegenübers in Erfahrung bringen

Erstellen Sie zunächst eine Liste mit den einzelnen Interessen und sortieren Sie diese nach Bedeutung für den Beteiligten. Um die Interessen und Bedürfnisse hinter Positionen in Erfahrung zu bringen, helfen Ihnen die folgenden Fragen:

Bedeutung erfragen

* Erfragen Sie die Gründe hinter bestimmten Positionen:
  - Warum ...? Warum nicht ...?
  - Wieso beabsichtigen Sie ...?
  - Weshalb halten Sie Option A für akzeptabel?
  - Was spricht aus Ihrer Sicht gegen Option B?
  - Welche Konsequenzen befürchten Sie?
  - Was erhoffen Sie sich durch Aktion C?
  - Welches Ziel verfolgen Sie damit? Warum verfolgen Sie dieses Ziel?

* Hinterfragen Sie, warum bestimmte Verhandlungspositionen nicht akzeptabel erscheinen.

- Listen Sie die Interessen beider Verhandlungspartner auf.
- Sortieren Sie die Interessen nach Bedeutung.
- Treten Sie bei der Verhandlung von Interessen flexibel auf, schauen Sie nach vorn und nicht zurück.
- Seien Sie „hart" in der Sache, aber „sanft" zu den beteiligten Menschen.

3. Prinzip: Optionen suchen

Im dritten Prinzip geht es darum, Entscheidungsmöglichkeiten zu finden, die beiden Seiten Vorteile bringen. Ziel ist es, einerseits sicherzustellen, dass beide Seiten mit dem sachlichen Verhandlungsergebnis zufrieden sind. Andererseits soll so auch die persönliche Beziehung zwischen den Verhandlungspartnern langfristig intakt bleiben.

Alternativen entwickeln

Abwägen der Alternativen

Dazu gilt es, verschiedene Wahlmöglichkeiten zu entwickeln und diese gemeinsam in Bezug auf die Interessen beider Parteien abzuwägen. Die Beteiligten beleuchten zu diesem Zweck jeweils die Vor- und Nachteile der verschiedenen Alternativen und bewerten diese auf Zumutbarkeit. Sinnvolle Schritte dafür sind:

- Veranstalten Sie ein Brainstorming: Damit trennen Sie das Finden von Optionen von ihrer Beurteilung.
- Vervielfältigen Sie Ideen. Betrachten Sie Optionen von unterschiedlichen Standpunkten aus, durchdenken und bewerten Sie die Konsequenzen für beide Seiten.
- Suchen Sie nach Vorteilen für beide Seiten, indem Sie gemeinsame Interessen herausfinden und unterschiedliche Interessen verschmelzen.
- Entwickeln Sie verschiedene Entscheidungsalternativen und Wahlmöglichkeiten und bewerten Sie diese.
- Stellen Sie den Nutzen und die Vorteile für beide Seiten heraus.
- Sprechen Sie die Risiken an, die entstehen, wenn es zu keiner Einigung kommt.

Hindernisse in der Entwicklung neuer Entscheidungsmöglichkeiten

Wer in Konfliktgesprächen nach Lösungen sucht, muss sich einigen Hindernissen stellen:

Faktoren, die die Lösungssuche behindern

- *Vorschnelle Urteile*
  Wenn die Konfliktparteien immer gleich die Kehrseiten hervorheben, hat die Entwicklung neuer Ideen keine Chance. Denn dann wird jeder Ansatz gleich im Keim wieder erstickt. Hilfreich ist es, hier in zwei Schritten vorzugehen: erst die Ideen sammeln, dann bewerten.
- *Suche nach der richtigen Lösung*
  Schon aufgrund der Subjektivität der Wahrnehmung ist es kaum möglich, einvernehmlich zu einer einzig richtigen Lösung zu kommen. Die Suche danach engt das Spektrum denkbarer Möglichkeiten ein und führt zu einer Kategorisierung in Sieg und Niederlage. Die Folge ist eher der Abbruch einer Verhandlung und nicht die Vermehrung der Optionen.
- *Annahme beschränkter Optionen*
  Es kommt zu einem Entweder-Oder-Denken, statt nach Vorteilen für alle Seiten zu suchen.
- *Desinteresse*
  Die Einstellung, „die anderen sollen ihre Probleme selbst lösen", behindert es, zu einer gemeinsamen Problemlösung zu kommen und andere bei der Entscheidungsfindung zu unterstützen.

4. Prinzip: Beweise erbringen

Um trotz unterschiedlicher Interessen zu einer vernünftigen Lösung zu kommen, müssen die Konfliktparteien zu objektiven und beiderseitig akzeptierten Bewertungskriterien kommen. Nur so lässt sich eine unabhängige Grundlage für Verhandlungen schaffen, denn die Lösung soll nicht durch den Druck eines Verhandlungspartners zustande kommen, sondern aufgrund vernünftiger Prinzipien. Das können beispielsweise gesetzliche Kriterien, ethische Richtlinien, moralische Kriterien oder wissenschaftliche Gutachten sein.

Bewertungskriterien festlegen

Wie kommen Sie zu Beweisen

Um zu Beweisen zu kommen, sollten die Konfliktparteien gemeinsam nach objektiven Kriterien suchen und dabei bedenken, dass mehrere Varianten möglich sind. Wichtig ist, diese Kriterien auch aus der Perspektive der Gegenseite zu betrachten. Ziel dieses Schritts ist, sich auf eine faire Verfahrensweise zu einigen.

Welche Kriterien spielen eine Rolle?

Kosten-Nutzen-Analyse vornehmen

Um zu beurteilen, welche Konfliktlösung im individuellen Fall die beste ist, können außerdem folgende Kriterien hinzugezogen werden:

- Listen Sie die Kosten der Lösung in einer Kosten-Nutzen-Analyse auf:
  - Was kostet die Lösung an Geld, Zeit, Kraft, Ehre, Nerven, Rechten, Besitz ...?
  - Was kostet es, den Konflikt nicht zu lösen?
  - Analysieren Sie die Akzeptanz: Wie zufrieden sind die Konfliktparteien mit der Lösung?
  - Konnten die Parteien ihre Ansprüche durchsetzen?
  - Halten die Parteien die Lösung für gerecht?
  - Sehen die Parteien den Weg zur Lösung als fair an?

Konsequenzanalyse durchführen

- Führen Sie eine Konsequenzanalyse durch: Welche Auswirkungen hat die Lösung auf die Zukunft bzw. auf Dritte?
  - Wird diese Lösung den Konflikt dauerhaft beenden oder sind neue Konflikte in der Zukunft zu befürchten?
  - Wird die Konfliktlösung neue oder andere Probleme eventuell mit anderen Parteien schaffen?
  - Wie sieht das Worst-case-best-case-Szenario aus?

Beziehungsanalyse anstellen

- Nehmen Sie eine Beziehungsanalyse vor: Welche Auswirkungen auf die Beziehung zwischen den Konfliktparteien hat die Lösung?
  - Wird durch die aktuelle Lösung die Beziehung dauerhaft gestärkt oder gestört?

Leidet die Fairness?

Darüber hinaus sollten bei der Vereinbarung von langhaltigen Konfliktlösungen auch stets Überlegungen zur Fairness angestellt werden. Denn eine Konfliktpartei, die sich nicht hat durchsetzen können, kann eine Lösung auch dann akzeptieren, wenn sie das Gefühl hat, fair behandelt worden zu sein. Die Fairness des Prozesses lässt sich mit folgenden Leitfragen überprüfen:

- Waren die Chancen zwischen den Gesprächspartnern gleich verteilt?
- War der (Schieds-)Richter oder Moderator unparteiisch?
- Wurden alle Meinungen gleichwertig berücksichtigt?
- Konnten beide Konfliktparteien bei der Art der Konfliktlösung mitentscheiden?
- Haben Sie den Eindruck, dass sich alle Parteien auch um Fairness bemüht haben?
- Könnte nun eine der Parteien womöglich über die andere triumphieren?
- Blamiert oder demütigt diese Konfliktlösung eine der Konfliktparteien?

Fairness des Prozesses prüfen

Kienbaum Expertentipp: Langfristige Lösung anstreben

Um den größtmöglichen beiderseitigen Nutzen zu generieren, sollte die erzielte Konfliktlösung nicht nur kurzfristig wirksam sein, sondern möglichst dauerhaft Bestand haben. Vermeiden Sie daher, dass eine Konfliktpartei unzufrieden mit der Lösung ist. Sonst können leicht neue Konflikte entstehen und das Problem ist nicht langfristig gelöst.

Achten Sie daher unbedingt darauf, dass beide Verhandlungspartner gleichermaßen an Prozessen und Entscheidungen beteiligt und ernsthaft an einer Lösung interessiert sind.

Tool 9: Richtig delegieren

Eine Führungskraft, die auf die richtige Art delegiert, kann ihr Arbeitspensum normalisieren. Aufgaben und Entscheidungen überträgt sie dabei aus ihrem Funktionsbereich an ihre Mitarbeiter. Sie sollte dann darauf achten, dass sie nicht nur die konkrete Aufgabenstellung, sondern auch die erforderlichen Rechte definiert und gleichzeitig abgibt. Delegation ist damit ein wichtiges Element der Führungsarbeit und birgt gleichzeitig viel Konfliktpotenzial – besonders für junge und unerfahrene Führungskräfte. Wer hier von vornherein richtig vorgeht, kann vielen Auseinandersetzungen aus dem Weg gehen. Auf den kommenden Seiten verraten wir Ihnen,

- welche Fehler und Probleme oft beim Delegieren vorkommen (S. 186),
- warum es vielen Führungskräften schwerfällt, Aufgaben abzugeben (S. 192),
- welche Fragen Sie stellen müssen, um erfolgreich zu delegieren (S. 194)
- und wie der Delegationsprozess im Detail aussieht (S. 197).

Fehler und Probleme beim Delegationsprozess

Delegation ist jedoch nicht so einfach, wie es auf den ersten Blick erscheint. Oft haben Führungskräfte Probleme damit, Aufgaben konstruktiv und wirksam abzugeben.

Beispiel: Delegationsfehler

Herr Hahn berichtet über seinen Vorgesetzten: „Von Beteiligung kann in meinem Fall keine Rede sein. Mein Vorgesetzter lenkt sehr stark. Meine Arbeitstätigkeit besteht im Wesentlichen darin, seine Ideen in die Praxis umzusetzen. Er überträgt mir Aufgaben und kontrolliert mich anschließend sehr stark. Er sagt mir klar, wie ich vorgehen soll. Weil wir uns so häufig treffen, weiß ich immer, wo ich stehe und was er von meinen Leistungen hält."

Zentrale Erfolgskriterien der Delegation sind eine umfassende Informationsweitergabe, angemessene Kommunikation und Kontrolle. Dies bezieht sich gleichermaßen auf übertragene Aufgaben, Kompetenzen und Verantwortungsbereiche.

Erfolgsfaktoren bei der Delegation

Kienbaum Expertentipp: Was kann der Mitarbeiter leisten?

Neben der eigenen Entlastung steht bei der Delegation gleichzeitig die Kompetenzerweiterung des Mitarbeiters im Fokus. Daher ist es wichtig, dass Sie vor einer Delegationsentscheidung abgleichen, ob die Anforderungen einer erfolgreichen Aufgabenerfüllung mit den Anforderungen an den Mitarbeiter bzw. an seine Lernziele übereinstimmen.

Klassische Fehler bei der Delegation

Es können drei grundlegende Kategorien von Delegationsfehlern unterschieden werden. Diese beziehen sich zum einen auf die Aufgabenstellung selbst, zum anderen auf deren Umsetzung sowie auf die Kompetenzen des Mitarbeiters (s. Seite 194).

Kategorien von Delegationsfehlern

Verteilen Sie Einzelaufgaben nicht unzusammenhängend

Wer Aufgaben unzusammenhängend weitergibt, riskiert, dass der Mitarbeiter diese Aufgabe nicht versteht und sie darum falsch löst. Weder er noch der Vorgesetzte werden zufrieden sein, denn wahrscheinlich ist es nötig, dass die Aufgabe noch einmal bearbeitet werden muss. Die Führungskraft sollte daher den Gesamtzusammenhang erklären und dann die Einzelaufgabe.

Achten Sie auf klare Aufgabenstellungen

Auch unklare Aufgabenstellungen bergen die Gefahr, dass der Mitarbeiter später nachbessern muss. Wenn er nicht versteht, was er eigentlich zu tun hat, kann er seine Arbeit nicht erfolgreich vollbringen. Es ist besser, sich als Vorgesetzter die Zeit zu nehmen, um die Aufgabe klar und deutlich zu vermitteln. Die Zeitinvestition spart die Führungskraft später wieder ein, wenn der Mitarbeiter alles gleich beim ersten Mal gut erledigt.

Beispiel: Unklare Aufgabenstellung

Herr Schubert weist seinen Mitarbeiter an, eine Präsentation zu erstellen, versäumt es aber, die Anzahl der benötigen Folien oder die Dauer der Präsentation zu benennen. Darüber hinaus sind dem Mitarbeiter weder die Zielgruppe der Präsentation noch mögliche Schwerpunkte bekannt.

Delegieren Sie nicht Ihren eigenen Arbeitsstil mit

Mitarbeiter über Vorgehen entscheiden lassen

Ein häufiger Fehler bei der Delegation ist es, dem Mitarbeiter vorzuschreiben, wie er die Aufgabe zu lösen hat. Die Führungskraft sollte Ziele delegieren – ihr Weg muss nicht unbedingt der beste für den Kollegen sein. Wichtig ist, die Mitarbeiter einfach mal machen zu lassen. Jeder hat seine eigene Art und Weise, zu arbeiten.

Delegieren Sie Aufgaben nicht doppelt

Doppeldelegation führt dazu, dass zwei Mitarbeiter dieselbe Aufgabe bearbeiten. Der Vorgesetzte hat also die gleiche Aufgabe gleichzeitig zwei unterschiedlichen Mitarbeitern übertragen. Abgesehen davon, dass die Arbeitskapazität der Mitarbeiter dadurch verloren geht, wird so auch kein besseres Ergebnis erzielt.

Kienbaum Expertentipp: Keine Doppeldelegation

Vermeiden Sie es, Aufgaben doppelt zu vergeben. Entscheiden Sie sich im Zweifelsfall für den Ihrer Meinung nach kompetenteren Mitarbeiter für die jeweilige Aufgabe.

Setzen Sie eindeutige Termine

Wann muss die Aufgabe fertig sein?

Angaben wie „sofort" oder „schnell" sind als Abgabetermine bei einer delegierten Aufgabe nur wenig konkret. Besser sind eindeutige Angaben wie z. B. „Bitte stellen Sie die Präsentation bis 16:00 Uhr fertig!"

Bemessen Sie die Zeit zur Bearbeitung nicht zu knapp

Oft bleiben Aufgaben zu lange liegen, bis die Führungskraft sie abgibt. Damit ist die Zeit bis zur eigenständigen Bearbeitung und Erledigung oft zu knapp bemessen. Der Mitarbeiter kann dann seine Aufgabe nur unter Zeitdruck bearbeiten, mit entsprechenden Auswirkungen auf die Qualität der Ergebnisse. Manchmal ist sie dann vielleicht auch gar nicht zu schaffen. Es ist daher wichtig, rechtzeitig zu überlegen, welche Aufgaben delegiert werden können, um sie rechtzeitig abzugeben. Darüber hinaus sollte der Vorgesetzte genügend Zeit einplanen, um vernünftige Kontrollen einbauen zu können.

Delegieren Sie nicht „zwischen Tür und Angel"

Delegation läuft häufig auf ein „Können Sie das bitte mal erledigen?" hinaus. Damit erhält der Mitarbeiter keinerlei Handlungsanweisung. Löst er dann eine Aufgabe nicht nach den Vorstellungen des Vorgesetzten, ist das nicht verwunderlich. Besser ist es, sich Zeit zu nehmen und dem Aufgabenempfänger zu sagen, was mit der Aufgabe erreicht werden soll. Was ist das Ziel und was muss bedacht werden? Nur wenn das klar ist, kann Mitarbeiter die Aufgabe auch richtig bearbeiten.

Fehler nach der eigentlichen Delegation

Nicht nur bei der eigentlichen Delegation sind Fehler nicht selten, auch in der Bearbeitungsphase können Führungskräfte oft ihr Verhalten noch verbessern.

Fehler in der Bearbeitungsphase

Kontrollieren Sie weder zu eng noch zu lax

Das Ausmaß der benötigten Kontrolle ist stark abhängig von der Kompetenz des jeweiligen Mitarbeiters. Einen Mitarbeiter, der über eine hohe Kompetenz verfügt, muss die Führungskraft weniger kontrollieren als einen Mitarbeiter mit einem niedrigen Kompetenzgrad. In beiden Fällen ist es möglich, dass der Mitarbeiter sich zu streng bzw. gar nicht kontrolliert fühlt:

• Zu enge Kontrolle wirkt sehr demotivierend, weil der Mitarbeiter das Gefühl bekommt, dass sein Vorgesetzter ihn für inkompetent hält.

• Zu wenig Kontrolle dagegen kann sich auf die Qualität der Aufgabenerfüllung auswirken. Zudem drückt dies wenig Wertschätzung aus, wenn der Mitarbeiter das Gefühl entwickelt, dass der Vorgesetzte ihn nicht fördert.

Vor diesem Hintergrund ist es sinnvoll, Zwischenkontrollen vorzunehmen und gegebenenfalls korrigierend einzugreifen. Der Mitarbeiter erhält dabei eine Rückmeldung, welche Aufgabenteile seinem Vorgesetzten schon gut gefallen, welche noch verbessert werden können oder müssen und wie diese Modifikationen konkret auszusehen haben.

Keine Feedback-Schleifen

Gezielte Rück- meldung geben

Dem Mitarbeiter fehlt die Erfahrung, über die die Führungskraft verfügt. Deswegen fällt es ihm vielleicht ab und zu schwer, eine Aufgabe zu bewältigen. Vielleicht kennt er die Vorstellungen seines Vorgesetzten auch noch nicht so gut. Beide Seiten können künftig viel Zeit sparen, wenn die Führungskraft gezielt Rückmeldung gibt. Nur so ist der Mitarbeiter in der Lage, vom Vorgesetzten zu lernen: Er weiß nun, worauf er zukünftig achten soll.

Angst des Mitarbeiters vor Fragen

Manche Mitarbeiter haben Angst, ihre Vorgesetzten etwas zu fragen, z. B., weil sie sich dann inkompetent fühlen. Sie werden dann versuchen, Schwierigkeiten selbstständig zu lösen. So kann es geschehen, dass sie dann stundenlang an einem Problem sitzen und nicht weiterkommen. Manchmal kann die Führungskraft schon mit einer kurzen Hilfestellung dazu beitragen, dass der Prozess weitergeht. Deshalb ist es wichtig, dass sie für Zwischenfragen zur Verfügung steht. Dies spart beiden Seiten Zeit.

Lassen Sie keine Rückdelegation zu

Aufgabenlösung verbleibt beim Mitarbeiter

Rückdelegation bedeutet, dass der Mitarbeiter die Aufgabe nach einer gewissen Zeit an seine Führungskraft zurückgibt. Das kann durch zu kurze Bearbeitungszeit oder durch zu unklare Anweisungen auftreten. Es kann aber auch sein, dass versucht wird, die Aufgabe aus Bequemlichkeit zurückzugeben. Es ist wichtig, die Verantwortung für die Aufgabenlösung stets beim Mitarbeiter zu belassen. Das erreicht der Vorgesetzten durch Fragen wie:

* „Was sind Ihre Ideen, um das Problem zu lösen?"
* „Was könnten Sie noch machen, um das Problem zu lösen?"
* „Welche Informationen benötigen Sie noch von mir für die Problemlösung?"

Kienbaum Kompetenztest: Wie gut können Sie delegieren?

Bitte bewerten Sie die folgenden Aussagen entweder mit „Ja" oder „Nein". Machen Sie dazu jeweils ein Kreuz in der rechten Spalte. Weiter unten erfahren Sie, wie die Auswertung erfolgt und was Ihre Ergebnisse im Delegationstest bedeuten.

	Ja	Nein
Arbeiten Sie noch lange nach Büroschluss weiter? Nehmen Sie regelmäßig Arbeit mit nach Hause?		
Arbeiten Sie länger als Ihre Mitarbeiter?		
Verbringen Sie Zeit damit, Dinge für andere zu erledigen, die diese genauso gut selbst erledigen könnten?		
Finden Sie für den Notfall keinen Mitarbeiter oder Kollegen, der Sie zu entlasten vermag?		
Kennt einer Ihrer Kollegen, Mitarbeiter (oder Ihr Chef) Ihre Aufgaben und Tätigkeiten gut genug, um Sie – falls Sie Ihre Arbeit verlassen müssen – übernehmen zu können?		
Fehlt Ihnen die Zeit, Ihre Aufgaben und Tätigkeiten zu planen?		
Ist Ihr Schreibtisch überhäuft, wenn Sie von einer Geschäftsreise zurückkommen?		
Befassen Sie sich immer noch mit Tätigkeiten und Problemen aus dem Verantwortungsbereich, der vor Ihrer Beförderung liegt?		
Müssen Sie oft eine wichtige Aufgabe aufschieben, um andere durchführen zu können?		
Müssen Sie sich häufig und dauernd beeilen, um wichtige Termine einhalten zu können?		
Wenden Sie Zeit für Routinearbeiten auf, die durch andere erledigt werden könnten?		
Diktieren Sie selbst den größten Teil der Korrespondenz, Memos und Berichte, die man Ihnen zur Aktenzeichnung vorlegt?		
Werden Sie oft mit unbeantworteten Fragen und Anfragen zu Besprechungen, laufenden Projekten oder Aufgaben von Ihren Mitarbeitern angesprochen?		
Haben Sie kaum Zeit für gesellschaftliche oder repräsentative Verpflichtungen?		
Wollen Sie überall Ihre Hand im Spiel haben und über alles informiert sein?		
Haben Sie Mühe, sich an die Prioritätenliste zu halten?		

Zählen Sie dafür Ihre Ja-Antworten zusammen:

0 bis 3 Ja-Antworten	Sie delegieren ausgezeichnet.
4 bis 7 Ja-Antworten	Sie können Ihre Delegation noch an wichtigen Punkten verbessern.
8 und mehr Ja-Antworten	Die Delegation scheint für Sie ein ernsthaftes Problem darzustellen. Sie sollten der Lösung dieses Problems absoluten Vorrang einräumen.

Bei mehr als drei Ja-Antworten erscheint es sinnvoll, die Thematik weiterführend zu vertiefen.

Warum Delegation so schwerfällt

Neben den gerade beschriebenen „technischen" Fehlern können Gründe für mangelnde oder fehlerhafte Delegation auch in der Person des Vorgesetzten selbst begründet sein.

Was Führungskräfte am Delegieren hindert

Es gibt verschiedene Gründe, warum es vielen Führungskräften so schwerfällt, sich von Aufgaben zu trennen und diese an ihre Mitarbeiter zu übergeben.

Schenken Sie Ihrem Mitarbeiter Vertrauen

Mangelndes Vertrauen

Eine häufige Ursache stellt das mangelnde Vertrauen des Vorgesetzten gegenüber seinen Mitarbeitern dar. Das kann unterschiedliche Ursachen haben. Häufig hindern Gedanken wie „Ich habe keine Kontrolle.", „Ich habe keinen Einfluss.", „Ich habe ein Informationsdefizit." oder „Ich könnte es besser." ihn daran, Aufgaben loszulassen. Die Folge ist, dass er keine Tätigkeiten abgibt – und stattdessen in einem Berg von Arbeit versinkt.

Es ist wichtig, dass Führungskräfte ihren Mitarbeitern vertrauen. Nur so können diese ihre Kompetenzen erweitern und dem Chef mehr und mehr Arbeit abnehmen.

Bekämpfen Sie Ihre Existenzängste

Oft kommt es vor, dass Führungskräfte die Konkurrenz fürchten. „Andere könnten besser sein!", „Andere sehen mich selbst nicht als kompetent an oder könnten meine Aufgaben und Position übernehmen." Sollte das der Fall sein, sollte der Vorgesetzte versuchen, seine Ängste zu überwinden. Es hilft, in die eigenen Kompetenzen zu vertrauen.

Angst vor Konkurrenz

Kienbaum Expertentipp: Das Team fördern

Denken S e daran, dass selbstständige und verantwortungsvolle Mitarbeiter das ganze Team weiterbringen.

Zeigen Sie Risikobereitschaft

Natürlich ist es immer ein Risiko, eine Aufgabe abzugeben. Es kann sein, dass Mitarbeiter Termine nicht einhalten und Aufgaben falsch bearbeiten. Oder es geht Zeit durch die Delegation verloren. Dennoch sollte sich die Führungskraft langfristig überlegen, welche Vorteile Delegation bringt. Das Team wird insgesamt leistungsstärker, die Mitarbeiter engagierter und motivierter. Außerdem bedeutet es eine starke zeitliche Entlastung.

Mut zum Risiko

Welche Probleme bei der Delegation noch entstehen können

Weitere Schwierigkeiten, die bei oder durch die Übergabe von Tätigkeiten entstehen können, betreffen das Team.

Aufwertung von Mitarbeitern

Wenn ein Mitarbeiter eine begehrte Aufgabe erhält, besteht die Gefahr, dass sich andere Teammitglieder unfair behandelt oder benachteiligt fühlen. Deswegen ist es wichtig, dass alle Kollegen nach ihren Kompetenzen und zeitlichen Kapazitäten gleichermaßen Aufgaben übertragen bekommen.

Es mangelt an anderer Stelle an Personal

Wenn Mitarbeiter sich viel mit den an sie delegierten Aufgaben beschäftigen, kann es vorkommen, dass die bestehende Mitarbeitergruppe an anderen Stellen schnell überlastet ist. Die Qualität der Aufgabenerfüllung sinkt. Vielleicht fehlen auch Kompetenzen, welche die Führungskraft bei ihrem aktuellen Mitarbeiterstamm nicht findet. Dann gilt es, rechtzeitig mit den verantwortlichen Personen über Personalbedarf und Neueinstellungen zu sprechen.

Aufgaben sind unbeliebt

Viele Vorgesetzte nutzen die Delegation gern dazu, lästige Tätigkeiten abzuwälzen. Damit erreichen sie lediglich, dass die Mitarbeiter unzufrieden werden und Aufgaben nur noch ungern übernehmen. Typisch dafür sind etwa Präsentationen vorbereiten, Postgänge übernehmen, Informationen recherchieren, lästige Berichte schreiben usw.

Wie erfolgreiche Delegation aussieht

Verantwortung und Kompetenz müssen einander entsprechen

Entscheidend bei der Delegation ist das sogenannte Kongruenzprinzip. Es besagt, dass die Aufgaben- und Verantwortungsdelegation den notwendigen Kompetenzen des jeweiligen Mitarbeiters entsprechen sollte oder dass der Mitarbeiter dahingehend geschult wird.

Ist der Mitarbeiter kompetent genug?

Die Führungskraft muss sich für jede neu zu delegierende Aufgabe erneut überlegen, in welchem Ausmaß der Mitarbeiter über die notwendigen – fachlichen und persönlichen – Kompetenzen verfügt:

- Jemand, der bereits ein hohes Kompetenzniveau in diesem Bereich erlangt hat, benötigt im Vorfeld bei der Delegation wesentlich weniger Informationen und später auch weniger Kontrollschleifen.
- Besitzt die Person hingegen eher weniger Kompetenz, ist es wichtig, dass der Vorgesetzte sie trainiert und ihr in regelmäßigen Abständen eine Rückmeldung zu ihrer Leistung gibt.

Sind die Kompetenzen vorhanden?

Um zu entscheiden, ob der Mitarbeiter ausreichend kompetent ist, muss sich der Vorgesetzte genau überlegen, aus welchen Arbeitsschritten die delegierte Aufgabe besteht und ob das Wissen und die Erfahrung, die Fähigkeiten und Fertigkeiten des Mitarbeiters ausreichen, um jeden dieser Schritte zu bearbeiten. Ist es möglich, Lücken über schnell erreichbare Quellen zu schließen? Wenn nicht, muss entweder der Kollegen entsprechend geschult oder ein anderer Mitarbeiter gefunden werden.

Persönliche Voraussetzungen

Daneben sind persönliche Kompetenzen des Mitarbeiters wie z. B. Selbstständigkeit und Verantwortung wichtig. Es stellen sich Fragen wie „Steht er zu eigenen Fehlern und meldet er diese rechtzeitig?", „Stimmt er sich mit Kollegen ab, wenn nötig?", „Hat er den Willen, sein Tätigkeitsfeld zu erweitern und neue Dinge zu lernen?" und „Möchte er sich Herausforderungen stellen?"

Selbstständigkeit und Verantwortung

Checkliste: Welche Aufgabe an welchen Mitarbeiter?	
Handelt der Mitarbeiter bei übertragenen Aufgaben selbstständig und eigenverantwortlich?	
Tritt er für Fehlentscheidungen ein?	
Gibt er bei Fehlentscheidungen eine rechtzeitige Information an den Vorgesetzen?	
Koordiniert er seine Tätigkeit mit Kollegen?	
Besitzt er Weiterbildungsbereitschaft und Wille?	
Besitzt er genug Fachwissen, um die Aufgabe lösen zu können?	
Hat er genug Erfahrung, um die Aufgabe bearbeiten zu können?	
Hat er genug Möglichkeiten, um an weitere Informationen zu kommen?	

Stimmen Informationen und Ziele?

Eine wesentliche Voraussetzung für erfolgreiche Delegation ist, dass der Mitarbeiter ausreichend Informationen erhält.

Welchen Sinn hat die Aufgabe?

Er muss verstehen, zu welchem Projekt die Aufgabe gehört und warum er sie machen soll, und erfahren, welches Ziel die Aufgabe hat und wie er sie lösen soll.

Woher bekommt der Kollegen weitere Informationen?

Nachfragen ermöglichen

Falls noch weitere Informationen notwendig sind, muss klar sein, wo der Mitarbeiter sich diese beschaffen kann. Zuletzt sollte die Führungskraft deutlich machen, dass der Kollege jederzeit bei ihr nachfragen kann, wenn Sachverhalte oder Aufgabenstellung noch nicht deutlich sind.

Beispiel: Nachfragen gestatten

Der Teamleiter Herr Schwarz schickt seiner Assistentin per E-Mail eine Präsentation mit der Bitte: „Frau Minz, bitte fertig machen, Layout und so!" Frau Minz formatiert die Schriften, passt die Präsentation auf das Corporate Design an, fügt Folienübergänge und Animationen ein.

Allerdings fehlen der Präsentation noch einige Grafiken, zudem sind die Inhalte unvollständig und unstimmig. Frau Minz erstellt eine Liste der offenen Punkte und fragt anschließend bei ihrer Führungskraft nach: Woher bekommt sie die Grafiken? Welche Inhalte will Herr Schwarz noch eingefügt und abgestimmt wissen? Herr Schwarz gibt bereitwillig Auskunft und erteilt Frau Minz noch Hinweise, welche Kollegen über die notwendigen Informationen verfügen.

Sind die Ziele erreichbar?

Realistische Ziele stecken

Von zentraler Bedeutung ist, dass die gesteckten Ziele erreichbar und realistisch sind. Wenn der Mitarbeiter keine Chance hat, die delegierte Aufgabe in der gegebenen Zeit zu bearbeiten, führt das zu seiner Frustration. Er benötigt genügend Zeit, um sich einzuarbeiten, sich bei eventuellen Problemen Hilfe zu suchen und gegebenenfalls Verbesserungsvorschläge umzusetzen. Eine volle Kundenpräsentation ist nicht in einer Stunde zu schaffen – die Delegation sollte daher früher erfolgen. Die Führungskraft sollte rechtzeitig feststellen, welche Aufgaben sie delegieren kann, und diese dann baldmöglichst weitergeben.

Der Delegationsprozess

Damit die Delegation erfolgreich verläuft, ist eine Vorbereitung auf den Prozess notwendig. Dabei gilt es, stets im Hinterkopf zu behalten, dass Delegieren kein Verteilen von Aufgaben ist, sondern die Vorgabe von Zielen, die erreicht werden müssen.

Vorbereitung auf die Delegation

Mit folgenden Punkten sollte sich eine Führungskraft im Vorfeld des Delegationsprozesses auseinandersetzen:

Welche Gründe gibt es für die Delegation?

Mit einer Delegation kann der Vorgesetzte unterschiedliche Dinge erreichen:

Was bringt die Delegation?

*   Er kann sich selbst entlasten,
*   er kann den Mitarbeiter herausfordern und motivieren
*   oder dessen Kompetenzen erweitern.

Für eine Delegation eignen sich besonders solche Aufgaben, für die die Führungskraft überqualifiziert ist oder die zur regelmäßigen Routine gehören. Damit kann sich der Delegierende Freiräume für seine eigentlichen Kernaufgaben verschaffen, also Ziele zu definieren und diese zu verfolgen, die Mitarbeiter zu führen und zu beraten, Ergebnisse zu kontrollieren oder wichtige Kontakte aufzubauen und zu pflegen.

Kienbaum Expertentipp: Potenziale sichtbar machen

Nutzen Sie die Delegation auch dazu, Potenziale bei Ihren Mitarbeitern zu ermitteln und ihre berufsbezogenen Fähigkeiten festzustellen.

Der Mitarbeiter selbst kann lernen, selbstständig zu arbeiten, erhält die Chance, sich persönlich und fachlich weiterzuentwickeln, und kann seine Fähigkeiten unter Beweis stellen.

Beispiel: Mitarbeiter fördern

Der Teamleiter Herr Schwarz ist von den Leistungen seiner Assistentin sehr angetan und möchte sie gern weiter fördern. Um ihr Potenzial zu testen, überträgt er ihr weitergehende Aufgaben: „Frau Minz, könnten Sie sich bitte um die Vorbereitung des nächsten Bereichsmeetings kümmern? Das würde mich sehr entlasten. Den Standardablauf kennen Sie ja. Wir planen außerdem einen Workshop zur Einführung der neuen Produktlinie. Dazu fehlt noch ein Konzept. Ich würde Sie da gern mit einbinden. Sie haben immer so viele gute Ideen."

Welche Ergebnisse werden erwartet?

Frist für Lösungsfindung entscheidend

Eine Aufgabe kann abgehakt werden oder kreativ und vielfältig gelöst werden. Wenn die Fristen sehr knapp sind, sollte die Führungskraft sinnvollerweise eine reine Aufgabenerfüllung erwarten. Ist allerdings mehr Zeit vorhanden, kann der Mitarbeiter auch dazu angeregt werden, einmal weiter zu denken und sich selbst stärker einzubringen.

Beispiel: Zeit berücksichtigen

„... wir haben bis zur Abgabe des Konzepts noch zwei Wochen Zeit. Wenn Sie sich inhaltlich einbringen möchten – ich bin für Vorschläge offen und freue mich über neue Impulse!"

Stehen ausreichend Ressourcen zur Verfügung?

Hat der Mitarbeiter Zugang zu allen Daten, die er für seine Projektbearbeitung benötigt? Dazu gehören Ansprechpartner, Informationsquellen, Kundendaten, Büromaterial und Software. Sind die IT-Voraussetzungen gegeben? Nichts ist frustrierender, als mitten in der Aufgabenerledigung festzustellen, dass Ressourcen, Informationen oder Mittel zur Zielerreichung unvollständig sind oder ganz fehlen.

Beispiel: Informationsquellen nennen

„... könnten Sie bitte außerdem noch die Ergebnisse der Kundenbefragung einbeziehen? Sie bekommen sie von Frau Tomas, ihre Kontaktdaten stehen im Intranet. Sie hat die Umfrage ausgewertet und kann Sie auch bei technischen Fragen unterstützen."

Wann muss welches Ziel erreicht sein?

Es ist nicht notwendig, immer gleich ein großes Gesamtziel vorzugeben – das kann auf Mitarbeiter abschreckend wirken. Besser ist es, Projekte in Teilergebnisse zu gliedern, die zu einem bestimmten Termin erledigt sein sollten. Solch eine Aufteilung hilft dabei, die Zeit richtig einzuteilen, und ermöglicht der Führungskraft, den Fortschritt zu kontrollieren.

Beispiel: Teilziele benennen

„... das Meeting sollte diesen Monat stattfinden. Schicken Sie die Einladung also bitte noch in dieser Woche raus. Über den Workshop sprechen wir am besten nächste Woche, dann bleibt noch genügend Zeit zur Überarbeitung. Ich schlage dafür Mittwoch, 9:00 Uhr vor."

Feedback nicht vergessen

Feedback wirkt motivierend und erzeugt Lerneffekte (s. Seite 118). Der Vorgesetzte sollte also einem Mitarbeiter mitteilen, wenn er mit einer erledigten Aufgabe oder einem Zwischenergebnis zufrieden ist. Ebenso wichtig ist es aber, Verbesserungsvorschläge, die er hat, zu äußern. Vielleicht hat er Hinweise zur Umsetzung von Vorhaben oder er verfügt über einen Erfahrungsschatz, auf den seine Mitarbeiter nicht zurückgreifen können. Dann sollte er sein Wissen teilen und die Mitarbeiter im Sinne der Ergebnisqualität davon profitieren lassen. Zu jeder delegierten Aufgabe gehört zumindest eine kurze Rückmeldung, nur so kann der Mitarbeiter lernen, die eigenen Ergebnisse realistisch einzuschätzen. Ebenso ist es hilfreich, wenn auch die Führungskraft aktiv Feedback von ihren Mitarbeitern einholt: War der Aufgabenumfang in Ordnung? Hat er die Aufgabenstellung verständlich ausgedrückt? Sind Fragen offen? Wünscht sich der Mitarbeiter weitere Informationen? Kann die Führungskraft bei der Aufgabenübertragung irgendetwas besser oder anders machen?

Feedback motiviert

Beispiel: Feedback geben

Herr Schwarz hat bereits einen Termin für ein Zwischenfeedback an Frau Minz fixiert. Auch nach Abschluss des Projekts ist ein Gespräch angesetzt, um Frau Minz über die Erfolge und Verbesserungspotenziale des von ihr erarbeiteten Konzepts zu informieren. Ziel ist, dass sie ihre Erfahrungen in künftige Projekte einbringen kann.

Kontrolle durchführen

Angekündigte Kontrollen durchführen

Zwischenkontrollen sind wichtig, um den Verlauf eines Projekts in die richtige Richtung zu lenken. Bearbeitet der Kollege die Aufgabe so, wie sich die Führungskraft dies vorgestellt hat, dann sollte ein entsprechendes Feedback erfolgen. Durch diese Rückmeldung wird sich der Mitarbeiter bestärkt und abgesichert fühlen.

Kontrollen sollten angekündigt und dabei auch die Kriterien festgelegt werden. Wichtig ist, den Termin auch durchzuführen. Die Ankündigung einer Überprüfung verursacht einen gewissen Druck, umso enttäuschender ist es, wenn sie dann ausbleibt.

Kienbaum Expertentipp: Keine Kontrolle ohne Feedback

Kontrolle und Feedback gehören zusammen. Jedesmal, wenn Sie Ergebnisse Ihres Mitarbeiters überprüfen, müssen Sie ihm auch Rückmeldung geben. Finden Sie die Zeit dafür.

Welche Unterstützung können Sie dem Mitarbeiter bieten?

Eine Aufgabe kann auch eine Herausforderung sein. Dann ist es wichtig, dem Mitarbeiter Unterstützung bei Fragen zuzusichern. Vielleicht ist es der Führungskraft auch möglich, ihm den einen oder anderen Tipp in schwierigen Phasen zu geben. Schon in der Vorbereitungsphase kann es daher sinnvoll sein, zu klären, welche Unterstützung notwendig sein könnte. Sind vielleicht sogar Weiterbildungsmaßnahmen nötig?

Checkliste: Vorbereitung auf den Delegationsprozess		✓
Gründe	Was wollen Sie erreichen?	
Ergebnisse	Welches Ergebnis erwarten Sie?	
Ressourcen	Welche Ressourcen stehen Ihrem Mitarbeiter zur Verfügung?	
Termine	Welche Termine legen Sie für Berichterstattungen und Fertigstellung fest?	
Feedback	Wann können Sie dem Mitarbeiter ein Feedback über die Leistung geben?	
Kontrolle	Welche Kontrollen sind erforderlich?	
Unterstützung	Welche Unterstützung bzw. Hilfe muss der Mitarbeiter erhalten? Sind Weiterbildungsmaßnahmen erforderlich?	

Das Delegieren selbst

Nach der Vorbereitung erfolgt das Delegieren selbst, also die Aufgabenübertragung. Es gibt verschiedene Stufen der Delegation, je
nachdem, wie weit das Projekt oder der Vorgang schon erledigt oder
geplant ist. Davon ist abhängig, wie viel der Vorgesetzte noch mit
dem Mitarbeiter besprechen sollte.

Stufen der Delegation

Delegationskriterien	
Sie haben entschieden ...	**Und haben Ihren Mitarbeiter eingeladen, um zu besprechen ...**
... noch gar nichts. (wenn Sie ohne Vorbereitung in das Gespräch gehen)	... ob etwas gemacht werden soll.
... dass etwas gemacht werden soll. Sie kennen das Ziel, aber noch nicht die eigentliche Aufgabe dazu	... was gemacht werden soll.
... was gemacht werden soll. Sie kennen die Aufgabe.	... wann, wie, wo und von wem es gemacht werden soll.
... was, wann, wie, wo und von wem es gemacht werden soll. (Sie sind gut vorbereitet)	... die Beweggründe für Ihre Entscheidung, hören, welche Konsequenzen für Ihren Mitarbeiter damit verbunden sind.

Darauf sollten Sie beim Delegieren achten

Es gibt einige Dinge, auf die Führungskräfte beim Delegieren unbedingt achten sollten:

Mehr Erfolg beim Delegieren

- Nennen Sie nicht nur die Aufgabe, sondern auch das Ziel.
  Wenn Sie Ziele delegieren, hat Ihr Mitarbeiter einen größeren
  Entscheidungs- und Handlungsspielraum. Das bedeutet für Ih-
  ren Mitarbeiter eine bessere Aufgabenerfüllung und höhere Mo-
  tivation.
- Grenzen Sie die Aufgaben sauber ab.
  Entscheiden Sie: Was gehört zur Aufgabe und was nicht? Machen
  Sie deutlich, wo die Aufgabenabgrenzungen liegen, damit sich
  Ihr Mitarbeiter nicht mit unnötigen Dingen beschäftigt.

- Legen Sie Erfolgskriterien fest.

  Geben Sie am Schluss der Aufgabenübergabe ganz klar an, welche Erfolgskriterien Sie anlegen. Welches Mindestmaß muss erfüllt sein?

- Verpflichten Sie den Mitarbeiter dazu, sich bei Problemen zu melden.

  Lange Problembehandlungen können zu großen Zeitverzögerungen führen. Besser ist es, wenn sich der Mitarbeiter rechtzeitig bei seiner Führungskraft meldet. Dann kann diese entweder helfen oder weiß zumindest Bescheid, dass es Probleme gibt.

Fördern Sie Ihre Mitarbeiter

Mitarbeiterforderung und -förderung gehören zusammen

Mitarbeiterforderung und -förderung stehen in einem engen Zusammenhang. Deshalb ist es wichtig, herausfordernde Aufgaben zu delegieren, die den Mitarbeiter motivieren. Um den Mitarbeiter in seiner persönlichen Entwicklung weiterzubringen, sollte die Führungskraft vor allem solche Aufgaben delegieren, durch die der Mitarbeiter neue Kompetenzen erwerben kann. Dazu gehören auch Aufgaben, die der Vorgesetzte womöglich selbst besser erledigen könnte oder auch gern selbst machen würde. Natürlich müssen die unterschiedlichen Leistungsfähigkeiten und Kompetenzen der Kollegen in Betracht gezogen werden, um Unter- und Überforderungen zu vermeiden. Dazu muss die Führungskraft die abzugebende Aufgabe zunächst genau beschreiben. Sinnvoll ist es, ein Anforderungsprofil zu erstellen, also in Stichworten aufzuschreiben, welches Wissen, Können und Wollen die Tätigkeit verlangt sowie welche Lernchancen sie bietet. Fördert sie womöglich das Methodenwissen? Oder erweitert sie das Fachwissen? Welcher der Mitarbeiter in der näheren Auswahl soll das lernen?

Weiter gilt es zu prüfen, ob der ausgewählte Mitarbeiter auch die Voraussetzungen von Wissen, Können und Wollen erfüllt. Kennt er sich in dem Fachgebiet vielleicht schon aus oder ist er noch gar nicht weit genug, all das zu lernen, was ansteht? Ist er motiviert, eine neue, anspruchsvolle Aufgabe zu übernehmen?

Checkliste: Mitarbeiterförderung durch Delegation	
Inhalt bzw. Aufgabe	Was soll getan werden?
Anforderungen	Welches Wissen, Können, Wollen verlangt die Aufgabe? (Erstellen Sie ein Anforderungsprofil)
Lernchancen	Was kann man bei dieser Aufgabe besonders lernen?
Person	Welcher Mitarbeiter sollte diese Aufgabe übernehmen?
Profil des Mitarbeiters	Wie ist der Ist-Zustand hinsichtlich Wissen, Können und Wollen bei diesem Mitarbeiter?
Umfang und Details	Wie soll der Mitarbeiter die Aufgabe erledigen?
Termine	Bis wann soll er es tun?

Kienbaum Kompetenztest: Delegationskriterien überprüfen

Reflektieren Sie Ihr eigenes Delegationsverhalten mit den folgenden Fragen:

Nach welchen Kriterien geben Sie Verantwortlichkeiten weiter?

In welchen Bereichen haben Sie mit Delegation Schwierigkeiten (bei welchen Aufgaben, welchen Mitarbeitern)?

Wo sehen Sie diesbezüglich Lösungsmöglichkeiten?

Welche Prinzipien sind Ihnen bei der Delegation von Aufgaben wichtig?

Wonach entscheiden Sie, ob Sie eine Aufgabe delegieren?

Wie berücksichtigen Sie die Über- oder Unterforderung Ihrer Mitarbeiter?

Wo sehen Sie Vorteile von Delegation, wo Nachteile?

Was machen Sie lieber selbst?

5 Konfliktlösung durch Mediation

Mediation ist ein Prozess der Kommunikation und des Verständnisses. Sie ist eine Möglichkeit, Konflikte zu lösen, ohne dass es dabei zu heftigen Auseinandersetzungen kommt, und bietet dabei viele Vorteile für die Beteiligten. In diesem Kapitel lesen Sie,

- was Mediation eigentlich ist,
- welche Ziele sie verfolgt und in welchen Bereichen sie eingesetzt wird,
- welche Aufgaben und Rollen ein Mediator im Mediationsprozess zu erfüllen hat,
- was Sie beachten müssen, wenn Sie als Führungskraft die Mediatorenrolle übernehmen,
- in welchen Phasen eine Mediation abläuft und
- wie Sie in den einzelnen Phasen am besten vorgehen.

5.1 Was ist Mediation?

Akuten Konflikt unterbrechen

Mediation heißt Vermittlung. Sie unterbricht den akuten Konflikt und holt alle Beteiligten an einen Tisch. Es geht darum, eine gemeinsame Lösung zu erarbeiten, wobei Fakten und Inhalte zählen, aber auch Interessen und Gefühle. Dadurch, dass auch Gefühle Raum erhalten, wird der Weg für eine sachliche Konfliktlösung wieder möglich.

Die Konfliktparteien, die auch Medianten genannt werden, sind in der Verantwortung. Sie haben die Gelegenheit, die für sie beste Lösung zu finden. Für die Gesprächsführung und -leitung tritt ein Mediator ein. Er vermittelt auf neutraler Ebene.

Warum Mediation?

Wenn Menschen zusammenleben, -arbeiten und kommunizieren, kann es zu Konflikten kommen. Durch unterschiedliche Bedürfnisse und Interessen entstehen neue Ideen, entwickeln sich die Beteiligten persönlich weiter. Wie aber lassen sich Konflikte effektiv lösen, ohne dass sich die Parteien gegenseitig schaden? Das Grundprinzip der Mediation ist, die Bedürfnisse aller Beteiligten zu berücksichtigen.

Bedürfnisse aller Beteiligten berücksichtigen

In der Arbeitswelt gibt es oft keine übergeordnete Instanz, die Entscheidungen für die Mitarbeiter trifft. Hier sind die Konfliktparteien zunächst selbst gefragt. In einem Gespräch müssen die Beteiligten ihre eigenen und die fremden Interessen und Bedürfnisse hinterfragen, um gemeinsam konstruktive Lösungsansätze zu finden. In einer festgefahrenen Situation ist es ein hilfreicher Lösungsweg, sich für eine Medation zu entscheiden.

Vorteile der Mediation für die Konfliktlösung

Aus operativer Sicht ergeben sich eindeutige Vorteile für eine schnelle und unkomplizierte Konfliktlösung. Mediation ist

- sofort einsetzbar (die Beteiligten entscheiden selbst über Zeit, Ort und Inhalt),
- schnell und effizient,
- unbürokratisch,
- zukunftsorientiert,
- konstruktiv-kooperativ und
- hat dadurch hohe Chancen auf ein erfolgreiches und tragfähiges Ergebnis.

Wo wird Mediation eingesetzt?

Heutzutage kommen Mediatoren in den unterschiedlichsten Bereichen zum Einsatz, z. B. bei

Einsatzbereiche von Mediatoren

- Konflikten am Arbeitsplatz, Teamkonflikten, Mobbing,
- Umstrukturierungskonflikten,
- Mitbestimmungskonflikten,
- Tarifkonflikten,
- Konflikten auf Managementebene,
- Gesellschafterkonflikten,

- Konflikten in Familienunternehmen, bei der Unternehmensnachfolge,
- Konflikten zwischen Geschäftspartnern und Konkurrenzfirmen,
- Fusionen und Firmenübergänge,
- Störungen in Kunden-/Lieferantenbeziehungen sowie
- Wettbewerbsstreitigkeiten.

Warum sich Unternehmen für die Mediation entscheiden

Argumente für
Mediation im
Unternehmen

Aus unternehmerischer Perspektive sprechen folgende Argumente für den Einsatz einer Mediation:

- Sie ist gekennzeichnet durch hohe Erfolgschancen.
- Ihr ausdrückliches Ziel ist eine Win-win-Situation.
- Offene und verdeckte Kosten, die durch ungelöste innerbetriebliche Konflikte entstehen können, werden vermieden.
- Es entstehen keine unkalkulierbaren Zeit- und Kostenrisiken, wie z. B. durch eine gerichtliche Verhandlung.
- Ressourcen werden effektiv eingesetzt: Die Beteiligten erlernen gleichzeitig konstruktives Konfliktmanagement.
- Ein positives Betriebsklima wird erhalten oder dessen Wiederherstellung realisiert.

Ziele der Mediation

Einigung ist
nicht immer
möglich

Das Ziel der Mediation ist eine einvernehmliche Lösung eines Konflikts zwischen zwei Konfliktparteien. Nicht immer ist eine Einigung möglich, aber auch diese Erkenntnis ist ein Ergebnis, aus dem heraus sich weitere Schritte einleiten lassen.

Zufriedenstellende Lösung gesucht

Mediation ist in unterschiedlichsten Bereichen einsetzbar. Die Vorgehensweise ist stets ähnlich. Am Ende steht die Bewältigung eines Konflikts und eine zufriedenstellende Lösung für alle Beteiligten. Nicht immer muss es das Ziel sein, eine richtige Entscheidung zu treffen. Wirklich zukunftsträchtig ist vielmehr eine passende Lösung!

Der Weg des Verhandelns

Auf das Harvard-Prinzip wurde bereits eingegangen (s. Seite 177). Auch die Mediation macht sich denselben Grundsatz zu eigen: Zunächst stellen sich zahlreiche Konflikthemen. Diese werden sortiert und strukturiert. Um das Verständnis für die Konflikthemen zu erhöhen, werden die Interessen und Bedürfnisse hinter den Konflikthemen gesucht. Daraufhin werden kreative Lösungswege entwickelt. Am Ende steht eine Einigung über einen der unterschiedlichen Lösungswege.

Mediation – ja oder nein?

Nicht immer ist die Mediation die beste Wahl, um einen Konflikt beizulegen. Folgende Kriterien können bei der Entscheidung, einen Mediator heranzuziehen oder nicht, helfen.

Entscheidungshilfe pro oder contra Mediation

Mediation Pro und Kontra	
Ja	Nein
Die Fronten sind verhärtet. Die Konfliktparteien kommunizieren nicht mehr oder nur auf sehr aggressive Weise miteinander.	Die Parteien haben eine einmalige Streiterei. Sie reden darüber.
Aus einem ursprünglichen Konflikt sind viele neue Konflikte entstanden.	Eine kleine Auseinandersetzung zu einem Konfliktthema steht im Raum.
Parteien sind motiviert! Sie wollen eine gemeinsame Lösungen finden.	Parteien sind demotiviert! „Ich will keine Einigung!"
Parteien haben eine gleichberechtigte Stellung.	Hierarchieunterschiede, z. B. Vorgesetzter zu Mitarbeiter
Beide sehen Nachteile durch eine juristische Einigung und bevorzugen die Mediation.	Eine der Parteien bevorzugt eine juristische Lösung.
Gesprächspartner wollen ehrlich miteinander umgehen.	Gesprächspartner sind unaufrichtig.
Beide Parteien sind in der Lage, ihre Interessen zu vertreten.	Einer der Parteien fehlt es an Selbstverantwortung, die eigenen Interessen zu vertreten.
Der Konflikt liegt auf Stufe 3 bis 6 (maximal 7) der Eskalationsstufen nach Glasl (s. Seite 62).	Der Konflikt befindet sich im Bereich von Stufe 1 bis 3 oder 8 und 9.

5.2 Aufgaben und Eigenschaften des Mediators

Das Wort Mediator hat seinen Ursprung in dem lateinischen Wort mediare – in der Mitte sein. Er ist der neutrale Dritte, der die Beteiligten an einem Konflikt darin unterstützt, zu konstruktiven Verhandlungen und vor allem zu Lösungen zu kommen.

Die Rolle des Mediators

Mediator ist neutraler Dritter

Als Vermittler regelt der Mediator die Kommunikation zwischen den Medianten und achtet auf einen fairen Umgang miteinander. Er ist gleichzeitig Zuhörer, Motivator und Gesprächsleiter und darf als solcher bei Bedarf in die Diskussion einschreiten.

Mediator ist nicht für die Konfliktlösung verantwortlich

Vor ihm werden Probleme vorgetragen. Er motiviert die Medianten, offen und ehrlich zu sprechen, und gibt den Parteien gleichermaßen Gesprächszeit.

Mediatoren sind grundsätzlich nicht für das Verhandlungsergebnis verantwortlich. Vielmehr sichert er den Rahmen, in dem die Medianten so miteinander kommunizieren, dass sie die Eskalation des Konflikts vermeiden und zu einer Konfliktregelung kommen.

Die Aufgaben eines Mediators

Der Mediator hat die Aufgabe,

* zu motivieren:
  Der Mediator versucht in allen Phasen der Mediation, die Beteiligten zu unterstützen und dazu zu motivieren, am Prozess aktiv zu arbeiten.
* zu strukturieren:
  Mediatoren moderieren die Gespräche. Sie sind Gesprächsleiter und bestimmen somit Ablauf, Rahmen und Struktur der Mediation.
* zu verstehen:
  Der Mediator versucht, die unterschiedlichen Sichtweisen zu verstehen und zu unterstützen, sie zu erarbeiten und zu verdeut-

lichen. Er fördert die Selbstbehauptung der einzelnen Parteien und unterstützt das eigene und gegenseitige Verständnis.

* die Kommunikation zu verstärken:
Der Mediator unterstützt die Konfliktparteien bei einer fairen Kommunikation. Beide Parteien haben das gleiche Recht zu sprechen und die selbe Pflicht, zuzuhören. Der Mediator unterstützt diesen Prozess.

* die Schweigepflicht zu beachten:
Ein Mediationsverfahren ist geprägt vom Grundsatz der Vertraulichkeit. Der Mediator steht daher unter Schweigepflicht!

Checkliste: Kennzeichen eines guten Mediators	
Er ist sensibel und einfühlsam.	
Er hört aktiv zu.	
Er bekommt Sympathie von beiden Konfliktparteien.	
Er fasst lange Gesprächsteile zusammen.	
Er stellt die richtigen Fragen, um den Verstehensprozess zu unterstützen oder das Gespräch weiterzubringen.	
Er hält den roten Faden im Gespräch.	
Er bewertet oder beurteilt die Standpunkte oder Gesprächsthemen nicht.	
Er macht keine eigene Vorschläge zu Lösungswegen.	
Er besteht auf klaren Vereinbarungen.	
Er bleibt al parteilich.	

Die Führungskraft als Mediator

Durch mediative Kompetenzen kann ein Vorgesetzter erlernen, wie hilfreich es sein kann, Verhalten und Reaktionen der Mitarbeiter zu reflektieren.

Verhalten und Reaktionen erkennen

Besseres Verständnis für das Team

Nicht nur in Konflikt-, sondern auch in Alltagssituationen versteht es eine Führungskraft dadurch, sich mit problematischem Verhalten besser auseinanderzusetzen. Das Einfühlen in eine andere Person kann neue Perspektiven eröffnen. Der Vorgesetzte kann seine Mitarbeiter und deren Beweggründe besser verstehen.

Konflikte frühzeitig erkennen

Gleichzeitig hilft ihm das Aus- und Besprechen von Konfliktthemen, seine Mitarbeiter besser kennenzulernen und Konflikte präventiv wahrzunehmen. Wer als Führungskraft seine Mitarbeiter gut kennt, ist in der Lage, Signale für Konfliktsituationen schnell zu identifizieren, und hat die Möglichkeit, den Kollegen zu helfen, eine künftige Auseinandersetzung zu verhindern.

Ihre Mitarbeiter wollen keine Mediation! Was tun?

Gesonderter Gesprächstermin ist sinnvoll

Wenn die Mitarbeiter meinen, eine Mediation sei nicht notwendig, sollte der Vorgesetzte mit ihnen darüber reden. Dazu ist ein gesonderter Gesprächstermin sinnvoll. Dabei kann die Führungskraft fragen, ob es am Mut liegt, der nötig ist, eine Mediation durchzuführen. Er sollte seine Mitarbeiter bestärken, den Konflikt anzugehen und folgende Fragen stellen:

- „Welche Vorteile ergäben sich, wenn der Konflikt beigelegt würde?"
- „Wie wichtig ist mir die Beziehung zu der anderen Partei?"
- „Wie viel Stress und Nerven hat mich der Konflikt schon gekostet?"
- „Wie viel Zeit hat mich der Konflikt schon gekostet?"
- „Wie werde ich mich fühlen, wenn der Konflikt behoben sein wird?"

5.3   Mediation – so geht's

Blick in die Zukunft

Um eine konfliktträchtige Situation zu verändern, blickt das Mediationsverfahren ausschließlich in die Zukunft. Die Historie eines Konflikts, die persönlichen Anteile bei seiner Entstehung sowie seiner Eskalation – das alles gehört der Vergangenheit an.

Grundsätze und Regeln für die Vermittlung

Für eine erfolgreiche Mediation sind neben der zeitlichen Perspektive weitere Grundsätze zu beachten. Mediation

Was eine Mediation erfolgreich macht

- braucht den Willen beider Parteien, konstruktiv miteinander zu kommunizieren,
- braucht Zeit – Zeitdruck schadet ihr –,
- muss freiwillig sein und darf nicht auf Druck oder Verordnung stattfinden,
- setzt den Willen voraus, eine Lösung zu finden,
- will die Zukunft verändern, nicht die Vergangenheit verarbeiten,
- braucht Gleichberechtigung – beide Parteien müssen alle Informationen haben, die die materiellen Tatsachen, Rechte und Pflichten angehen –,
- basiert auf Vertrauen, d. h., keine Informationen dürfen im Nachhinein gegen eine Person verwendet werden, das sichert z. B. ein Mediationsvertrag,
- verlangt den Willen, sich für seine Bedürfnisse und Interessen einzusetzen, Mediation fordert die Eigenverantwortung der Beteiligten,
- braucht Allparteilichkeit bzw. Neutralität des Mediators, er sollte deshalb in gleicher Beziehung zu beiden Parteien stehen.

Das Phasenmodell der Mediation

Der Ablauf einer Mediation erfolgt nach einem planmäßigen Schema, das verschiedene Phasen aufweist. Dennoch variiert die Umsetzung nach individuellen Merkmalen und Bedürfnissen der Konfliktparteien.

Die Mediation als Kreislauf

Die unterschiedlichen Schritte werden nicht geradlinig von der ersten bis zur letzten Phase durchlaufen. Vielmehr handelt es sich um einen kreisförmigen Verlauf, mit einem Ein- und Ausstieg sowie mehreren Durchgängen. Je weiter die Parteien im Prozess fortschreiten, desto weiter öffnet sich ihre Wahrnehmung und desto stärker verändern sich sowohl ihr Gesprächs- als auch ihr Konfliktverhalten.

Ein- und Ausstieg an verschiedenen Stellen möglich

Im Verlauf der Lösungssuche können neue Konflikte auftreten und Beteiligte auf frühere Positionen zurückfallen lassen. Interessen und Bedürfnisse können sich verändern. Während die Beteiligten bereits an einer vielversprechenden Lösung arbeiten, kann einem der Teilnehmer ein neuer Lösungsansatz einfallen.

Zirkuläres
Vorgehen

Diese Umstände machen es sinnvoll und erforderlich, in der Mediation zirkulär vorzugehen. Das Phasenmodell wird daher als kreisförmiges Diagramm dargestellt.

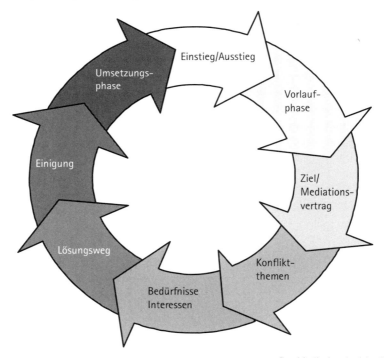

Der Mediationskreislauf

Diese Phasen können wiederholt und der Kreislauf mehrfach durchlaufen werden. Es gibt jedoch einen Einstiegs- und einen Ausstiegspunkt, der jeweils die Gültigkeit der vereinbarten Regeln signalisiert. Nicht für jede Phase ist zwingend ein gesondertes Treffen notwendig. Es ist aber sinnvoll, pro Termin einen Zeitrahmen von einer bis drei Stunden einzuplanen und diesen nicht zu überschreiten.

Mediationsphasen	
Ein-/Ausstieg	Signalisiert die Gültigkeit der vereinbarten Regeln, kann unabhängig von Phase, Status und Fortschritt des Mediationsprozesses jederzeit erfolgen
Vorlauf	Einzelgespräche mit den Parteien, Informations- und Motivationsarbeit, Aufklärung, Planung und Organisation
Phase 1	Einstieg, Klärung von Auftrag und Ziel, Mediationsvertrag
Phase 2	Sammlung und Gewichtung der Konfliktthemen und Streitpunkte
Phase 3	Konfliktbearbeitung: von den Positionen zu den Bedürfnissen und Interessen
Phase 4	Suchen und Ausarbeiten von Lösungswegen
Phase 5	Aushandeln der besten Lösung, Einigung, (schriftliche) Vereinbarung
Umsetzung	Erproben der Vereinbarung, Nachfolgetreffen, Nachbearbeitung der Umsetzung

Vorlaufphase

In der Vorbereitung für das Verfahren gilt es, sich einen Überblick über die Situation zu verschaffen und die relevanten Informationen bei den Konfliktparteien einzuholen. Vereinbaren Sie als ersten Schritt separate Termine mit den Konfliktparteien.

Überblick über die Situation

Diese Punkte müssen Sie vorab klären

Klären Sie in einem ersten Treffen:

* Was ist das Problem?
* Wer ist beteiligt?
* Wie stehen die einzelnen Parteien zu den verschiedenen Themen?
* Welche Interessen stehen hinter den Positionen?

Kienbaum Expertentipp: Führen Sie konstruktive Gespräche

Um in dieser Phase an alle Informationen zu kommen, sollten Sie professionelle Gesprächstechniken einsetzen (s. Seite 116).

Zuhören steht im Vordergrund

Mit diesen Informationen kann der Mediator den Konflikt später besser leiten und auch die im Streit stehenden Personen können das Konfliktthema und ihre eigene Stellung dazu besser fassen. Wichtig ist, nicht zu versuchen, den Konflikt zu lösen oder erste Ratschläge zu erteilen. Zunächst geht es darum, lediglich aktiv zuzuhören.

Phase 1: Ziel und Mediationsvertrag

Termine verein-
baren und
vorbereiten

Der Mediator vereinbart anschließend einen ersten gemeinsamen Termin mit den Konfliktparteien. Insgesamt ist von drei bis zehn Sitzungen auszugehen. Diese kann der Vermittler vorher festlegen oder jedes Mal erneut vereinbaren. Eine jeweils zeitnahe Absprache erhöht die Flexibilität und ermöglicht es, individuell auf den Fortschritt der Beteiligten einzugehen. Eine Checkliste mit allen zentralen Themen hilft bei der Vorbereitung und Planung des ersten Termins.

Das erste Gespräch

Wenn die Konfliktparteien bereit sind, kann das erste Mediationsgespräch stattfinden. Der Vermittler klärt die beteiligten Personen über die Möglichkeiten und Grenzen der Mediation auf. So wissen alle, was sie erwartet. Außerdem erklärt er seine Rolle und macht generelle Überlegungen zur Mediation transparent. Was ist seine Aufgabe und wo sind seine Grenzen? Er verdeutlicht, dass er kein Schiedsrichter oder Entscheidungsträger ist, sondern lediglich den Gesprächsablauf leitet und den Mediationsprozess voranbringen wird.

Weiter weist der Mediator auf den Ablauf des Fünf-Phasen-Modells und mögliche Rückschritte, also mögliche Phasenwiederholungen, hin. Zuletzt nennt er die maximale Anzahl der Treffen.

Wollen die Konfliktparteien mitarbeiten?

Bevor Sie mit dem Prozess der Konfliktlösung beginnen, stellen Sie sicher, dass beide Parteien wirklich motiviert sind, mitzuarbeiten, um einen gemeinsamen Lösungsweg zu finden. Dies ist Grundvoraussetzung der Mediation und sollte unbedingt beachtet werden.

Verfassen Sie einen Mediationsvertrag

Das Besprochene hält der Mediator in einem sogenannten Mediationsvertrag fest, den beide Parteien unterschreiben müssen (s. Seite 216). Darin stehen die Namen der Beteiligten sowie der des Mediators. Weiter enthält er Ort, Zeit und Dauer des Verfahrens. Anschließend wird das Thema in einigen kurzen Stichpunkten beschrieben und die Vereinbarung getroffen, dass keine Informationen und Inhalte der Gespräche nach außen dringen sollen.

Mediationsvertrag verfassen

Damit ist das erste gemeinsame Treffen abgeschlossen. Sinnvoll ist, gleich einen Termin für eine weitere Zusammenkunft zu vereinbaren.

Checkliste: Mediationsphasen

Möglichkeiten und Grenzen der Mediation aufzeichnen

- Mediation ist keine Psychotherapie. Es werden keine psychischen Probleme aus der Vergangenheit verarbeitet.
- Mediation ist kein anwaltlicher Ersatz. Mediatoren geben keine Beratung und treffen keine Entscheidungen.
- Mediation ist kein Gericht. Mediatoren treffen kein Urteil über den Prozess oder den Konflikt.

Ablauf des Fünf-Phasen-Modells und mögliche Rückschritte erläutern

- Vorlaufphase: Einzelgespräche
- Phase 1: Einstieg und Ziel
- Phase 2: Sammlung Konfliktthemen
- Phase 3: Bedürfnisse und Interessen
- Phase 4: Lösungswege
- Phase 5: Einigung
- Umsetzungsphase: Erproben der Vereinbarung
- Dauer (max. 10 Treffen)

Rolle als Mediator erklären (Aufgaben und Grenzen)

- Vermittler
- Unparteiischer Dritter: keine Ratschläge oder Urteile, keine Parteizugehörigkeit
- Gesprächsführer: Unterstützen, motivieren, leiten
- Schweigepflicht

Motivation der Teilnehmer für die Mediation kontrollieren (Befragung)

Mediationsvertrag

Nächsten Termin vereinbaren

Mediationsvertrag	
Zwischen	Ort
und	
Mediator	Datum
Thema	
Informationen aus den Treffen werden nicht an Außenstehende weitergegeben.	
Voraussichtliche Dauer: Termine	
Unterschrift	
Mediator Mediant 1 Mediant 2	

Phase 2: Sammlung von Konfliktthemen

Nach dem ersten Termin geht es im nächsten Treffen um die zu lösenden Konfliktthemen. Dazu sollte der Mediator im Vorfeld eine Problemmatrix erstellen. Außerdem sollte er Stifte und einen Block oder Flipchart mitnehmen.

Welche Konfliktthemen stehen an?

Problemmatrix					
Rang	Thema/ Konflikt	Streitpunkte	Einigkeit	Einigung	
				leicht	schwer

Ersteinmal Ärger abbauen

Sind die formalen Dinge geregelt, kann der Mediator schon im zweiten Gespräch in die nächste Phase einsteigen. Hier geht es darum, dass die Parteien ihre Sichtweise offen ansprechen können. Wichtig ist, dass der Vermittler beiden Konfliktpartnern gleichermaßen Zeit gibt, ihren Ärger loszuwerden. Dabei kann er feststellen, welche Themen angesprochen werden.

Erarbeiten Sie eine Themenliste

Aus dieser Debatte erarbeitet der Mediator gemeinsam mit den Parteien eine Liste von Themen und hält diese zunächst auf einem Flipchart oder einem Block fest. Später notiert er sie in seinen Unterlagen. In dieser Phase achtet er darauf, wo Streitpunkte liegen und an welchen Stellen bereits Einigung herrscht.

Wo gibt es schon Einigkeit?

Kienbaum Expertentipp: Liegt schon Einigung vor?

Weil sich die Parteien möglicherweise das erste Mal richtig zuhören, könnte dies zu ersten Einigungsversuchen führen. In diesem Stadium ist das aber nicht sinnvoll. Erst wenn die Teilnehmer sich ihren eigenen und den fremden Standpunkt bewusst gemacht haben, kann es zu einer dauerhaften Lösung des Konflikts kommen.

Legen Sie eine Rangfolge fest

Um nicht von einer Fülle an Informationen und Problemen „erschlagen" zu werden, ist es sinnvoll, die Probleme in eine Reihenfolge oder Rangfolge zu bringen. Welche Themen haben Priorität, welche können später besprochen werden? Wo liegen größere Schwierigkeiten, welche Probleme sind vermutlich kurzfristig lösbar? Für den Mediator wird sich diese Auflistung als eine hilfreiche Übersicht erweisen – und für die Teilnehmer als ein erster Schritt, um ihre ungelösten Probleme zu ordnen.

Nicht zu lange diskutieren

Die jeweilige Sitzung sollte sich nicht über einen zu langen Zeitrahmen erstrecken. Sonst führt Erschöpfung bei den Teilnehmern zu Unmut, der die Motivation zur Mediation verringern würde. Es ist die Aufgabe des Vermittlers, ein Ende zu finden und einen neuen Termin zu vereinbaren.

Phase 3: Bedürfnisse und Interessen

Standpunkte verstehen

Nun geht es darum, den eigenen und fremden Standpunkt zu verstehen. Die Konfliktpersonen sollten die Interessen, welche hinter den Forderungen stehen, verstehen. Die Problemmatrix, Stifte und ein Block oder ein Flipchart sollten bereitliegen.

Die Standpunkte verstehen

Um die jeweiligen Standpunkte des anderen nachvollziehen zu können, gilt es, die einzelnen Konfliktthemen dahingehend zu hinterfragen: Warum hat der eine diese Wünsche, Ziele und Nöte und der andere jene? Welche Bedürfnisse stehen dahinter? Das fällt den Betroffenen schwer, da starke Gefühle wie z. B. Angst und Wut diesen Vorgang hemmen können. Die Gesprächspartner werden sich nicht offenbaren oder bloßstellen wollen. Daher ist es wichtig, dass der Mediator beide Parteien ermutigt, ihre Gefühle offen auszusprechen. Damit beseitigt er Blockaden, die eine vernünftige Diskussion über Konflikte behindern.

Kienbaum Expertentipp: Zuhören einfordern

Ermutigen Sie die Medianten einfach einmal, einander richtig zuzuhören. Das kann Wunder bewirken.

Das Fenster des Verstehens

Ziel der dritten Phase ist es damit, die Gefühle und Bedürfnisse des anderen zu verstehen und – wenn möglich – zu akzeptieren. Darstellen lässt sich dies im sogenannten Fenster des Verstehens. Es besteht aus vier Quadranten.

Den anderen verstehen

- Die oberen beiden zeigen das Selbstverständnis einer Person: Verstehe ich mich und meine Bedürfnisse (Schritt 1)?
- Die unteren beiden Quadranten zeigen das Verständnis für die Sichtweise des anderen: Was ist seine Perspektive? Wie würde ich mich an seiner Stelle fühlen? Wo sehe ich Übereinstimmungen mit meinen Gefühlen und Bedürfnissen (Schritt 2)?

1 A versteht A	2 B versteht B	Schritt 1: sich selbst verstehen
3 A versteht B	4 B versteht A	Schritt 2: zusammenarbeiten

In der Mediation sind diese beiden Schritte sehr entscheidend. Wer die Bedürfnisse seines Gegenübers versteht, ist gewillter, ihm seine Unterstützung zukommen zu lassen.

Phase 4: Lösungsweg

In die vierte Phase kann der Mediator übergehen, wenn die Beteiligten alle Gefühle ausgesprochen und die gegenseitigen Bedürfnisse und Interessen verstanden haben. Nun ist es entscheidend, dass die Medianten möglichst viele Lösungswege für ihre Problempunkte entwickeln. Hierfür ist eine Ideenmatrix (s. Seite 221) sinnvoll. Diese Matrix sollte der Mediator ebenso wie die Problemmatrix, Stifte und einen Block oder ein Flipchart mitnehmen.

Möglichst viele Lösungsmöglichkeiten entwickeln

Präsentieren Sie viele Lösungswege

Das Gespräch kann ohne Weiteres den Charakter eines Brainstormings haben. Je vielfältiger und kreativer die Lösungsmöglichkeiten, desto fairer und gerechter wird die Einigung am Ende ausfallen.

Kienbaum Expertentipp: Schriftform wählen

Halten Sie die Lösungsvorschläge, die die Konfliktpartner entwickeln, in jedem Fall schriftlich fest.

Fragen zur
Bewertung der
Lösungsideen

Sollten die Parteien Probleme haben, Lösungsideen zu überdenken, sollte der Mediator Fragen stellen wie „Was wäre, wenn …?" oder „Stellen Sie sich vor, dass … ." Allerdings ist es nicht seine Aufgabe, eigene Vorschläge einzubringen. Die Beteiligten können die Standpunkte besser vertreten, wenn sie sie selbst erarbeiten.

Es kann vorkommen, dass während dieses Prozesses Streitigkeiten über unterschiedliche Vorschläge auftreten. Dann sollte der Vermittler den Beteiligten wiederholt verdeutlichen, dass es sich hierbei nur um eventuelle Lösungswege handelt und keineswegs um endgültige. In dieser Phase der Mediation geht es darum, Lösungen zu suchen. Die Bewertung und die Vereinbarung eines bestimmten Lösungswegs finden zu einem späteren Zeitpunkt statt.

Weitere Fragen, die bei der Lösungssuche helfen können

Um Lösungsansätze zu entwickeln, sollten die Teilnehmer z. B. grundlegende Werte und Einstellungen, die persönliche Schwerpunkte und Entscheidungstendenzen beeinflussen, hinterfragen.

- „Wie möchten Sie in zwei bis drei Jahren leben?"
- „Was müssen Sie dafür tun, um in zwei bis drei Jahren den genannten Lebensstandard zu erreichen?"
- „Gesetzt den Fall, Sie könnten den Ärger oder die Ängste, die Sie derzeit begleiten, beiseitestellen: Wie könnte eine Lösung Ihrer Situation aussehen?"
- „Was würden Sie von Ihrem Gegenüber brauchen, um auf dessen Vorstellung besser eingehen zu können?"
- „Wenn Sie Ihr Gegenüber außer Acht lassen, was könnten Sie tun, um Ihre Wünsche zu realisieren?"

Ideenmatrix	
Thema nach Rang	Ideen für mögliche Lösungswege

Phase 5: Einigung

Wie kommt es nun zu einer Einigung? Vermutlich ist im letzten Schritt eine lange Liste von Lösungswegen zu unterschiedlichen Konfliktthemen entstanden. Für den nächsten Schritt wird die Ideenmatrix benötigt.

Arbeit mit der Ideenmatrix

Die bestmögliche Lösung

Der Mediator sollte mit dem Wichtigsten beginnen und gemeinsam mit den Beteiligten die für beide Parteien bestmögliche Lösung suchen. Diese wird definiert als die Lösung mit dem größtmöglichen Nutzen und kleinstmöglichen Schaden für beide Seiten. Die Beteiligten analysieren im Detail, welche Vor- und Nachteile sich für beide Parteien aus den einzelnen Lösungswegen ergeben. Welche Bedürfnisse werden bei welchen Lösungswegen berücksichtigt?

An Interessen beider appellieren

Viele Personen fallen an diesem Punkt in alte Verhaltensmuster zurück. Sie provozieren von Neuem Streit, die Konflikte werden wieder hervorgerufen. Der Mediator muss dann die Medianten daran erinnern, dass Entscheidungen nach Interessen und Bedürfnissen beider Parteien getroffen werden.

Kienbaum Expertentipp

Lassen Sie den Parteien genug Zeit für eine Entscheidung. Wenn die Zeit noch nicht reif ist, ist es besser, eine Entscheidung im Sinne der Ergebnisqualität noch einmal zu verschieben. Allerdings sollte sie nicht aus Bequemlichkeit aufgeschoben werden – oder um schwierigen Situationen aus dem Weg zu gehen.

Lösung schriftlich festhalten

Einfache, klare
Formulierungen
wählen

Wenn sich die Medianten für einen Lösungsweg entschieden haben, hält der Mediator die Beschlüsse schriftlich fest. Sinnvoll ist es, einfache und klare Formulierungen zu verwenden und unnötig schwierige Worte zu vermeiden. Wenn möglich, kommen dabei keine Don'ts, also negative Umschreibungen, sondern besser To-dos, also positive Formulierungen, zum Einsatz.

Die Vereinbarung beschreibt genau, wer was zu tun hat und bis zu welchem Zeitpunkt. Wenn beide Parteien damit einverstanden sind, unterschreiben sie die Einigung. Die Beteiligten müssen sich aktiv für den gewählten Lösungsweg entscheiden, um ihre Bereitschaft zur Umsetzung zu verdeutlichen.

Einigungsvereinbarung		
Thema	Lösungsweg	Datum
Name	Name	
Unterschrift	Unterschrift	

Umsetzungsphase

Die Aufgabe des Mediators ist erledigt. Die Teilnehmer müssen nun versuchen, sich an die Vereinbarungen zu halten und diese umzusetzen. Falls gewünscht, können alle Beteiligten einen gemeinsamen Termin für die Zukunft vereinbaren. An ihm wird geklärt, ob die Umsetzung erfolgreich war und wo sich Probleme eingestellt haben. Bei Bedarf besteht die Möglichkeit, weitere Mediationsgespräche abzustimmen. Der folgende Termin könnte dann ca. einen bis drei Monate nach dem letzten Treffen anberaumt werden.

Kontrolltermin kann vereinbart werden

Wann beenden Sie eine Mediation?

Eine Mediation kann ihr Ende finden, wenn beide Parteien das Gefühl haben, eine zufriedenstellende Lösung gefunden zu haben. Sie sollten ihre Gewinne und Verbesserungen sehen und nicht nur mit Kompromissen und Nachteilen leben müssen. Eine Mediation kann dann gut beendet werden, wenn auf beiden Seiten Vor- und Nachteile, Gewinne und Zugeständnisse gleichermaßen verteilt sind.

Checkliste: Mediationsprozess	
Vorbereitung	✓
Termin mit Konfliktparteien einzeln vereinbaren	
Vorbereitung auf Gesprächsführung (s. Seite 116), auf Strategien (s. Seite 137) und Verhandlungen (s. Seite 100)	
Einzeltreffen Partei 1	
• Was ist das Problem?	
• Wer ist beteiligt?	
• Wie steht die Partei dazu?	
Einzeltreffen mit Partei 2	
• Was ist das Problem?	
• Wer ist beteiligt?	
• Wie steht die Partei dazu?	
Gemeinsamen Termin vereinbaren	
Erster Termin	
Mitnehmen: Checkliste Phase 1 (s. Seite 215)	
Möglichkeiten und Grenzen der Mediation aufzeigen	
Fünf-Phasen-Modell	

Rolle des Mediators	
Motivation kontrollieren	
Mediationsvertrag	
Nächsten Termin vereinbaren	
Vorbereitung: Problemmatrix erstellen	

Zweiter Termin

Bereitlegen: Problemmatrix, Stifte, Block oder Flipchart	
Sichtweisen aussprechen	
Liste von Themen	
Wo liegen die Streitigkeiten?	
Wo besteht schon Einigkeit?	
Welche Themen sind eher schwierig?	
Sortieren der Themen nach Wichtigkeit	
Dauer: maximal 2 bis 3 Stunden	
Nächsten Termin vereinbaren	
Nachbereitung: Übertragen der Themen vom Flipchart in die Matrix (s. Seite 217)	

Dritter Termin

Bereitlegen: Problemmatrix, Stifte, Block oder Flipchart	
Eigene und fremde Standpunkte verstehen	
Nächsten Termin vereinbaren	

Vierter Termin

Bereitlegen: Flipchart, Stifte, Problemmatrix	
Fortsetzung: Standpunkte verstehen	
Oder Phase 4: Lösungswege entwickeln	
Mögliche Lösungswege beschreiben	
Nächsten Termin vereinbaren	
Vorbereitung: Ideenmatrix erstellen	

Fünfter Termin

Bereitlegen: Ideenmatrix	
Fortsetzung: Lösungswege entwickeln	
Oder Phase 5: für besten Lösungsweg entscheiden	
Einigung schreiben und unterschreiben	
Auf Erfolg anstoßen	
Termin in der Zukunft vereinbaren zur Überprüfung der Umsetzung	

Ausgewählte Literatur

Glasl, Friedrich: Konfliktmanagement. Ein Handbuch für Führungskräfte, Beraterinnen und Berater. Stuttgart 2004.

Ein eher theoretisch orientiertes, sehr umfassendes Grundlagenwerk zum Thema. Gibt einen fundierten Überblick.

Heyde, Anke von der; Linde, Boris von der: Gesprächstechniken für Führungskräfte. Methoden und Übungen zur erfolgreichen Kommunikation. Planegg bei München: 2007.

Für die Konfliktlösung ist es wesentlich, Gesprächstechniken zu beherrschen. Dieser Band zeigt, wie Profis in schwierigen Gesprächssituationen vorgehen und welche Techniken sie einsetzen.

Linde, Boris von der; Heyde, Anke von der: Psychologie für Führungskräfte. Planegg bei München: 2007.

Wer Konflikte lösen will, muss das Verhalten der Beteiligten verstehen. Unerlässlich ist dafür ein Basiswissen über die psychologischen Grundbausteine. Der Band Psychologie für Führungskräfte vermittelt diese Kenntnisse in praxisrelevanter Form.

Niermeyer, Rainer; Postall, Nadia: Führen. Die erfolgreichsten Instrumente und Techniken. Planegg bei München: 2008.

Das Buch stellt die wesentlichen Führungsinstrumente vor, mit denen Vorgesetzte ihre Mitarbeiter motivieren, lenken und fordern können. Zudem stellt es die besten Techniken für professionelle Meetings, Gespräche und Beurteilungen vor.

Niermeyer, Rainer: Teams führen. Planegg bei München: 2008.

Wann immer Menschen zusammenarbeiten, kommt es zu Konflikten. Eine geschickte Teamführung kann dazu beitragen, dass die Auseinandersetzungen nicht eskalieren und die Arbeit im Team produktiv vonstatten geht. Dieses Buch zeigt, wie es geht.

Formulare und Arbeitsmittel

Für Ihre tägliche Arbeit haben wir Ihnen alle wichtigen Arbeitsmittel als Kopiervorlagen vorbereitet. Damit Sie die passenden Checklisten, Fragebögen und Übersichten jederzeit zur Hand haben:

- Checkliste: Beobachtungen in Gesprächssituationen
- Analyse des tatsächlichen Konfliktverlaufs
- Beziehungsmatrix
- Fragebogen: Wie stark sind Antreiber ausgeprägt
- Fragebogen: Verhaltensgrundtyp
- Checkliste: Festlegung des Verhandlungsspielraums
- Checkliste: Vorbereitung einer Verhandlung
- Checkliste: Inhaltliche Vorbereitung auf das Konfliktgespräch
- Checkliste: Organisatorische Vorbereitung Konfliktgespräch
- Checkliste: Vorbereitung auf den Gesprächspartner
- Checkliste: Welche Aufgabe an welchen Mitarbeiter
- Checkliste: Vorbereitung auf den Delegationsprozess
- Checkliste: Mitarbeiterförderung durch Delegation
- Checkliste: Kennzeichen eines guten Mediators
- Checkliste: Mediationsphasen
- Mediationsvertrag
- Problemmatrix
- Ideenmatrix
- Einigungsvereinbarung
- Checkliste: Mediationprozess

So gehen Sie vor: Vergrößern von DIN A5 auf DIN A4

Stellen Sie auf Ihrem Kopierer die Funktion „Vergrößern" und dann „von A5 auf A4" oder „um 141%" ein, um die Vorlagen auf das Format DIN A4-Format zu kopieren.

Checkliste: Beobachtungen in Gesprächsituationen

Checkliste: Beobachtungen in Gesprächssituationen	✓
Mein Gesprächspartner ...	
... widerspricht durchgängig, unabhängig von meinen Inhalten.	
... geht inhaltlich nicht auf meine Aussagen ein.	
... wirkt desinteressiert und abgelenkt.	
... wiederholt „gebetsmühlenartig" immer die gleichen Argumente.	
... beschäftigt sich während des Gesprächs mit anderen Dingen (telefoniert, liest E-Mails etc.).	
... sagt konsequent „Ja" zu allen meinen Vorschlägen.	
... sagt konsequent „Nein" zu allen meinen Vorschlägen.	
... bringt keinerlei eigenen Input, z. B. Lösungsvorschläge o. Ä.	
... fühlt sich im Gespräch sichtlich unwohl, scheint dieses Gespräch lieber nicht führen zu wollen.	
... reagiert auf die Frage nach möglichen Einwänden von seiner Seite mit Beschwichtigungsfloskeln („nicht so wichtig" oder „schon in Ordnung").	

Analyse des tatsächlichen Konfliktverlaufs
Was ist der Konfliktgegenstand?
Wodurch wurde der Konflikt ausgelöst ?
Woran haben Sie erkannt, dass es sich um einen Konflikt handelt (Konfliktsymptome)?
Wie ist der Konflikt verlaufen (Beschreiben Sie kurz das Verhalten beider Seiten)?
Was war das Konfliktergebnis?

Weh/Enaux: Konfliktmanagement, Haufe Verlag, siehe Seite 57

Beziehungsmatrix							
		Gewählte Mitarbeiter					
		A	B	C	D	E	F
Wählende Mitarbeiter	A						
	B						
	C						
	D						
	E						
	F						

Fragebogen zu den Antreibern

	Fragebogen zu den Antreibern	
1.	Wann immer ich eine Arbeit mache, mache ich sie gründlich.	
2.	Ich fühle mich verantwortlich dafür, dass diejenigen, die mit mir zu tun haben, sich wohlfühlen.	
3.	Ich bin ständig auf Trab.	
4.	Anderen gegenüber zeige ich meine Schwächen nicht gern.	
5.	Wenn ich raste, roste ich.	
6.	Häufig gebrauche ich den Satz: „Es ist schwierig, etwas so genau zu sagen."	
7.	Ich sage oft mehr, als eigentlich nötig wäre.	
8.	Ich habe Mühe, Leute zu akzeptieren, die nicht genau sind.	
9.	Es fällt mir schwer, Gefühle zu zeigen.	
10.	„Nur nicht locker lassen" ist meine Devise.	
11.	Wenn ich eine Meinung äußere, begründe ich sie auch.	
12.	Wenn ich einen Wunsch habe, erfülle ich ihn mir schnell.	
13.	Ich liefere einen Bericht erst ab, wenn ich ihn mehrere Male überarbeitet habe.	
14.	Leute, die „herumtrödeln", regen mich auf.	
15.	Es ist für mich wichtig, von den anderen akzeptiert zu werden.	
16.	Ich habe eher eine harte Schale als einen weichen Kern.	
17.	Ich versuche oft, herauszufinden, was andere von mir erwarten, um mich danach zu richten.	
18.	Leute, die unbekümmert in den Tag hinein leben, kann ich nur schwer verstehen.	
19.	Bei Diskussionen unterbreche ich die anderen oft.	
20.	Ich löse meine Probleme selbst.	
21.	Aufgaben erledige ich möglichst rasch.	
22.	Im Umgang mit anderen bin ich auf Distanz bedacht.	
23.	Ich sollte viele Aufgaben noch besser erledigen.	
24.	Ich kümmere mich persönlich auch um nebensächliche Dinge.	
25.	Erfolge fallen nicht vom Himmel; ich muss sie hart erarbeiten.	
26.	Für dumme Fehler habe ich wenig Verständnis.	

Weh/Enaux: Konfliktmanagement, Haufe Verlag, siehe Seite 81

27.	Ich schätze es, wenn andere auf meine Fragen rasch und bündig antworten.
28.	Es ist mir wichtig, von anderen zu erfahren, ob ich meine Sache gut gemacht habe.
29.	Wenn ich eine Aufgabe einmal begonnen habe, führe ich sie auch zu Ende.
30.	Ich stelle meine Wünsche und Bedürfnisse zugunsten derjenigen anderer Personen zurück.
31.	Ich bin anderen gegenüber oft hart, um von ihnen nicht verletzt zu werden.
32.	Ich tromme oft ungeduldig mit den Fingern auf den Tisch.
33.	Beim Erklären von Sachverhalten verwende ich gerne die klare Aufzählung: Erstens ..., zweitens ..., drittens ...
34.	Ich glaube, dass die meisten Dinge nicht so einfach sind, wie viele meinen.
35.	Es ist mir unangenehm, andere Leute zu kritisieren.
36.	Bei Diskussionen nicke ich häufig mit dem Kopf.
37.	Ich strenge mich an, um meine Ziele zu erreichen.
38.	Mein Gesichtsausdruck ist eher ernst.
39.	Ich bin nervös.
40.	So schnell kann mich nichts erschüttern.
41.	Meine Probleme gehen die anderen nichts an.
42.	Ich sage oft „Macht mal vorwärts."
43.	Ich sage oft "Genau", "exakt", "klar", "logisch".
44.	Ich sage oft: „Das verstehe ich."
45.	Ich sage eher: „Könnten Sie es nicht einmal versuchen?" als „Versuchen Sie es einmal."
46.	Ich bin diplomatisch.
47.	Ich versuche die an mich gestellten Erwartungen zu übertreffen.
48.	Beim Telefonieren bearbeite ich nebenbei oft noch Akten.
49.	„Auf die Zähne beißen" heißt meine Devise.
50.	Trotz enormer Anstrengung will mir vieles einfach nicht gelingen.

Fragebogen zu den Antreibern

„Sei stark"										
Frage	4	9	16	20	22	26	31	40	41	49
Punkte										
Total										

„ Sei gefällig" bzw. „Mach es alles recht"										
Frage	2	7	15	17	28	30	35	36	45	46
Punkte										
Total										

„Beeil dich"										
Frage	3	12	14	19	21	27	32	39	42	48
Punkte										
Total										

„Sei perfekt"										
Frage	1	8	11	13	23	24	33	38	43	47
Punkte										
Total										

„Streng dich an"										
Frage	5	6	10	18	25	29	34	37	44	50
Punkte										
Total										

Bewertung/Punktezahl

> 40   Sehr stark ausgeprägter Antreiber. Sie sollten ernsthaft Ihren jeweiligen Antreiber reflektieren und hinterfragen. Es besteht die Möglickeit, dass Ihr Verhalten in vielfältigen Situationen unbewusst von diesem sehr stark ausgeprägten Antreiber beeinflusst wird. Bei dieser Ausprägung kann u. U. eine Coaching-Maßnahme sinnvoll sein.

30 – 40   Stark ausgeprägter Antreiber. Beobachten Sie Ihr entsprechendes Verhalten einmal selbst und versuchen Sie, bewusst entgegengesetztes Verhalten zu zeigen.

20 – 30   Wenig stark ausgeprägter Antreiber. Falls entsprechende Verhaltensweisen Sie nicht belasten oder stören, besteht wenig Handlungsbedarf

< 20   Gering ausgeprägter Antreiber, kein Handlungsbedarf

Welcher Konflikttyp bin ich?				
Wenn ich spreche, wirke ich auf andere	selbstbewusst ○	laut ○	verhalten ○	emotionslos ○
Wenn ich anderen zuhöre, verhalte ich mich	eher ungeduldig, unterbreche andere ○	freundlich, optimistisch; ich unterbreche oft, bringe immer wieder eigene Beiträge ein ○	ruhig und bin ein geduldiger Zuhörer ○	als guter Zuhörer und gebe diplomatische Antworten ○
Wenn ich Fragen stelle, geht es	hauptsächlich um das Wesentliche ○	oft um eigene und die Gefühle anderer ○	meistens um „Wie"-Fragen ○	meistens um weitere bzw. tiefergehende Informationen ○
Bei längeren Besprechungen diskutiere ich	ausdauernd und hart ○	lebhaft und emotional ○	ausgleichend und entgegenkommend	diszipliniert und sorgfältig ○
Mit anderen spreche ich meist	knapp und entschlossen ○	offen, temperamentvoll und unbeschwert	ausgeglichen und rücksichtsvoll	diplomatisch und sorgfältig ○
Wenn ich meine eigene Gestik und Körpersprache beachte, stelle ich fest, dass ich	mich viel bewege ○	viel mit den Händen gestikuliere ○	freundlichen Augenkontakt halte ○	in meiner Ausdrucksweise eher zurückhaltend bin ○
Im Umgang mit anderen	versuche ich, die Führung zu übernehmen oder das Sagen zu haben ○	bringe ich meine Gefühle offen zum Ausdruck und finde schnell Kontakt ○	bin ich sehr freundlich und nett ○	beobachte ich viel und höre zu, ohne die anderen zu unterbrechen ○
Wenn ich mit Schwierigkeiten konfrontiert werde, reagiere ich	unter Umständen schnell und suche nach Schuldigen ○	extrovertiert und will wissen, ob etwas davon auf mich zurückfallen könnte ○	unsicher und versuche, wieder eine stabile Situation herzustellen ○	ängstlich und versuche, die Auswirkungen der Probleme zu analysieren ○
Wenn ich über Menschen/ Ereignissen befragt werde, verhalte ich mich	unruhig ○	begeisternd ○	entspannt ○	distanziert ○
Wenn auf mich neue Aufgaben zukommen, dann	komme ich rasch zu einer Lösung ○	bevorzuge ich spontane Lösungen ○	bin ich sehr kooperativ, suche Unterstützung ○	bin ich eher vorsichtig und versuche die Situation zu analysieren ○
Summe				
	Durchsetzungsorientierter Typ	Impulsiver Typ	Harmonieorientierter Typ	Sachlich-rationaler Typ

Checkliste: Festlegung des Verhandlungsspielraums	
Welches Ziel verfolge ich in der Verhandlung (Idealergebnis)?	
Wenn ich dieses Ziel nicht erreichen kann, an welchem Punkt liegt meine Abbruchgrenze?	
Was könnte mir der Verhandlungspartner noch anbieten (Alternativen)?	
Was könnte ich dem Verhandlungspartner noch anbieten (Alternativen)?	
Wo liegen hinsichtlich dieser denkbarer Alternativen mein Idealergebnis und meine Abbruchgrenze?	
Wie will ich die Verhandlung eröffnen (Eröffnungsangebot)? Ist der Spielraum (Differenz Eröffnungsangebot – Idealergebnis) ausreichend?	

Weh/Enaux: Konfliktmanagement, Haufe Verlag, siehe Seite 113

Checkliste: Vorbereitung einer Verhandlung	
Definition von Fragen, Themen und Problemen	
• Analyse der Verhandlungssituation	
• Wie ist mein Standpunkt?	
• Wie ist der Standpunkt meines Verhandlungspartners?	
• Welche Punkte sind zentral?	
• Welche Punkte sind nebensächlich?	
• Wie sind diese Themen miteinander verwoben?	
• Welche Rangfolge bilden die Themen?	
• Wie sieht diese Rangfolge aus der Perspektive der anderen Partei aus?	
• Was genau sind die Verhandlungsgegenstände?	
Analyse der Verhandlungsparteien	
• Was weiß ich über die Gegenpartei?	
• Welche Eigenarten besitzt mein Verhandlungspartner?	
• Über welche Ressourcen verfügt er?	
• Wie beeinflussen diese Eigenarten und Ressourcen die Verhandlungsführung?	
• Wie beeinflussen sie die Verhandlungsgegenstände?	
• Welches sind die grundlegenden Interessen und Bedürfnisse der Gegenseite, die den einzelnen Verhandlungspunkten zugrunde liegen?	

Weh/Enaux: Konfliktmanagement, Haufe Verlag, Seite 114

Checkliste: Vorbereitung einer Verhandlung

Festlegung von Zielen und Ergebnissen	
• Wie sehen meine eigenen Ziele bezüglich des Zeitplans, des Ortes, des Ablaufs usw. aus?	
• Wie sehen die Ziele der Gegenpartei hinsichtlich dieser Punkte aus?	
• Was passiert, wenn die Verhandlungen scheitern?	
Erkennen der eigenen Grenzen	
• Habe ich Alternativen?	
• Bin ich dem Verhandlungsprozess emotional gewachsen?	
• Welche kommunikativen Ressourcen, d. h. welches verbale Verhandlungsgeschick habe ich aufzubieten?	
Entwicklung unterstützender Argumente	
• Mit welchen Fakten kann ich meinen Standpunkt stärken?	
• Liegen z. B. Grafiken, Berichte von Experten oder Aktenmaterialien vor?	

Weh/Enaux: Konfliktmanagement, Haufe Verlag, siehe Seite 114

Checkliste: Inhaltliche Vorbereitung auf das Konfliktgespräch	
Thema	
• Worüber möchte ich sprechen?	
• Was genau ist der Gesprächsanlass (auslösendes Ereignis)?	
• Was ist das Konfliktthema (Inhalt)?	
• Welches Verhalten meines Mitarbeiters oder Kollegen kann ich nicht akzeptieren?	
Ziele	
• Was will ich erreichen?	
• Was wird das Ziel des Gesprächs sein?	
• Welches Verhalten wünsche ich mir zukünftig von meinem Mitarbeiter oder Kollegen?	
• Gibt es neben meinem Hauptziel, falls dies nicht erreichbar ist, noch Teilziele oder Alternativziele?	
Verfahren	
• Wie will ich im Gespräch konkret vorgehen?	
• Wie argumentiere ich, um mein Ziel zu erreichen?	
• Habe ich alle notwendigen Unterlagen und Utensilien für mein geplantes Vorgehen, brauche ich z. B. Stift und Papier?	
• Liegen mir alle benötigten Ausdrucke oder andere Daten vor?	
• Wie kann ich Störungen vermeiden?	

Checkliste: Inhaltliche Vorbereitung auf das Konfliktgespräch

Erwartungen	
• Welche Erwartungen habe ich an den Gesprächspartner?	
• Wie möchte ich, dass er sich zukünftig verhält?	
Erfahrungen	
• Welche Erfahrungen habe ich mit dem zu behandelnden Thema?	
• Brauche ich noch mehr Informationen, um darüber reden zu können?	
Widerstand	
• Welche Widerstände gegen meine Gesprächsziele sind zu erwarten?	
• Was erwarte ich, wie mein Mitarbeiter oder Kollege reagieren wird?	
• Welche Gegenargumente wird er voraussichtlich bringen?	
Ablauf	
• Welche Struktur werde ich dem Gespräch geben?	
• Wie gliedere ich es?	
• An welchen Stellen muss ich mehr oder weniger steuern?	
Ergebnisse	
• Wie sollen die Gesprächsergebnisse genau aussehen?	
• Welche positiven und negativen Ergebnisse sind denkbar?	
• Wie möchte ich das Gespräch beenden?	
• Was wäre eine Idealsituation?	

Weh/Enaux: Konfliktmanagement, Haufe Verlag, siehe Seite 154

Checkliste: Organisatorische Vorbereitung auf das Konfliktgespräch

Erwartungen	
• Welche Erwartungen habe ich an den Gesprächspartner?	
• Wie möchte ich, dass er sich zukünftig verhält?	
Erfahrungen	
• Welche Erfahrungen habe ich mit dem zu behandelnden Thema?	
• Brauche ich noch mehr Informationen, um darüber reden zu können?	
Widerstand	
• Welche Widerstände gegen meine Gesprächsziele sind zu erwarten?	
• Was erwarte ich, wie mein Mitarbeiter oder Kollege reagieren wird?	
• Welche Gegenargumente wird er voraussichtlich bringen?	
Ablauf	
• Welche Struktur werde ich dem Gespräch geben?	
• Wie gliedere ich es?	
• An welchen Stellen muss ich mehr oder weniger steuern?	
Ergebnisse	
• Wie sollen die Gesprächsergebnisse genau aussehen?	
• Welche positiven und negativen Ergebnisse sind denkbar?	
• Wie möchte ich das Gespräch beenden?	
• Was wäre eine Idealsituation?	

Checkliste: Vorbereitung auf den Gesprächspartner

Checkliste: Vorbereitung auf den Gesprächspartner	✓
Welche Einstellung habe ich zum Gesprächspartner (Vorurteile, Urteile, Sympathie, ...)?	
Wie schätze ich unsere Beziehung zueinander ein (auch aus seiner Sicht)?	
Wie verliefen frühere Gespräche mit diesem Mitarbeiter?	
Welche Ziele und Motive verfolgt mein Mitarbeiter?	
Welche Taktik wird er im Gespräch vermutlich anwenden?	

Weh/Enaux: Konfliktmanagement, Haufe Verlag, siehe Seite 156

Checkliste: Welche Aufgabe an welchen Mitarbeiter?

Checkliste: Welche Aufgabe an welchen Mitarbeiter?	✓
Handelt der Mitarbeiter bei übertragenen Aufgaben selbstständig und eigenverantwortlich?	
Tritt er für Fehlentscheidungen ein?	
Gibt er bei Fehlentscheidungen eine rechtzeitige Information an den Vorgesetzen?	
Koordiniert er seine Tätigkeit mit Kollegen?	
Besitzt er Weiterbildungsbereitschaft und Wille?	
Besitzt er genug Fachwissen, um die Aufgabe lösen zu können?	
Hat er genug Erfahrung, um die Aufgabe bearbeiten zu können?	
Hat er genug Möglichkeiten, um an weitere Informationen zu kommen?	

Checkliste: Vorbereitung auf den Delegationsprozess

Checkliste: Vorbereitung auf den Delegationsprozess		✓
Gründe	Was wollen Sie erreichen?	
Ergebnisse	Welches Ergebnis erwarten Sie?	
Ressourcen	Welche Ressourcen stehen Ihrem Mitarbeiter zur Verfügung?	
Termine	Welche Termine legen Sie für Berichterstattungen und Fertigstellung fest?	
Feedback	Wann können Sie dem Mitarbeiter ein Feedback über die Leistung geben?	
Kontrolle	Welche Kontrollen sind erforderlich?	
Unterstützung	Welche Unterstützung bzw. Hilfe muss der Mitarbeiter erhalten? Sind Weiterbildungsmaßnahmen erforderlich?	

Checkliste: Mitarbeiterförderung durch Delegation

Checkliste: Mitarbeiterförderung durch Delegation		✓
Inhalt bzw. Aufgabe	Was soll getan werden?	
Anforderungen	Welches Wissen, Können, Wollen verlangt die Aufgabe? (Erstellen Sie ein Anforderungsprofil)	
Lernchancen	Was kann man bei dieser Aufgabe besonders lernen?	
Person	Welcher Mitarbeiter sollte diese Aufgabe übernehmen?	
Profil des Mitarbeiters	Wie ist der Ist-Zustand hinsichtlich Wissen, Können und Wollen bei diesem Mitarbeiter?	
Umfang und Details	Wie soll der Mitarbeiter die Aufgabe erledigen?	
Termine	Bis wann soll er es tun?	

Checkliste: Kennzeichen eines guten Mediators

Checkliste: Kennzeichen eines guten Mediators	✓
Er ist sensibel und einfühlsam.	
Er hört aktiv zu.	
Er bekommt Sympathie von beiden Konfliktparteien.	
Er fasst lange Gesprächsteile zusammen.	
Er stellt die richtigen Fragen, um den Verstehensprozess zu unterstützen oder das Gespräch weiterzubringen.	
Er hält den roten Faden im Gespräch.	
Er bewertet oder beurteilt die Standpunkte oder Gesprächsthemen nicht.	
Er macht keine eigene Vorschläge zu Lösungswegen.	
Er besteht auf klaren Vereinbarungen.	
Er bleibt allparteilich.	

Weh/Enaux: Konfliktmanagement, Haufe Verlag, siehe Seite 203 und 209

Checkliste: Mediationsphasen	✓
Möglichkeiten und Grenzen der Mediation aufzeichnen • Mediation ist keine Psychotherapie. Es werden keine psychischen Probleme aus der Vergangenheit verarbeitet. • Mediation ist kein anwaltlicher Ersatz. Mediatoren geben keine Beratung und treffen keine Entscheidungen. • Mediation ist kein Gericht. Mediatoren treffen kein Urteil über den Prozess oder den Konflikt.	
Ablauf des Fünf-Phasen-Modells und mögliche Rückschritte erläutern • Vorlaufphase: Einzelgespräche • Phase 1: Einstieg und Ziel • Phase 2: Samm ung Konfliktthemen • Phase 3: Bedürfnisse und Interessen • Phase 4: Lösungswege • Phase 5: Einigung • Umsetzungsphase: Erproben der Vereinbarung • Dauer (max. 10 Treffen)	
Rolle als Mediator erklären (Aufgaben und Grenzen) • Vermittler • Unparteiischer Dritter: keine Ratschläge oder Urteile, keine Parteizugehörigkeit • Gesprächsführer: Unterstützen, motivieren, leiten • Schweigepflicht	
Motivation der Teilnehmer für die Mediation kontrollieren (Befragung)	
Mediationsvertrag	
Nächsten Termin vereinbaren	

Mediationsvertrag

Mediationsvertrag		
Zwischen		Ort
und		
Mediator		Datum
Thema		
Informationen aus den Treffen werden nicht an Außenstehende weitergegeben.		
Voraussichtliche Dauer:		
Termine		
Unterschrift		
Mediator	Mediant 1	Mediant 2

Weh/Enaux: Konfliktmanagement, Haufe Verlag, Seite 216

Mediationsvertrag	
Zwischen und	Ort
Mediator	Datum
Thema	
Informationen aus den Treffen werden nicht an Außenstehende weitergegeben.	
Voraussichtliche Dauer: Termine	
Unterschrift Mediator Mediant 1 Mediant 2	

Ideenmatrix

Ideenmatrix	
Thema nach Rang	Ideen für mögliche Lösungswege

Weh/Enaux: Konfliktmanagement, Haufe Verlag, Seite 221

Einigungsvereinbarung		
Thema	Lösungsweg	Datum

Name	Name
Unterschrift	Unterschrift

Checkliste: Mediationsprozess

Checkliste: Mediationsprozess	
Vorbereitung	✓
Termin mit Konfliktparteien einzeln vereinbaren	
Vorbereitung auf Gesprächsführung, auf Strategien und Verhandlungen	
Einzeltreffen Partei 1	
• Was ist das Problem?	
• Wer ist beteiligt?	
• Wie steht die Partei dazu?	
Einzeltreffen mit Partei 2	
• Was ist das Problem?	
• Wer ist beteiligt?	
• Wie steht die Partei dazu?	
Gemeinsamen Termin vereinbaren	
Erster Termin	
Mitnehmen: Checkliste Phase 1	
Möglichkeiten und Grenzen der Mediation aufzeigen	
Fünf-Phasen-Modell	
Rolle des Mediators	
Motivation kontrollieren	
Mediationsvertrag	
Nächsten Termin vereinbaren	
Vorbereitung: Problemmatrix erstellen	
Zweiter Termin	
Bereitlegen: Problemmatrix, Stifte, Block oder Flipchart	
Sichtweisen aussprechen	
Liste von Themen	
Wo liegen die Streitigkeiten?	
Wo besteht schon Einigkeit?	

Weh/Enaux: Konfliktmanagement, Haufe Verlag, Seite 223

Welche Themen sind eher schwierig?	
Sortieren der Themen nach Wichtigkeit	
Dauer: maximal 2 bis 3 Stunden	
Nächsten Termin vereinbaren	
Nachbereitung: Übertragen der Themen vom Flipchart in die Matrix	
Dritter Termin	
Bereitlegen: Problemmatrix, Stifte, Block oder Flipchart	
Eigene und fremde Standpunkte verstehen	
Nächsten Termin vereinbaren	
Vierter Termin	
Bereitlegen: Flipchart, Stifte, Problemmatrix	
Fortsetzung: Standpunkte verstehen	
Oder Phase 4: Lösungswege entwickeln	
Mögliche Lösungswege beschreiben	
Vorbereitung: Ideenmatrix erstellen	
Nächsten Termin vereinbaren	
Fünfter Termin	
Bereitlegen: Ideenmatrix	
Fortsetzung: Lösungswege entwickeln	
Oder Phase 5: für besten Lösungsweg entscheiden	
Einigung schreiben und unterschreiben	
Auf Erfolg anstoßen	
Termin in der Zukunft vereinbaren zur Überprüfung der Umsetzung	

Stichwortverzeichnis